智能加速度：办公·写作·设计·营销的AI增效

U0645536

# 「新媒体 AI写作教程」

杨毅◎著

清华大学出版社

北京

## 内 容 简 介

本书是专为新媒体写作者及从业者量身打造的实战指南，本书采用"理论深化＋案例剖析＋AI 技术融合"编写模式，旨在通过系统化的学习路径，帮助读者在掌握扎实理论基础的同时，借助丰富的案例分析与创新的 AI 技术应用，全面提升新媒体写作能力。

全书共分为 8 个项目，每个项目均围绕新媒体写作的核心领域展开，内容全面且深入，帮助读者深入了解 AI 技术在新媒体写作中的最新应用与潜力。项目 1 主要讲解了新媒体写作概述的内容；项目 2 主要讲解了新媒体写作策划的内容；项目 3 主要讲解了新媒体文案标题创作的内容；项目 4 主要讲解了新媒体文案正文写作的内容；项目 5 主要讲解了新媒体新闻写作的内容；项目 6 主要讲解了新媒体广告写作的内容；项目 7 主要讲解了新媒体文学创作的内容；项目 8 主要讲解了新媒体平台文案写作的内容。

本书由新媒体写作及 AI 技术领域具有丰富经验的专家编写和审核，内容专业性强，实战性强，通过本书的学习，读者将能够在快速变化的新媒体环境中，借助 AI 的力量，创作出更具创意与影响力的作品。本书既可以作为高等院校市场营销、电子商务、新媒体等相关专业的教材用书，还可以作为新媒体从业者提升新媒体写作技巧的案头书。

**图书在版编目（CIP）数据**

新媒体 AI 写作教程 / 杨毅著 . -- 北京：清华大学出版社 , 2025. 8. -- ( 智能加速度：办公·写作·设计·营销的 AI 增效 ). -- ISBN 978-7-302-69874-6

Ⅰ . G206.2-39

中国国家版本馆 CIP 数据核字第 2025VU3095 号

责任编辑：黄　芝　薛　阳
封面设计：杨智武
版式设计：方加青
责任校对：韩天竹
责任印制：沈　露

出版发行：清华大学出版社
　　　　网　　　址：https://www.tup.com.cn，https://www.wqxuetang.com
　　　　地　　　址：北京清华大学学研大厦 A 座　　　　邮　　编：100084
　　　　社 总 机：010-83470000　　　　邮　　购：010-62786544
　　　　投稿与读者服务：010-62776969，c-service@tup.tsinghua.edu.cn
　　　　质 量 反 馈：010-62772015，zhiliang@tup.tsinghua.edu.cn
印 装 者：三河市铭诚印务有限公司
经　　销：全国新华书店
开　　本：185mm×260mm　　　　印　　张：13　　　字　　数：345 千字
版　　次：2025 年 9 月第 1 版　　　　印　　次：2025 年 9 月第 1 次印刷
印　　数：1 ～ 1500
定　　价：59.80 元

产品编号：108260-01

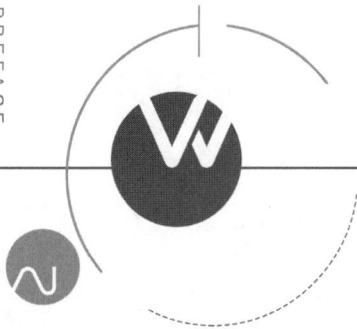

在数字化浪潮的推动下，新媒体写作已经成为现代企业营销与个人品牌塑造不可或缺的重要工具。它不仅承载着信息传播的重任，更通过其独特的魅力与互动性，深刻影响着受众的认知与行为。然而，随着信息量的爆炸性增长，如何创作出既高效又具吸引力的内容，成为摆在每一位新媒体写作者面前的重大挑战。

正是基于这样的背景，作者精心策划并编写了本书。本书旨在借助人工智能（AI）这一前沿技术，为新媒体写作者提供一套全面、实用且高效的实战指南，助力其在激烈的竞争中脱颖而出。

作者深刻认识到，AI技术的飞速发展正以前所未有的方式改变着内容创作的面貌。从选题策划到素材搜集，从文案撰写到效果评估，AI技术正逐步渗透到新媒体写作的每一个环节，为写作者提供了强大的支持与灵感。因此，本书不仅深入剖析了新媒体写作的基本概念、特点、类型及应用场景，还紧密结合当前AI技术的最新进展，全面探讨了AI在新媒体写作中的潜力与应用实践。

本书共分8个项目，涵盖了新媒体写作的各个方面。从新媒体写作的基础概念、类型与特点入手，逐步深入到文案标题、正文、新闻、广告、文学创作以及新媒体平台文案的写作技巧与实战应用。在每个项目中，都特别强调了AI技术的应用实践，通过探索AI在选题策划、素材搜集、文案创作及效果评估等方面的潜力与优势，帮助读者充分利用AI技术提升写作效率与质量。

本书在项目规划上独树一帜，采用了"理论深化＋案例剖析＋AI技术融合"的编写策略，确保读者能够在掌握扎实理论基础的同时，通过丰富的案例分析、实用的技巧讲解，逐步构建起完整的新媒体写作知识体系。每个项目均包含多个任务，每个任务均附有清晰的"任务描述"与明确的"任务目标"，并通过详尽的"相关知识"解析，确保学习过程条理清晰、易于掌握。同时，本书还创新性地增加"AI写作专项讲解"模块，利用科技的力量为学习过程赋能，帮助读者在AI的助力下，更高效地掌握新媒体写作技能，开启创作的新篇章。

此外，作者还特别邀请了多位在新媒体写作及AI技术领域具有丰富经验的专家参与审核，确保了本书内容的权威性和实用性。同时，也期待广大读者在使用过程中，能够积极反馈意见和建议，以便我们在后续的再版修订中不断完善和提升。

杨毅

2025年5月

# 目录

CONTENTS

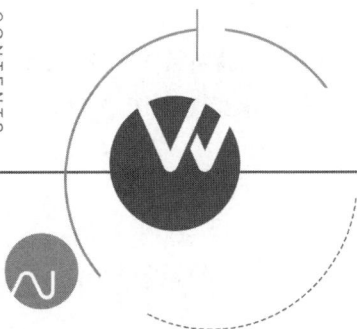

## 项目7　新媒体文学创作 / 146

# 项目 1　新媒体写作概述

随着互联网技术的迅猛发展，新媒体已成为信息传播的主流渠道，它以即时性、互动性和广泛性重新定义了内容创作与传播的规则。新媒体写作作为这一变革的重要组成部分，不仅对内容创作者提出了新的要求，也为品牌营销、用户互动提供了全新的思维方式。在这个背景下，掌握新媒体写作的技巧和策略对于希望在数字时代中脱颖而出的企业和个人来说至关重要。

本项目旨在深入探讨新媒体写作的基础知识，包括其定义与特点、类型及其应用场景、行业的职业要求以及 AI 技术如何赋能新媒体内容创作。通过系统地学习，读者能够掌握新媒体写作的核心技能，理解其在现代信息传播中的关键作用，并能够在实践中有效应用。

## 任务 1.1　新媒体写作的定义和特点

### ○ 任务描述 ○

新媒体写作，作为信息时代背景下的一种新兴写作形式，以其独特的传播方式和互动机制，正逐步改变着人们的阅读习惯和信息获取方式。本任务将具体讲解新媒体写作的定义和特点。

### ○ 任务目标 ○

▶ 熟悉新媒体写作的概念。
▶ 了解新媒体写作的特点。

### ○ 相关知识 ○

#### 子任务 1.1.1　熟悉新媒体写作的概念

新媒体写作，是指基于新媒体平台所展开的互动式文案创作活动。它突破了传统写作的限制，以互联网、移动设备等新媒体平台为载体，通过文字、图片、视频、音频等多种形式，向广大受众传递信息、表达观点、推广产品、提供服务。新媒体写作不仅具有传统写作的文学性和艺术性，更强调与受众的互动性和传播性。

新媒体写作在企事业单位中扮演着重要角色，岗位名称包括新媒体写作、新媒体文案、新媒体编辑、内容策划编辑、内容运营等。这些岗位的工作内容主要涵盖对新媒体渠道的整体内容进行规划，以及对具体内容进行写作与编辑。

新媒体创作者需要具备深厚的写作功底和敏锐的市场洞察力。他们需要深入分析读者特点，了解读者的需求和兴趣，以便创作出更符合受众口味的内容。同时，他们还需要掌握一定的写作技巧，如标题的撰写、内容的布局、图片的搭配等，以吸引读者的注意力，提高内容的阅读量。

新媒体写作的价值不仅体现在文学创作上，更在于其传播策略和营销价值。通过新媒体写作，企业可以树立品牌形象，提升品牌知名度和美誉度。优质的新媒体内容能够吸引更多的潜在客户，增加产品的曝光度和销售量。同时，通过与受众的互动和反馈，企业可以了解受众的需求和反馈，进一步改进产品和服务，提升用户体验。

## 子任务 1.1.2　了解新媒体写作的特点

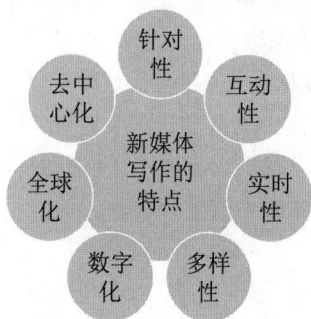

图 1-1　新媒体写作的特点

新媒体写作，作为信息时代背景下的产物，相较于传统写作形式，展现出了多个鲜明的特点。这些特点不仅使新媒体写作更具吸引力和传播力，也为其在信息时代的广泛应用提供了坚实基础。新媒体写作主要有 7 个显著特点，如图 1-1 所示。

### 1. 针对性

新媒体写作强调对目标读者的深度分析和精准定位。通过深入了解读者的需求、兴趣和行为习惯，创作者能够针对特定内容进行持续挖掘，从而创作出更符合读者口味的内容。例如，某微信公众号上发布的《吵了一辈子架的爸妈，用我看不懂的爱彼此依赖》这篇文章，就成功地抓住了现代人在快节奏生活中对情感治愈的需求，通过讲述父母的爱情故事，引发了读者的共鸣，使他们在阅读过程中感受到温暖和力量，如图 1-2 所示。

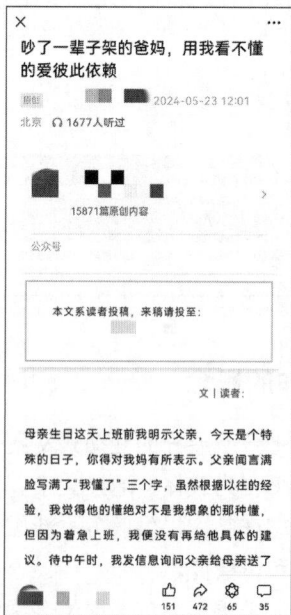

图 1-2　《吵了一辈子架的爸妈，用我看不懂的爱彼此依赖》部分截图内容

### 2. 互动性

新媒体写作具有强大的互动性。通过互联网技术，创作者与读者之间的沟通交流变得更加方便和快捷。读者不仅可以作为信息的接收者，还可以通过评论、点赞、转发等方式参与到内容的创作和传播中来。这种双向互动不仅增强了读者的参与感和归属感，也为创作者提供了宝贵的反馈和建议。例如，在视频网站上观看视频时，观众可以发送弹幕表达自己的观点，与其他观众和创作者进行实时互动，如图 1-3 所示。

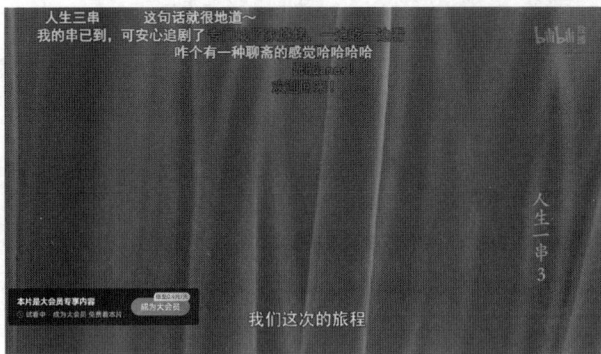

图 1-3 视频中的弹幕

### 3. 实时性

新媒体写作能够实现实时传播。在信息爆炸的时代，新媒体平台如微博、微信等具有极强的时效性，能够迅速捕捉时事热点，传递最新信息。这种实时性使得新媒体写作内容更加新鲜、及时，能够紧跟时事热点，满足读者对最新资讯的需求。例如，在突发事件发生时，新媒体平台能够迅速发布相关信息，引导舆论走向，展现其强大的实时传播能力。

### 4. 多样性

新媒体写作在内容创作形式上表现出多样性，它可以是文字、图片、视频、音频等多种形式的结合，使内容更加丰富多彩，满足不同受众的多元化需求。这种多样性不仅丰富了内容的呈现方式，也提高了内容的可读性和可视化程度。例如，在微信公众号上发布的文章可以结合图片、视频等元素，使内容更加生动有趣，吸引读者的注意力。

### 5. 数字化

新媒体写作主要依赖数字技术和互联网进行内容创作和传播，这使得新媒体写作具有数字化的特点。数字化不仅提高了内容传播的速度和效率，也使得内容存储、检索和分享更加便捷。同时，数字化还为新媒体写作提供了更多的创作工具和平台，使得创作者能够更加方便地进行内容创作和管理。例如，创作者可以使用各种在线编辑工具进行内容创作和修改，然后一键发布到新媒体平台。

### 6. 全球化

新媒体写作具有全球化的特点。通过互联网技术，新媒体写作可以跨越地域限制，实现全球范围内的内容传播。这使得不同国家和地区的人们都能够接触到相同的内容，促进了文化的交流和融合。同时，全球化也为新媒体写作提供了更广阔的市场和受众群体，使得新媒体写作具有更大的发展潜力和商业价值。例如，在国际新闻网站上发布的新闻报道可以迅速传播到世界各地，让全球读者了解不同国家和地区的最新动态，如图 1-4 所示。

### 7. 去中心化

新媒体写作实现了去中心化的传播模式。在传统媒体时代，信息的传播往往依赖中心化的

图 1-4　央视网的国际新闻页面

媒体机构。而在新媒体时代，每个人都可以成为信息的创作者和传播者。这种去中心化不仅打破了传统媒体机构的垄断地位，也使得信息的传播更加自由、开放和多元。同时，去中心化还激发了更多人的创作热情和参与意愿，为新媒体写作注入了新的活力。

## 任务 1.2　新媒体写作的类型和应用场景

### ○ 任务描述 ○

新媒体写作以其多样化的类型和广泛的应用场景，在数字时代发挥着越来越重要的作用，它不仅是一种写作方式，更是一种有效的沟通、传播和营销手段。

### ○ 任务目标 ○

▶ 划分新媒体写作类型。
▶ 描述新媒体写作的应用场景。

### ○ 相关知识 ○

#### 子任务 1.2.1　划分新媒体写作类型

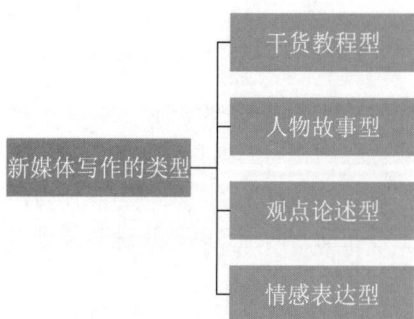

图 1-5　新媒体写作的类型

新媒体写作在现代社会中扮演着多重角色，其目的广泛而多样，涵盖了资讯传播、品牌塑造、产品营销、活动推广以及社群运营等多个方面。因此，当新媒体作者准备开始撰写文案时，首先需要明确文案的核心目的。这个目的不仅指导着整个写作过程，还决定了文案的类型和具体内容。基于这些不同的写作目的，可以将新媒体写作大致划分为 4 种类型，如图 1-5 所示。

**1. 干货教程型**

干货教程型文章旨在传授实际的方法、技巧和知识。这类文章通常条理清晰，步骤明确，以"是什么？怎么做？怎么用？"的逻辑框架进行创作。其优点在于阅读量大、收藏率高，且能够培养读者的黏性，为后期变现提供有力支持。然而，这类文章也可能因内容相对枯燥，对作者的专业度和融会贯通能力要求较高，以及受众相对单一等缺点而面临挑战。

例如，《26 个 Excel 常用技巧，我花了 3 小时整理，建议收藏！》这篇文章就是一篇典型的干货教程型文章，如图 1-6 所示。该文章的作者通过精心整理，向读者介绍了 26 个实用的 Excel 技巧，旨在帮助读者提高工作效率。这类文章不仅具有实用价值，还能满足读者对专业知识的需求，深受读者喜爱。

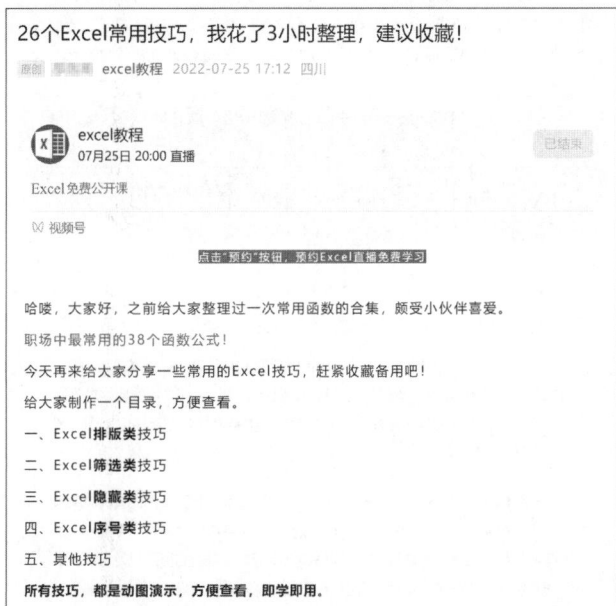

图 1-6　干货教程型文章示例

## 2. 人物故事型

人物故事型文章以人物的故事和经历为核心，通过时间线或逻辑线索串联相关事件。这类文章能够带给读者良好的阅读体验，并具有一定的保底阅读量。其缺点在于内容价值相对较低，不利于打造个人 IP。

例如，《大山里种出好咖啡》是一篇聚焦乡村创业的人物故事型文章，如图 1-7 所示。该文章讲述了云南保山一位年轻人在大山里种植咖啡的艰辛历程，这位创业者凭借踏实肯干和吃苦耐劳的精神，克服了重重困难，最终在大山中培育出了优质的咖啡。文章不仅展现了他的创业故事，更传递了乡村创业者坚韧不拔的精神风貌。

## 3. 观点论述型

观点论述型文章以作者对某一事件或话题的观点为主要内容。这类文章在市场上非常普遍，且容易成为"爆款"，具有良好的传播效果，有助于个人 IP 的打造。但是由于写作人数众多，同质化现象严重，想要脱颖而出并不容易。

例如，《人民网评：正能量才是网络创作的"流量密码"》这篇文章通过鲜明的观点和深入的思考，探讨了网络创作中正能量的重要性，作者的观点不仅引发了读者的广泛共鸣，也激发了对网络文化价值观的深入讨论，如图 1-8 所示。

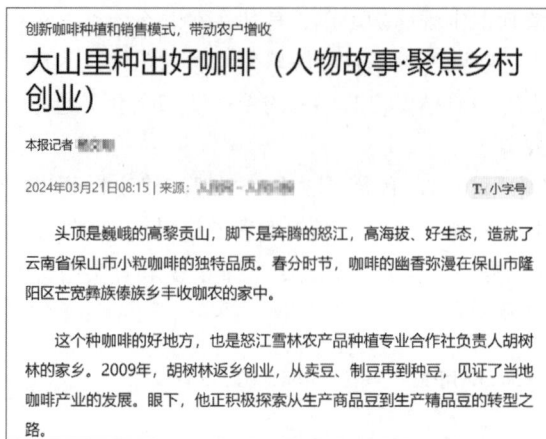

图 1-7　人物故事型文章示例

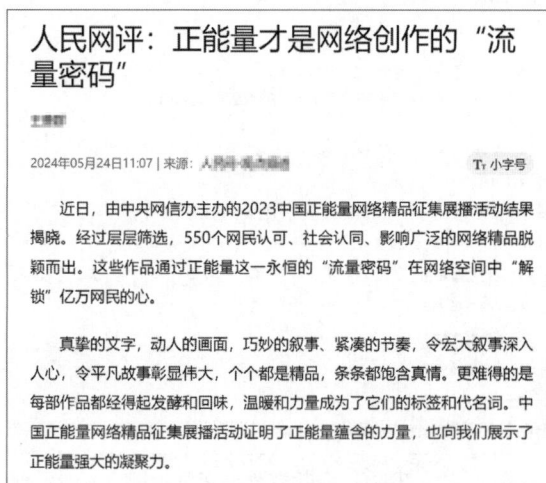

图 1-8　观点论述型文章示例

**4. 情感表达型**

情感表达型文章以亲情、友情、爱情故事为主要题材，创作素材丰富，空间广阔。这类文章往往阅读传播效果好，写作难度较低，容易引发读者的共鸣。但需要注意的是，其内容价值相对较低，可能不利于作者个人品牌的长期塑造。

例如，《我羡慕的不是风华正茂的情侣，而是搀扶到老的夫妇》这篇文章以一对老夫妻相伴一生的故事为题材，细腻地描绘了他们的日常生活和相濡以沫的情感，传递了爱情长久与坚守的深刻思考，触动了无数读者的内心，如图 1-9 所示。

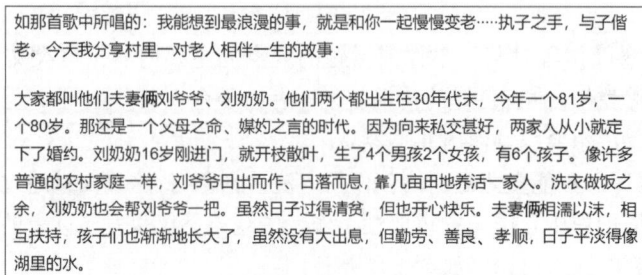

图 1-9　情感表达型文章示例

### 子任务 1.2.2 描述新媒体写作的应用场景

新媒体写作的应用场景广泛且多样，涵盖了社交媒体、新闻资讯、商业营销、在线教育等多个领域。

#### 1. 社交媒体平台

社交媒体平台是新媒体写作最为活跃的应用场景之一。微博、微信、抖音等平台上的内容创作者，通过撰写短文、发布动态、制作短视频等方式，与粉丝进行实时互动。这些写作内容往往具有短小精悍、易于传播的特点，能够迅速吸引用户的注意力，并引发广泛的讨论和分享。

【案例】　　　　　　　　热点事件快速传播与评论

当某个社会热点事件发生时，微博上的内容创作者会迅速撰写短文，分享事件的最新进展和自己的观点。例如，在某次大型体育赛事中，一位知名体育博主在比赛结束后立即发布了一条微博，总结了比赛的精彩瞬间，并对运动员的表现进行了点评。这条微博迅速被大量用户转发和评论，成为讨论该赛事的热门话题。

【案例】　　　　　　　　朋友圈动态分享与情感交流

微信朋友圈也是新媒体写作的重要应用场景之一。用户可以在朋友圈中分享自己的生活点滴、情感经历以及所见所闻。这些动态往往具有真实、生动、有趣的特点，能够引起朋友们的共鸣和互动。例如，一位用户在朋友圈中发布了一条关于自己旅行经历的动态，配上了美丽的风景照片和感受分享。这条动态迅速获得了朋友们的点赞和评论，大家纷纷表达对旅行的向往。

#### 2. 新闻资讯领域

新闻资讯领域是新媒体写作的重要阵地。与传统媒体相比，新媒体新闻更加注重时效性和互动性。新闻编辑通过实时更新、滚动播报等方式，将最新的新闻资讯传递给读者。同时，他们还运用图片、视频、图表等多媒体元素，丰富新闻的表现形式，提高读者的阅读体验。

【案例】　　　　　　　　　腾讯新闻

腾讯新闻作为新媒体新闻资讯平台的佼佼者，以其快速、准确的新闻报道赢得了广大读者的认可。在重大事件发生时，腾讯新闻能够迅速派出记者进行现场采访，并通过实时更新、滚动播报的方式，将最新的新闻资讯传递给读者。例如，在某次国际会议上，腾讯新闻团队及时捕捉到会议的重要进展和关键信息，并立即通过平台发布，让读者第一时间了解到会议的最新动态。

在新闻表现形式上，腾讯新闻也注重创新。新闻编辑运用图片、视频、图表等多媒体元素，将复杂的新闻事件以直观、生动的方式呈现给读者。例如，在报道一起交通事故时，腾讯新闻不仅发布了文字报道，还配上了现场图片和视频，让读者能够更加直观地了解事故的情况。

#### 3. 商业营销领域

商业营销领域也广泛运用新媒体写作。品牌通过撰写软文、发布广告、制作营销视频等方式，向消费者传递品牌理念和产品信息。这些写作内容往往具有创意性和感染力，能够激发消费者的购买欲望，提升品牌的知名度和美誉度。

【案例】　　　　　　　某时尚品牌的软文营销

某时尚品牌通过其官方微信公众号发布了一系列关于时尚搭配、潮流趋势的软文。这些软文不仅介绍了品牌的新品和特色，还结合时下热点和流行元素，以轻松幽默的方式向读者传递了品牌的时尚理念和价值观。例如，一篇名为"春夏穿搭秘籍，让你秒变时尚达人"的软文，通过分享不同场合的穿搭技巧和搭配建议，吸引了大量年轻读者的关注和转发。这些软文不仅提升了品牌的知名度，还激发了消费者的购买欲望，促进了销售增长。

【案例】 　　　　　　　　**某电商平台的创意广告**

某电商平台在社交媒体平台上发布了一系列创意广告，通过独特的视角和有趣的情节，展示了平台上的商品和服务。这些广告以短视频的形式呈现，内容简洁明了，形式新颖有趣，能够迅速吸引用户的注意力。例如，一个关于智能家居产品的广告，通过展示智能家居带来的便捷和舒适，成功地引发了用户对产品的兴趣和购买欲望。这些创意广告不仅提升了平台的品牌形象，还增加了用户的黏性和转化率。

【案例】 　　　　　　　　**某餐饮品牌的营销视频**

某餐饮品牌通过制作营销视频的方式，向消费者展示了其独特的菜品和用餐体验。这些视频内容丰富多样，包括菜品制作过程、餐厅环境展示以及顾客用餐评价等。通过精美的画面和生动的场景，视频成功地吸引了消费者的眼球，并让他们对品牌产生了浓厚的兴趣。例如，一个展示招牌菜品的视频，通过高清的画面和详细的制作过程，让消费者感受到了菜品的独特魅力和美妙口感。这些营销视频不仅提升了品牌的知名度和美誉度，还增加了消费者对品牌的信任和忠诚度。

### 4.在线教育领域

在线教育领域也离不开新媒体写作的支持。教师和教育工作者通过撰写教学文章、制作教学视频、发布在线课程等方式，向学生传授知识和技能。这些写作内容不仅具有教育性，还具有互动性和趣味性，能够激发学生的学习兴趣和积极性。

【案例】 　　　　　　　　**互动教学视频**

教学视频是在线教育的重要组成部分，它能够将复杂的知识点以直观、生动的方式呈现给学生。一些教师会利用新媒体平台，如 B 站、抖音等，发布自己制作的教学视频。这些视频通常具有互动性和趣味性，能够吸引学生的注意力。例如，一位英语教师通过制作有趣的动画和情景剧，将英语单词和语法规则融入其中，让学生在轻松愉快的氛围中学习英语。

【案例】 　　　　　　　　**在线课程平台**

随着在线教育的发展，越来越多的在线课程平台涌现出来，如腾讯课堂、网易云课堂等。这些平台为教师提供了发布和管理在线课程的便利条件。教师可以通过平台上传自己的教学视频、课件和作业等资料，设置课程大纲和学习进度，与学生进行实时互动和交流。例如，某编程课程平台上的一位教师发布了一套完整的 Python 编程课程，包括基础语法、数据结构和算法等内容，并提供了丰富的实战案例和练习题。学生可以根据自己的学习进度和需求，选择适合自己的课程进行学习。

## 任务 1.3　新媒体写作的职业要求和岗位职责

### ⟶ 任务描述 ⟵

随着新媒体时代的蓬勃发展和深入，市场对于新媒体文案和写作人才的需求呈现出持续增长的态势。在这个背景下，新媒体写作的行业环境和职业要求也日趋成熟和规范化。为了满足市场和企业的需求，各招聘单位对新媒体写作人员提出了更高的标准和期望。本任务将简单介绍新媒体写作的职业要求和岗位职责。

## ——○ 任务目标 ○——

▶ 熟悉新媒体写作的职业要求。
▶ 熟悉新媒体写作的岗位职责。

## ——○ 相关知识 ○——

### 子任务 1.3.1 熟悉新媒体写作的职业要求

随着新媒体的崛起，其影响力日益显著，成为广告商青睐的重要渠道。新媒体文案的质量对平台的吸引力及商业价值起着决定性作用。因此，新媒体写作职业备受关注，对从业者的要求也日益提高。一个优秀的新媒体作者须具备：文案能力，能精准传达信息；创意能力，能打造引人入胜的内容；审美能力，确保文案的视觉呈现；学习能力，能不断适应行业变化。如图 1-10 所示，这些能力共同构成了新媒体写作的职业要求。

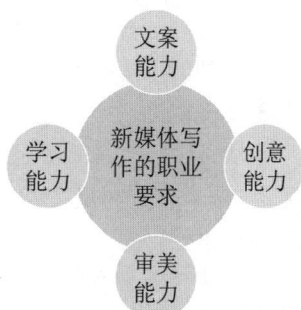

图 1-10 新媒体写作的职业要求

#### 1. 文案能力

新媒体写作人员的文案能力是其职业素养的重要组成部分。这种能力不仅要求他们在写作时能够精准把握语言风格，灵活运用各种写作技巧，还要确保文案的语法正确、逻辑清晰，以便目标人群能够准确理解文案意图。新媒体写作人员应能够驾驭多样化的文字风格，无论是高雅如诗的语言还是通俗易懂的表述，都能信手拈来。

此外，新媒体文案的吸引力也是文案能力的重要体现。优秀的标题和海报设计能够快速吸引目标人群的注意力，而富有情感的软文和品牌介绍则能让读者产生强烈的代入感。在商品销售文案中，新媒体写作人员需要通过精准的描述和说服力强的语言，增强目标人群对产品的信任感，并促使他们迅速做出购买决策。同时，品牌传播文案需要简洁明了，易于口头传播，以便在更广泛的范围内扩大品牌影响力。

#### 2. 创意能力

创意是新媒体文案写作中的关键要素，它能够赋予广告独特的魅力，使之深入人心并引发共鸣。在如今的网络环境中，可以发现有很多令人眼前一亮的"创意广告"，它们以独特的形式和内涵吸引了无数观众的目光。

例如，某运动品牌发布的创意广告视频截图如图 1-11 所示。这个广告并没有采用传统的明星代言或产品展示的方式，而是将镜头对准了来自不同背景、不同领域的普通人，通过讲述他们追求梦想、挑战自我的故事，来传递该品牌的精神内核。这种独特的呈现方式让广告更具感染力，也更能引起观众的共鸣，展现了该品牌的创新与独特魅力。

作为新媒体写作人员，创意能力是其职业发展的核心素质。尽管创意天赋在一定程度上为个体提供了独特的视角，但后天的努力和实践同样至关重要。为了提升创意能力，新媒体写作人员需要学会以新颖、独特的视角观察世界，保持对周围事物的敏感度和旺盛的好奇心。通过不断地提问"为什么"的方式，不断探寻问题的根源，并将这些独特的见解和灵感融入文案创

图 1-11 某运动品牌发布的创意广告视频截图

作中。只有在这样持续的努力下，新媒体写作人员才能够创作出更具吸引力和影响力的作品，在竞争激烈的市场中脱颖而出。

### 3. 审美能力

审美能力，也被称为艺术鉴赏力，它涉及对事物美感的感悟和欣赏能力，同时包含对"美"的深入理解和定义。在新媒体文案写作中，这种能力对于确保文案内容整体效果的出色表现至关重要。

以文字排版为例，一个具备审美能力的新媒体写作人员，能够确保排版整洁、风格统一，同时使字体、字间距、行间距等元素协调一致，为读者带来舒适的阅读体验。

为了提升审美能力，新媒体写作人员可以采取两种方法：首先，建立对"美"的基本认识，虽然"美"本身并没有固定的标准，但通过观察和思考，我们可以发现其中的共通性，如平衡、对称、和谐等原则。其次，通过大量观摩优秀的文案作品，总结其中的美感规律，并在自己的文案创作中加以运用。这样不仅能够提升个人的审美水平，还能够使文案内容更具吸引力和感染力。

### 4. 学习能力

学习能力是指个体在较短时间内迅速掌握新知识、新技能，并能够将其融会贯通、灵活运用的能力。一个学习能力强的人往往具备主动学习的意愿，他们善于寻找并吸收相关的资源信息，进而将这些知识转化为自身的技能，并在此基础上进行创新。

对于新媒体写作人员而言，提升学习能力尤为重要。学习新媒体写作主要有以下三个途径。

（1）阅读：通过阅读专业书籍、网络上的相关资料和相关案例，能够系统地了解并掌握新媒体文案写作的基本知识和技巧。

（2）请教：向该领域内的专业人士请教，可以快速获取一些实用的经验和建议，帮助自己更快地成长。

（3）实践：将所学的文案写作知识付诸实践，通过实际操作来检验学习效果，并根据实践结果进行总结和分析，以便不断地优化和改进自己的写作技能。

## 子任务 1.3.2　熟悉新媒体写作的岗位职责

新媒体写作的岗位职责主要基于企业特定的需求而定，但通常涵盖了一系列核心任务。例如，某招聘信息中新媒体文案编辑岗位的岗位职责主要包括编写文案、新媒体账号的相关图文输出和日常更新、负责图片的排版、书写评语、回复后台咨询等，如图 1-12 所示。

具体而言，新媒体写作岗位的职责通常包括以下内容。

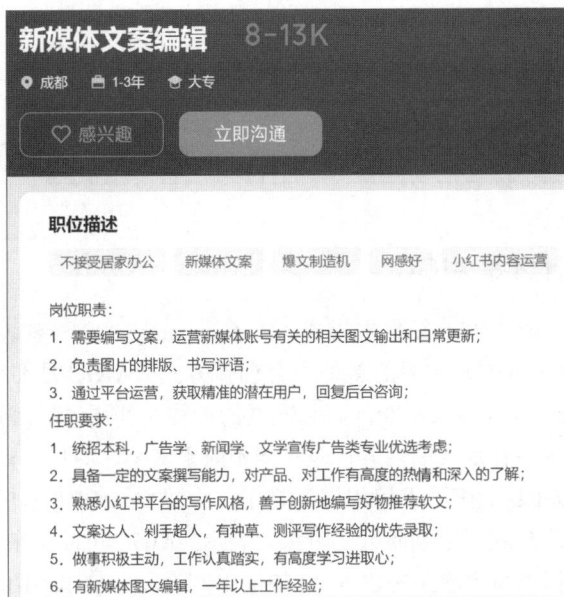

图 1-12　某招聘信息中新媒体文案编辑岗位的岗位职责

（1）负责搜集、编辑和上传与公司网站、公众号及其他新媒体平台相关的内容，确保信息的准确性和时效性。

（2）策划并组织各类专题内容，确保这些专题能够在搜索引擎中获得良好排名，同时提高转化率和客户反馈。

（3）策划并更新网站信息内容，包括日常维护和更新，以确保网站内容的丰富性和时效性。

（4）与企划部门紧密合作，参与策划和执行推广活动，通过文字的力量提升活动的影响力和参与度。

（5）提升软文写作水平，为第三方网站或相关新媒体 App 提供高质量的软文，帮助公司扩大品牌影响力和市场覆盖面。

（6）完成公司或部门领导交办的其他任务，确保工作的高效执行和团队的整体协调。

这些职责要求新媒体写作人员具备扎实的写作技能、敏锐的市场洞察力和良好的团队协作能力，以确保企业在新媒体领域的有效传播和品牌形象塑造。

## 任务 1.4　初识 AI 技术

### 任务描述

随着人工智能（AI）技术的飞速发展，其在各个领域的应用越来越广泛，特别是在新媒体写作领域，AI 的引入正逐渐改变着新媒体内容创作的面貌。从内容生成到情感分析，从个性化推荐到优化编辑，AI 在新媒体写作中展现出了巨大的潜力和广泛的应用前景。

### 任务目标

▶ 了解什么是 AIGC。

▶ 了解常用的 AIGC 写作工具。

- ▶ 熟悉 AI 在新媒体写作中的应用。
- ▶ 学习高效利用 AI 写作助手生成高质量的内容。
- ▶ 避免 AI 生成的内容与已有内容重复。

---

○─ **相关知识** ○────────────────────────

### 子任务 1.4.1　了解什么是 AIGC

AIGC 即人工智能生成内容，又称生成式 AI（Generative AI），被认为是继专业生产内容（PGC）、用户生产内容（UGC）之后的新型内容创作方式。AIGC 是在机器学习、深度学习、自然语言处理、计算机视觉等领域不断创新和发展的产物，其通过对海量数据的分析和挖掘，自动化地为营销活动提供各种形式的内容，包括但不限于文字、图片、视频、音频等。

2023 年 2 月，ChatGPT 站在了市场的聚光灯下，令以 ChatGPT 为代表的 AIGC 技术备受市场和资本的瞩目。第四范式联合创始人胡时伟曾表示，AIGC 可能带来企业生产要素的变化。

而 AIGC 的出现，标志着内容生态进入 AI 辅助生产阶段，AIGC 由此也将成为 Web 3.0 内容生成新引擎，从而进一步将催化虚实融合的元宇宙应用场景的呈现，加速数字中国发展。鉴于 AIGC 庞大的发展前景，国内外互联网巨头正争先恐后布局 AIGC 领域，AIGC 的应用场景有望不断扩充。

在未来，AIGC 技术将继续向更深层次的应用领域发展，例如，智能客服、智能写作、智能营销、智能推荐、智能分析等领域。同时，AIGC 技术也将会与其他人工智能技术结合，例如，机器学习、深度学习等，实现更高效、更精准的内容生成。

### 子任务 1.4.2　了解常用的 AIGC 写作工具

利用 AIGC 技术，能够自动产生高质量的文章、新闻、评论、推文等文字内容，为内容创作者提供便捷和高效的创作方式。下面简要介绍几款常用的文字生成工具。

#### 1. DeepSeek

DeepSeek，中文名"深度求索"，是由杭州深度求索人工智能基础技术研究有限公司精心打造的一款人工智能模型。其英文名为 DeepSeek，由"深思"（Deep）与"探索"（Seek）组合而成，寓意凭借深度学习技术不断探索未知领域、大胆开拓人类认知的边界，这也是 DeepSeek 核心的两项功能。

简单来讲，DeepSeek 的终极目标是赋予机器像人类一样思考和学习的能力，让它们不再仅局限于执行简单指令，而是能够在复杂的问题解决和知识创造中，展现出媲美人类的智慧。DeepSeek 的核心是一个无比强大的语言模型，具备理解自然语言并生成高质量文本内容的卓越能力。无论是解答疑难问题、撰写精彩文章，还是进行复杂的逻辑推理，DeepSeek 都能应对自如，游刃有余。

（1）登录网址：https://chat.deepseek.com/。

（2）登录形式：手机号 / 微信 / 邮箱登录。

#### 2. Kimi

Kimi，这款由月之暗面科技有限公司精心打造的人工智能助手，精通中文与英文的流畅对话。它致力于为用户提供安全、有益且精准的信息与服务，严格遵循道德和社会规范，对于任何涉及不当内容的问题，它都坚决拒绝回答。值得一提的是，月之暗面在 2023 年隆重推出了全球首款支持输入 20 万汉字的智能助手产品——Kimi AI，这一创新之举无疑进一步夯实了其在 AI 领域的卓越地位。

（1）登录网址：https://kimi.moonshot.cn/。

（2）App 下载地址：https://kimi.moonshot.cn/download/app?ref=chat。

（3）登录形式：手机号登录。

### 3. 文心一言

文心一言（英文名 ERNIE Bot）是百度全新一代知识增强大语言模型，是文心大模型家族的新成员，能够与人对话互动、协助创作，高效便捷地帮助人们获取信息、知识和灵感。文心一言基于飞桨深度学习平台和文心知识增强大模型，持续从海量数据和大规模知识中融合学习，具备知识增强、检索增强和对话增强的技术特色。文心一言于 2023 年 3 月 27 日上线，也是国内各大互联网公司首先官宣的类似 ChatGPT 功能的智能文本生成工具。除此之外，国内还有类似的工具，如阿里巴巴的通义千问、商汤科技的日日新等。文心一言的登录情况如下。

（1）登录网址：https://yiyan.baidu.com。

（2）登录形式：手机号码登录即可，同百家号账号。

### 4. 讯飞星火

讯飞星火是科大讯飞公司推出的一款认知大模型，它融合了自然语言处理、语音识别、图像识别等多项人工智能技术，旨在为用户提供全面、高效、便捷的人工智能服务。

讯飞星火能够学习和理解人类的语言，进行多轮对话回答问题，高效便捷地帮助人们获取信息、知识和灵感，帮助用户快速构建自己的自然语言处理模型。

讯飞星火作为一款领先的认知大模型，具备强大的技术实力和广泛的应用前景，将在未来的人工智能领域中发挥重要作用。

讯飞星火的登录情况如下。

（1）登录网址：https://xinghuo.xfyun.cn。

（2）登录形式：手机号码或讯飞账号登录即可。

### 5. ChatGPT

ChatGPT 由 OpenAI 研发并于 2022 年 11 月 30 日发布，是一款基于人工智能技术的自然语言处理工具。它能够理解和学习人类的语言，进行对话交流，甚至能完成撰写邮件、视频脚本、代码，以及翻译、写论文等任务。ChatGPT 不仅具有对话功能，还能根据聊天的上下文进行互动，为用户提供真实的人类交流体验。2023 年 1 月，ChatGPT 的月活用户已突破 1 亿，成为历史上增长最快的消费者应用。

ChatGPT 的出现，不仅改变了人们对人工智能的认知，也推动了相关技术的发展。它的成功引发了人工智能领域的竞争，推动了 Google 等公司的聊天机器人技术的发展。同时，ChatGPT 也引发了一些争议，例如，其对事实的准确性、对用户隐私的保护等问题。

总体来说，ChatGPT 是一款具有划时代意义的人工智能产品，它的出现不仅推动了人工智能技术的发展，也为人们提供了全新的交流体验。然而，随着其应用的广泛，也引发了一系列的问题和挑战，需要我们共同面对和解决。

ChatGPT 的登录情况如下。

（1）登录网址：https://chat.openai.com。

（2）登录形式：邮箱注册登录，建议使用 Google 邮箱。

### 6. 秘塔写作猫

秘塔写作猫是一款创新的文字生成工具，它基于先进的 AIGC（人工智能生成内容）技术来协助用户进行写作。这款工具的核心功能是能够根据用户提供的关键词和特定要求，生成相应的文章段落和创意内容。它的操作界面友好，能为用户带来优质的写作体验。

秘塔写作猫的最大特点是其强大的语言理解和模仿能力。它能够理解用户的语言和写作需求，并按照用户的意愿生成满足特定风格和主题的文本。而且，无论是形式还是内容，它都能准确捕捉用户的写作意图，提供高质量的文字输出。

此外，秘塔写作猫还提供了一系列智能功能，包括文本纠错、改写润色、自动续写和智能配图等。这些功能不仅能提高了用户的写作效率，还能确保文本高质量，帮助用户克服写作障碍，轻松实现高效创作。

秘塔写作猫集合了国内外优秀的 AI 技术，其目标是为用户提供一个全面、方便的写作工具，帮助用户破除写作瓶颈，提高创作效率。

要使用秘塔写作猫，用户可以访问其官方网站，在官网上用户可以了解更多关于这款产品的详细信息，同时也可以直接在线使用其提供的服务。

总的来说，秘塔写作猫是一款全方位的写作助手，能够满足用户在写作过程中的各种需求。无论是创意写作、学术写作，还是商业写作，秘塔写作猫都能提供专业级的支持，帮助用户实现高效、优质的写作。

秘塔写作猫的登录情况如下。

（1）登录网址：https://xiezuocat.com。

（2）登录形式：微信、手机号码或者账号密码登录即可。

### 7. 万彩 AI

万彩 AI 是由广州万彩信息技术有限公司推出的一款人工智能文案编写工具。这款工具的目标用户是那些在写作上可能遇到困难或者缺乏灵感的创作者。它可以在短时间内快速生成可直接使用的文案，提升用户的写作效率，达到显著的效果。据统计，使用万彩 AI 编写的文案准确率高达 99%，并能使文案编写效率提升 90%。

万彩 AI 具有以下广泛且强大的功能。

（1）商业文书写作。包括商业风险分析、商业计划书、品牌推广策划、危机公关文案、市场调研报告等。同时，它还提供多模型 AI 分析助手，帮助用户从各个角度深入理解和分析商业问题。

（2）文章博客创作。这个功能涵盖文章标题创作、内容大纲制定、文章开头段落编写、文案润色和 AI 智能改写等。

（3）课堂教学帮手。万彩 AI 能够生成教案、说课稿、课题灵感、PPT 大纲、导学案设计、课堂互动设计、主题班会设计、教学工作计划和总结、知识点解析、家长会设计、作文出题等内容。

（4）广告营销文案撰写。万彩 AI 可以帮助用户编写各种营销文案、产品 Slogan、AI 客服回复、商家回复、广告标语等，还可以进行卖点挖掘、产品简介编写、SEM 竞价广告设计等。

（5）自媒体文章生成。无论是社交媒体、小红书种草文、抖音脚本、知乎风格回答，还是公众号文章，万彩 AI 都能快速生成高质量的内容。

万彩 AI 能够满足用户在各种写作场合中的需求，是一个真正全面、高效、精准的 AI 写作工具。万彩 AI 的登录情况如下。

（1）登录网址：https://ai.kezhan365.com/。

（2）登录形式：微信、手机号码或者账号密码登录即可。

## 子任务 1.4.3  熟悉 AI 在新媒体写作中的应用

在新媒体时代，AI 技术的应用为写作领域带来了显著的变革。下面将结合两个具体的案例，深入探讨 AI 在新媒体写作中的实际应用潜力。

AI 在新媒体写作领域的应用正逐渐展现出其独特的价值和优势，下面将从几个主要方面进行阐述，并结合相关例子进行详细讲解。

### 1. 内容生成与策划

AI 技术能够通过分析大量的数据和信息，自动生成与新媒体平台相契合的内容。例如，AI 智聊可以根据品牌需求、受众特点，自动生成具有针对性的内容策划方案。在策划一场线上活动时，AI 智聊可以生成如"邀请行业内专家进行线上分享，结合互动环节，打造高质量的线上交流体验！"等内容策划建议，确保活动内容与受众需求紧密贴合。

### 2. 新闻报道与发布

AI 写作平台通过分析大量数据和信息，能够自动生成新闻报道。例如，搭画快写这样的平台可以生成高质量的新闻稿件，涵盖体育、科技、娱乐等不同领域。它可以通过模型的学习和训练，生成丰富的新闻内容，帮助新闻媒体快速生成独家报道。AI 智聊还能够迅速捕捉新闻事件的核心内容，自动生成高质量的新闻稿并发布到各大媒体平台，提高新闻稿的时效性和传播效果。

### 3. 广告文案创作

AI 写作技术在广告文案创作方面也具有显著优势。它能够分析市场趋势、受众喜好，创作出具有冲击力和感染力的广告文案。例如，在推广一款护肤品时，AI 智聊可以生成如"让肌肤焕发青春光彩，重拾自信美丽！"的广告文案，吸引消费者的目光。

### 4. 社交媒体内容生成

社交媒体是品牌与受众互动的重要平台。AI 写作技术可以创作出符合社交媒体传播特点、易于引发用户共鸣的文案。例如，AI 智聊可以生成有趣的微博文案，增加用户互动和转发率。此外，AI 写作平台还可以根据用户的兴趣和喜好，自动生成适合分享的帖子和推文，提高用户体验。

### 5. 品牌营销与推广

AI 写作技术还可以协助企业进行品牌营销与推广。例如，AI 写作平台可以协助企业创作富有吸引力的营销页面内容，通过准确描述产品特性和优势，提升用户对产品的了解和兴趣，进而促进销售。此外，AI 写作平台还可以生成多样化的广告文案和商品描述，帮助企业吸引更多潜在客户。

### 6. 个性化内容推荐

AI 技术还可以根据用户的浏览历史、兴趣偏好等信息，为用户推荐个性化的内容。这不仅可以提高用户的阅读体验，还可以增加用户黏性，促进新媒体平台的发展。

综上所述，AI 在新媒体写作领域的应用具有广泛的前景和潜力。通过利用 AI 技术，可以实现内容生成与策划的自动化、新闻报道与发布的时效性、广告文案创作的个性化以及社交媒体内容生成的互动性。这将为新媒体行业带来更多的创新和机遇。

### 子任务 1.4.4　学习高效利用 AI 写作助手生成高质量的内容

要高效利用 AI 写作助手生成高质量的内容，可以遵循以下步骤和策略。

（1）明确定义写作主题。开始之前，清晰地定义写作主题和目标。这将帮助 AI 写作助手更精确地理解写作需求，从而生成更贴切的内容。

（2）选择合适的 AI 写作工具。根据写作任务的需求和特点，选择合适的 AI 写作助手。不同的工具可能擅长不同类型的内容创建，如文章、营销副本或故事创作。

（3）提供清晰的指导。在 AI 写作工具中提供尽可能清晰的指导，这包括关键词、风格、语调和任何相关的背景信息。明确的指导有助于生成与目标更匹配的高质量内容。

（4）设定适当的语言风格。根据目标受众和写作目的，设定适当的语言风格。无论是正式还是非正式、专业或通俗易懂，正确的风格设置对提高内容的吸引力至关重要。

（5）审阅和优化初稿。虽然 AI 写作助手能够生成完整的文本，但通常需要人工进行审阅和优化。检查语法错误、逻辑问题和信息的准确度，确保内容的质量。

（6）融入个性化元素。在 AI 生成的内容基础上加入独特视角和个性。这可以通过添加具体例证、个人经验或深入分析来实现，使内容更具吸引力和说服力。

（7）迭代改进。将 AI 写作视为一个迭代过程。多次使用 AI 写作助手，每次基于反馈进行调整，逐渐完善内容，直至达到满意的质量标准。

（8）结合其他工具。考虑结合使用其他工具，如文本编辑器、语法检查工具或在线研究资源，以进一步提高内容的准确性和深度。

（9）保持更新。随着 AI 技术的不断进步，定期探索和学习新的 AI 写作工具和技术，以充分利用最新的功能和提升写作效率。

（10）获取反馈。发布内容前，寻求同行或目标读者的反馈。这可以帮助发现并改正可能被忽视的问题，进一步提升内容质量。

通过上述步骤，可以更高效地利用 AI 写作助手生成高质量的内容，同时确保内容的真实性和创新性。这不仅提升了写作的效率，也保证了内容的独特性和深度，满足不同场景下的需求。

### 子任务 1.4.5　避免 AI 生成的内容与已有内容重复

要避免 AI 生成的内容与已有内容重复，可以采取以下策略。

**1. 输入独特性**

在向 AI 工具输入关键词、主题或指令时，尽量使用独特、新颖且未被广泛使用的表述。避免使用过于常见或已经被广泛讨论的主题。

**2. 数据多样性**

（1）尽可能地为 AI 工具提供多样化的数据源。不同来源的数据可以使 AI 在生成内容时具有更广泛的参考和灵感，减少重复内容的产生。

（2）定期更新和扩展 AI 的训练数据集，使其包含最新的信息和知识。

**3. 内容校验**

（1）使用专门的工具或算法来检查 AI 生成的内容与已有内容的相似度。这可以通过文本相似度算法、抄袭检测工具等方式实现。

（2）如果发现 AI 生成的内容与已有内容相似度过高，可以手动调整输入指令或关键词，并重新生成内容。

### 4. 模型优化

（1）对 AI 模型进行持续的优化和训练，以提高其生成独特内容的能力。

（2）引入新的训练方法和技术，如增强学习、对抗性训练等，以提高 AI 的创造性和新颖性。

### 5. 人工审核

（1）无论 AI 工具如何先进，人工审核仍然是确保内容独特性和质量的关键步骤。

（2）在发布或使用 AI 生成的内容之前，进行人工审核，检查是否存在与已有内容重复的情况。

### 6. 鼓励多样性

（1）在使用 AI 工具时，鼓励尝试不同的输入方式和指令，以激发 AI 生成更多样化的内容。

（2）鼓励用户或创作者在 AI 生成的内容基础上进行二次创作和修改，以增加内容的独特性和个性。

### 7. 建立反馈机制

（1）建立一个有效的反馈机制，让 AI 能够根据用户的反馈调整和优化生成的内容。

（2）收集和分析用户反馈中的重复内容问题，并针对这些问题进行模型调整和优化。

### 8. 版权意识

（1）在使用 AI 工具生成内容时，要始终关注版权问题，确保所生成的内容不侵犯他人的版权或知识产权。

（2）引用或参考其他来源时，要注明出处并遵循相关的版权法规。

通过结合以上策略，可以有效地避免 AI 生成的内容与已有内容重复，并提高 AI 生成内容的独特性和质量。

## 项目小结

本项目全面概述了新媒体写作的概念、特点、类型、应用场景、职业要求和岗位职责，并深入探讨了 AI 在新媒体写作中的潜力与应用。通过任务分解，明确了新媒体写作的定义，列举了其独特性，划分了写作类型，并描述了其在实际工作中的应用场景。同时，概述了从事新媒体写作所需的职业素质和岗位职责，并通过案例分析展示了 AI 在新媒体写作中的广泛应用和巨大潜力。本项目为后续深入学习新媒体写作奠定了坚实基础。

## 课后作业

1. 请简述新媒体写作的概念。
2. 请阐述新媒体写作的特点。
3. 说说不同新媒体写作类型的优点和缺点。

# 项目 2　新媒体写作策划

在数字浪潮的推动下，新媒体写作已成为连接创作者与广大受众的桥梁，其独特魅力在于能够迅速捕捉并满足用户的个性化需求。与传统媒体写作不同，新媒体写作根植于对用户行为的深度剖析，旨在通过创新策略与技巧，第一时间吸引并留住用户的注意力。这不仅要求创作者具备敏锐的洞察力，还需掌握一套行之有效的策划流程与写作技巧，以确保内容既新颖又富有吸引力。

在本项目中，将深入探讨选题策略与方法，揭秘如何精准定位读者兴趣，挖掘热点话题，让每一篇文章都直击人心。同时，本项目还涵盖素材搜索的多元渠道与高效方法，以及 AI 技术在选题与素材搜集中的创新应用，旨在进一步提升写作效率与质量。通过本项目的系统学习，读者将掌握一套完整的新媒体写作策划体系，轻松驾驭新媒体写作，创作出既符合市场需求又具个人风格的高质量文章。

## 任务 2.1　认识新媒体写作策划

### ━○ 任务描述 ○━

在探讨新媒体写作的广阔天地时，策划流程如同一座灯塔，为创作者指明了方向，确保内容既符合市场需求，又能触动人心。一个完善的新媒体写作策划，不仅能够提升文章的质量与吸引力，还能在竞争激烈的数字世界中占据一席之地。在本任务中，将深入剖析新媒体写作策划的重要性，并详细阐述制定策划的步骤。

### ━○ 任务目标 ○━

▶ 认识新媒体写作策划的重要性。
▶ 熟悉新媒体写作策划的流程。

### ━○ 相关知识 ○━

新媒体写作策划是指通过深入分析目标读者群体和市场趋势，系统地规划和设计内容，以实现有效传播和达成特定沟通目标的过程。新媒体写作策划是一项综合性的工作，需要运营者具备敏锐的市场洞察力、深厚的文字功底以及丰富的策划经验。只有不断学习和实践，才能在新媒体领域取得更好的成绩。

## 子任务 2.1.1　认识新媒体写作策划的重要性

在当下信息爆炸的时代，新媒体成为人们获取信息的重要渠道。与传统媒体相比，新媒体更具即时性、互动性和定制化的特点。因此，新媒体写作策划需要围绕这些特性进行，以确保内容能够高效、准确地传达给目标受众。

在数字化浪潮的推动下，新媒体写作已成为信息传播、品牌塑造及用户互动的重要阵地。而新媒体写作策划，作为这一过程的起始与核心，其重要性愈发凸显。它不仅关乎文章本身的质量，更直接影响内容的传播效果与读者的接受程度。

首先，新媒体写作策划是内容创作的基石。在信息过载的当下，用户的注意力变得异常宝贵且碎片化。如何在这片信息的海洋中脱颖而出，吸引并留住用户的关注，成为每个新媒体创作者必须解决的难题。而策划正是破解这一难题的关键钥匙。通过精心策划，可以深入洞察目标受众的需求、兴趣及行为模式，从而精准定位选题，确保内容既能满足读者的期待，又能激发其共鸣，实现有效传播。

其次，策划有助于提升文章的整体品质。在策划阶段，需要对文章的结构、语言风格、呈现形式等进行全面规划。这不仅能够使内容条理清晰、逻辑严密，还能通过独特的视角和创新的表达方式，提升文章的吸引力和可读性。同时，对素材的精心筛选与整合，也能为文章增添更多亮点，增强读者的阅读体验。

再者，新媒体写作策划还涉及传播渠道与推广策略的规划。选择合适的发布平台、制订有效的推广计划，能够最大化地扩大文章的影响力，吸引更多潜在读者的关注。这不仅能够提升个人或品牌的知名度，还能为后续的内容创作积累更多的粉丝和资源，形成良性循环。

最后，新媒体写作策划是一个动态调整与优化的过程。随着市场环境的变化和读者需求的不断演变，需要对策划方案进行持续的监测与评估。通过收集并分析用户反馈、阅读量、点赞数、评论数等数据指标，可以及时发现问题并调整策略，使内容更加贴近市场需求和用户偏好。这种灵活性和适应性，正是新媒体写作策划在快速变化的数字时代中保持竞争力的关键所在。

综上所述，新媒体写作策划的重要性不言而喻。它不仅是内容创作的必要环节，更是提升文章品质、扩大传播效果、满足用户需求的关键所在。因此，每个新媒体创作者都应该高度重视策划工作，不断提升自己的策划能力，以创作出更多高质量、有影响力的新媒体作品。

## 子任务 2.1.2　熟悉新媒体写作策划的流程

制定新媒体写作策划的流程，是一个系统而严谨的过程，需要创作者具备全面的思考能力和细致的执行力。以下是一个基本的新媒体写作策划流程，如图 2-1 所示。

（1）明确目标与定位。明确文章的目标受众是谁，以及希望通过这篇文章达到什么样的传播效果。这有助于为后续的策划工作设定清晰的方向和目标。

（2）市场调研与分析。了解目标受众的需求、兴趣及行业趋势。通过收集和分析相关数据，可以更准确地把握市场动态和用户需求，为选题提供有力的支持。

（3）选题策划。基于市场调研结果，结合个人或团队的专业优势，策划出具有吸引力、时效性和独特性的选题。选题应紧扣目标受众的痛点或兴趣点，同时注重与品牌或个人形象的契合度。

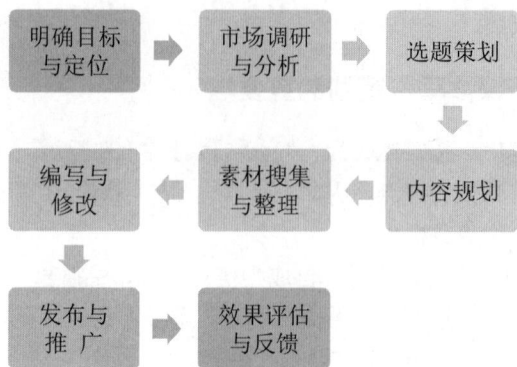

图 2-1　新媒体写作策划流程

（4）内容规划。制定详细的内容大纲，包括文章结构、段落划分、语言风格等。内容规划应围绕选题展开，确保内容条理清晰、逻辑严密，同时注重语言的生动性和可读性。

（5）素材搜集与整理。通过多种渠道搜集相关素材，包括数据、案例、图片、视频等。对搜集到的素材进行筛选和整理，确保素材的真实性和准确性，同时注重素材的多样性和丰富性。

（6）编写与修改。依据策划方案进行文章编写。在编写过程中，注重语言的准确性和流畅性，同时注重段落之间的衔接和过渡。完成初稿后，进行多次修改和润色，确保文章质量达到最佳状态。

（7）发布与推广。选择合适的发布平台和时间点，制定推广策略。通过社交媒体、邮件营销、合作推广等方式扩大文章影响力。同时，关注文章发布后的数据监测和用户反馈，及时调整和优化推广策略。

（8）效果评估与反馈。发布后跟踪文章阅读量、点赞数、评论数等数据指标，评估传播效果。根据用户反馈和数据分析结果，对策划方案进行总结和反思，为后续的内容创作提供经验和借鉴。

## 任务 2.2　新媒体写作策划的基本原则

### ○ 任务描述 ○

新媒体写作策划需遵循三大原则：首先，明确目标受众，深入了解他们的兴趣、需求及阅读习惯，确保内容精准触达；其次，确定内容主题，围绕受众兴趣与社会热点，打造有吸引力、有价值的文章；最后，设计内容结构，通过清晰的逻辑框架与层次分明的布局，引导读者顺畅阅读，提升信息传递效果。三者相辅相成，共同助力新媒体写作的成功策划。

### ○ 任务目标 ○

▶ 明确目标受众。

▶ 确定内容主题。

▶ 设计内容结构。

─◦ **相关知识** ◦─

在新媒体写作策划中，遵循一些基本原则是至关重要的，这些原则有助于确保内容的有效传播和目标的实现。以下是新媒体写作策划的三个基本原则，如图 2-2 所示。

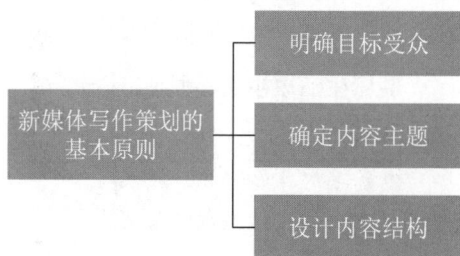

图 2-2　新媒体写作策划的基本原则

## 子任务 2.2.1　明确目标受众

在新媒体写作策划中，"明确目标受众"是至关重要的一步，它直接影响内容的定位和传播效果。明确目标受众通常包括受众分析、受众需求、受众行为这三个部分，下面进行详细介绍。

### 1. 受众分析

1）人口统计特征

分析受众的年龄、性别、教育背景、职业等基本信息。在短视频领域，进行精准的受众分析是制定有效创作与推广策略的基础。以下是一个基于人口统计特征的受众分析案例。

**【案例】**　　　　　　　　　　**美妆短视频受众分析**

（1）年龄：美妆短视频的受众主要集中在 18~35 岁，这个年龄段的人群对新鲜事物接受度高，追求时尚与个性，同时也是消费能力较强的群体。

（2）性别：以女性为主，占比高达 80% 以上，但也不乏对美妆感兴趣的男性受众，尤其是年轻男性。

（3）教育背景：大多数受众拥有高中及以上学历，其中大学及以上学历占比较高，这部分人群对信息获取渠道更为广泛，对品质生活有一定追求。

（4）职业：涵盖学生、白领、自由职业者等多个群体，其中，白领和学生群体因时间相对充裕且对美的追求较高，成为美妆短视频的核心受众。

2）地理分布

考虑受众的地理位置，包括城市、地区或国家，以及可能的时区差异。地理分布对于短视频的投放时间和内容本地化策略至关重要。

**【案例】**　　　　　　　　　**旅行攻略短视频地理分布分析**

（1）地理位置：旅行攻略短视频的受众广泛分布于全国乃至全球各大城市及热门旅游地区。在中国，一线城市如北京、上海、广州、深圳因其经济发达、人口密集、消费强，成为重点推广区域；同时，像成都、重庆、杭州等网红城市也因其独特的旅游资源和文化魅力吸引了大量游客，成为旅行攻略短视频的热门受众区域。

（2）时区差异：针对跨国旅游目的地，考虑不同国家和地区的时差，可以制定全球同步或分时段发布的策略，以最大化覆盖目标受众的活跃时间。例如，针对北美和欧洲市场的旅行攻略，可以在北京时间晚上或凌晨发布，以迎合当地受众的观看习惯。

3）心理特征

研究受众的价值观、态度和生活方式，以便更好地与他们建立联系。心理特征分析有助于深入理解受众的内在需求，从而创作出更加贴近他们生活和情感的短视频内容。

【案例】　　　　　　　　　健康生活短视频心理特征分析

（1）价值观：健康生活短视频的受众普遍注重健康、追求品质生活，他们认为健康是幸福生活的基石，愿意投入时间和精力来维护自己的身心健康。

（2）态度：这部分受众对积极向上的生活态度持肯定态度，他们乐于分享自己的健康心得和成果，同时也乐于接受和尝试新的健康生活方式。

（3）生活方式：他们可能注重饮食的均衡与营养，喜欢参与户外运动和健身活动，关注心理健康与自我成长。针对这些特点，短视频内容可以围绕健康饮食、运动健身、心灵疗愈等方面展开，通过生动的案例和实用的建议，与受众建立情感共鸣和信任关系。

## 2. 受众需求

1）信息需求

识别受众正在寻找的信息类型，如教育、娱乐、新闻或实用建议。

【案例】以抖音平台上的"美食博主"为例，他们的受众通常对烹饪技巧、食材选购、菜谱创新等信息有着强烈的需求。某美食博主通过短视频展示各类菜肴的制作过程，从食材准备到烹饪技巧，每一步都详细讲解，满足了受众对烹饪知识的渴求。同时，他还定期发布关于食材挑选的小贴士和餐厅推荐，进一步丰富了信息类型，满足了不同受众的信息需求。

2）问题解决

了解受众可能面临的问题，并提供相关内容帮助他们找到解决方案。

【案例】在快手平台上，有一位专注于家居维修的博主。他通过分析评论区和私信中的常见问题，如水管堵塞、电路故障等，制作了一系列短视频教程。这些视频不仅详细展示了问题的解决方法，还提供了实用的工具和技巧建议。通过这种方式，他成功帮助了大量受众解决了生活中的实际问题，赢得了广泛的关注和好评。

3）情感需求

把握受众的情感诉求，创作能够引起共鸣的内容。

【案例】抖音上有一位情感故事博主，她以讲述真实或虚构的情感故事为主要内容。每个故事都紧扣当代人的情感痛点，如爱情、友情、家庭等，通过细腻的叙述和情感的渲染，成功触动了大量受众的心弦。她的视频不仅让观众在忙碌的生活中找到了一丝慰藉，还激发了他们对自己情感生活的反思和共鸣。通过这种方式，她不仅积累了大量的粉丝，还成功打造了自己的情感品牌。

## 3. 受众行为

1）阅读习惯

分析受众的阅读时间和偏好，如他们更倾向于在早晨、晚上或周末阅读。

【案例】以微信公众号"每日阅读"为例，该公众号的定位为每日更新经典文学作品解读与推荐。通过分析后台数据及用户互动，运营团队发现大部分读者更倾向于在睡前时间段（晚上9点至11点）阅读这些内容。为了更好地满足读者需求，公众号通常将推送时间设置在此时间段，发布的文章包括名著解析、短篇小说等内容，均能在较短时间内获得较高的阅读量和分享数。这一案例显示了理解和迎合受众阅读习惯对于内容传播的重要性。

2）互动模式

观察受众在社交媒体或其他平台上的互动方式，如评论、分享或点赞。

【案例】B 站（哔哩哔哩）UP 主"老师好我叫何同学"凭借其高质量的科技视频获得了广泛的关注。观众在其视频下的互动方式多种多样，包括但不限于：提问视频中提到的技术细节、分享自己相似的经历或看法，以及对其他观众评论的回复与讨论。这些互动不仅增加了视频的活跃度，还构建了以 UP 主为中心的社区氛围。同时，UP 主也会定期选取热门评论进行回应，进一步激发了观众的参与感和归属感。这种紧密的互动模式有助于形成强大的粉丝群体，提升内容的传播力和影响力。

3）消费路径

研究受众从发现内容到采取行动（如购买、注册或参与）的整个过程。

【案例】以电商平台短视频营销为例，某服饰品牌通过在抖音发布时尚穿搭短视频，吸引了大量潜在客户的关注。视频中展示的商品、穿搭技巧和搭配建议直接触发了观众的购买欲望。在视频的结尾处，通常会设置明显的购买链接或引导语，如"点击下方小黄车即可购买同款"。观众在观看视频后，如果对商品感兴趣，可以直接点击链接进入商品详情页，进一步了解产品信息并完成购买。这一过程实现了从内容观看到实际购买的闭环，展现了短视频在促进商品销售方面的巨大潜力。通过分析这一过程，品牌可以不断优化内容策略和购买路径，提高转化率。

通过对目标受众的深入分析，新媒体写作策划者可以制定更加精准的内容策略，创作出更符合受众期待的作品，从而提高内容的吸引力和参与度。此外，了解受众的行为模式也有助于优化内容的发布时间和渠道选择，确保信息能够有效到达目标受众。

## 子任务 2.2.2　确定内容主题

确定内容主题是短视频创作的第一步，它奠定了整个视频的灵魂。在短视频创作中，确定内容主题是至关重要的步骤，它直接关系到受众的吸引力和内容的传播效果。以下是对"确定内容主题"三个关键点的阐述及相应案例。

### 1. 主题相关性

确保内容与受众的兴趣和需求紧密相关，是吸引和留住观众的关键。通过分析受众画像、市场调研、热点追踪等方式，可以精准把握受众的喜好和痛点，从而制定出与之相匹配的内容主题。这不仅能够提高观众的参与度，还能增强内容的针对性和传播力。

【案例】以抖音平台上的美食账号"日食记"为例，该账号的内容主题始终围绕"家常美食"展开，每一期视频都选取受众日常生活中常见但又具有独特风味的食材，制作成精美的菜肴。这种贴近受众生活、满足受众需求的内容主题，使得"日食记"在短时间内积累了大量忠实粉丝，成为美食短视频领域的佼佼者。

### 2. 主题创新性

在确保内容主题相关性的基础上，探索新颖的角度或独特的观点，能够吸引受众的眼球，提高内容的吸引力和传播度。创新可以是内容的表达方式、视角转换、情节设置等方面，也可以是结合时事热点、流行文化等元素进行创意融合。

【案例】快手平台上的"脑洞大开实验室"账号，就是一个以内容创新性著称的短视频创作者。该账号的每一个视频都充满了创意和惊喜，从物理实验到心理测试，从日常小窍门到黑科技展示，各种新奇的题材和表现形式层出不穷。这种不断创新的内容主题，让"脑洞大开实验室"在短视频领域独树一帜，深受年轻受众的喜爱。

### 3. 主题持续性

内容的长期价值和系列化潜力是衡量内容主题优劣的重要标准之一。一个具有持续性的内容主题，不仅能够在时间线上为受众提供连续不断的高质量内容，还能够建立起创作者与受众之间的情感连接和信任关系。通过规划系列化的内容、设定故事线或主题线等方式，可以实现内容的持续产出和迭代升级。

【案例】B站上的知识类UP主"半佛仙人"，其内容主题多围绕社会热点、经济现象、互联网文化等话题展开，并通过幽默风趣的语言和深入浅出的讲解方式，为受众提供了大量有价值的信息和思考。更重要的是，"半佛仙人"的视频内容具有很强的系列化潜力，他经常围绕一个核心话题，从不同的角度和层面进行解读和分析，形成了一套完整的知识体系。这种持续性的内容输出，不仅满足了受众对知识的渴求，也提升了其个人的品牌影响力。

## 子任务 2.2.3　设计内容结构

设计内容结构需确保逻辑清晰，构建有序框架，以引人入胜的开头吸引观众，并通过强有力的逻辑展开内容，最终以有力的结尾加深印象。同时，要灵活调整以适应不同平台和格式，确保内容的有效传达。

### 1. 结构逻辑性：构建清晰、逻辑性强的内容框架

设计短视频的内容结构时，首要任务是确保结构的逻辑性。一个清晰、逻辑性强的内容框架能够帮助观众更好地理解视频的主旨，跟随创作者的思路逐步深入。逻辑性强的内容结构通常包括引言、主体、结论三个部分。

（1）引言：视频开头应简洁明了地介绍主题，吸引观众的注意力。可以通过设置悬念、提出问题或展示亮点等方式，迅速抓住观众的兴趣点。例如，在介绍产品营销类短视频时，可以先展示产品的独特卖点或用户痛点，激发观众的好奇心。

（2）主体：主体部分是视频的核心内容，需要按照一定的逻辑顺序展开。可以采用时间顺序、空间顺序或因果关系等方式，将复杂的信息条理化、层次化。在每个小段落或主题之间，可以使用过渡句或画面来衔接，使观众能够顺畅地理解视频的内容。例如，在介绍短视频拍摄技巧时，可以按照拍摄前的准备、拍摄中的技巧、拍摄后的处理等顺序逐一介绍，每个部分都围绕核心技巧展开。

（3）结论：视频结尾应总结主要观点，强化观众的记忆。可以提出呼吁、展望未来或留下悬念等方式，引导观众进行思考和互动。例如，在结束一个产品营销类短视频时，可以呼吁观众关注品牌、购买产品或留下评论，增加与观众的互动。

【案例】以《AI助力短视频拍摄与制作》为例，其内容结构充分体现了逻辑性。书中首先介绍了短视频的定义、特点和发展历程等基础知识（引言），然后分别讲解了短视频拍摄准备、拍摄技巧、剪辑基础等主体内容（主体），每个部分都按照逻辑顺序展开，并且每个小节之间都有过渡和衔接。最后，通过短视频项目实战章节总结了书中的主要知识点和技巧（结论），并引导读者进行实践操作和创作。

### 2. 结构吸引力：设计引人入胜的开头和结尾

开头和结尾是短视频中至关重要的部分，它们直接影响到观众是否愿意继续观看和分享视

频。因此，在设计内容结构时，需要特别注重开头和结尾的吸引力。

（1）开头：开头部分应迅速吸引观众的注意力，激发观众的好奇心。可以采用震撼的画面、引人入胜的故事、悬念式的问题等方式来设置开头。例如，在美食制作类短视频中，可以先展示一道色香味俱全的佳肴成品，然后快速剪辑制作过程中的精彩瞬间，让观众对制作过程产生浓厚的兴趣。

（2）结尾：结尾部分应总结主要内容，强化观众的印象，并留下深刻的印象或呼吁。可以采用总结性语言、悬念式结尾、呼吁式结尾等方式来设计结尾。例如，在旅行攻略类短视频中，可以在结尾部分总结旅行中的亮点和注意事项，并呼吁观众去体验同样的旅程或分享自己的旅行经历。

【案例】以抖音平台上的某个旅行短视频为例，其开头部分展示了一段壮丽的自然风光，配合悠扬的背景音乐，迅速吸引了观众的注意力。随后，视频逐渐展开旅行的过程和细节，带领观众领略了当地的风土人情和美食美景。在结尾部分，创作者总结了旅行的亮点和感受，并呼吁观众去体验同样的旅程。这样的内容结构设计既具有吸引力又富有感染力，能够引起观众的共鸣和分享欲望。

### 3. 结构灵活性：适应不同平台和格式的内容结构调整

随着短视频平台的多样化和个性化发展，创作者需要根据不同平台和格式的要求来调整内容结构。不同平台的用户群体、观看习惯、审核标准等方面存在差异，因此创作者需要灵活应对。

（1）适应平台特点：不同平台有不同的用户群体和观看习惯。例如，抖音平台注重娱乐性和创新性，适合发布短小精悍、节奏明快的短视频；而 B 站平台则更注重内容的深度和广度，适合发布长视频和系列视频。因此，在创作短视频时需要根据平台特点来调整内容结构和风格。

（2）调整视频格式：不同平台对视频格式的要求也不同。例如，有些平台要求视频必须是横屏格式才能展示最佳效果；而有些平台则支持竖屏格式以适应手机观看习惯。此外，视频的分辨率、码率等参数也需要根据不同平台的要求进行调整。因此，在上传视频之前需要仔细核对平台的要求并做出相应的调整。

【案例】以同一内容在不同平台上的发布为例。假设创作者制作了一段关于美食制作的短视频，想要在抖音和 B 站两个平台上发布。在抖音平台上，创作者可以将视频剪辑成多段短小精悍的片段，每个片段都围绕一个具体的制作步骤展开，并配以欢快的背景音乐和简洁明了的文字说明。这样的内容结构能够迅速抓住抖音用户的注意力并引导他们进行点赞和分享。而在 B 站平台上，创作者可以将视频剪辑成一个完整的长视频或系列。

## 任务 2.3 内容创意与选题策略

—◦ 任务描述 ◦—

内容创意与选题策略是新媒体创作的核心，需从三方面着手：首先，培养创意思维，观察生活捕捉灵感，跨界学习拓宽视野，利用新技术如 AI 赋能创意；其次，紧跟热点，挖掘并利用社会、行业动态，增强内容时效性；最后，制定选题策略，结合目标受众和市场需求，精准定位，确保内容既有深度又具吸引力。

▶ 培养创意思维。

▶ 熟悉热点挖掘与利用。

▶ 熟悉新媒体选题策划的基本原则。

▶ 掌握选题的策略与方法。

—◦**相关知识**◦—

选题是新媒体写作的核心，它决定了写作的方向和内容。在开始写作之前，作者需要明确目标读者群体，了解他们的需求和兴趣点。选题不仅是选择一个事件或标题，而是确定一个主题，通过讲述相关的故事或事实来传达特定的观点或道理，激发读者的好奇心，使其产生共鸣并从中获得启发。因此，选题的过程实际上是对写作内容的深思熟虑，确保作品能够吸引并影响预定的读者群体。

## 子任务 2.3.1　培养创意思维

创意思维，作为新媒体写作的核心驱动力，是推动内容创新与突破的关键所在。它不仅关乎文字的艺术性，更是吸引读者注意力、引发共鸣的重要手段。为了有效培养创意思维，可以从以下几方面进行深入实践，并结合具体案例进行阐述。

### 1. 注重观察生活，捕捉日常细节中的灵感火花

创意往往源自对生活的细致观察与深刻感悟。作为创作者，应当养成敏锐的观察力，留意身边的一切，包括但不限于人物的表情、景物的变化、社会的热点等。通过将这些日常细节进行提炼与加工，能够挖掘出独特的视角和故事，为创作提供源源不断的灵感。

【案例】短视频创作者"李子柒"以其独特的田园生活视频走红网络。她通过细致观察记录乡村生活的点点滴滴，如制作传统美食、手工艺品、农耕劳作等，将这些看似平凡的日常场景转换为富有诗意和意境的短视频作品。这些作品的成功，正是得益于她对生活的深刻观察和独特创意的巧妙结合。

### 2. 鼓励跨界学习，融合不同领域的知识与技能

跨界学习是激发创意思维的有效途径之一。通过了解和学习不同领域的知识与技能，可以拓宽视野、打破思维定式，为创作带来新的灵感和视角。这种跨界的融合不限于艺术与设计领域，还可以延伸到科技、文化、历史等多个方面。

【案例】广告公司 W+K 为 Nike 打造的"Just Do It"系列广告，就巧妙地将体育精神与音乐、电影等艺术元素相融合。通过跨界合作，他们创作出了一系列令人印象深刻的广告作品，不仅传递了 Nike 的品牌理念，也展现了跨界学习在创意思维培养中的重要作用。

### 3. 勇于尝试新工具、新技术，以技术赋能创意

随着科技的不断进步，各种新工具、新技术层出不穷。作为创作者，应当勇于尝试并充分利用这些工具和技术，以技术赋能创意，提升创作效率和质量。例如，AI 辅助创作、虚拟现实（VR）、增强现实（AR）等技术都可以为新媒体写作带来新的可能性和表达方式。

【案例】短视频平台抖音上的许多创作者利用 AI 滤镜、特效等技术，创作出了一系列富有创意和趣味性的短视频作品。这些作品通过技术的加持，不仅提升了视觉效果和观赏性，也吸引了大量用户的关注和喜爱。

## 4.保持开放心态，接受批评与反馈，不断优化迭代创意思维过程

创意思维的培养是一个持续优化和迭代的过程。作为创作者，应当保持开放的心态，勇于接受来自不同方面的批评与反馈。通过反思和总结自己的创作实践，不断优化和改进创意思维过程，提升个人的创意能力和水平。

【案例】知名设计师佐藤可士和在他的设计生涯中，始终保持着开放的心态和不断学习的精神。他通过不断接受客户的反馈和市场的考验，不断优化自己的设计理念和创作方法，最终成为一位备受尊敬的设计大师。

综上所述，创意思维的培养是一个多维度、多层次的过程。通过注重观察生活、鼓励跨界学习、勇于尝试新工具新技术以及保持开放心态等方式，我们可以不断提升个人的创意能力，为新媒体写作注入源源不断的创新动力。

## 子任务 2.3.2　熟悉热点挖掘与利用

在新媒体写作中，热点挖掘与利用是提升内容时效性和吸引力的关键步骤。随着信息时代的快速发展，社会热点、行业动态、节日庆典等话题层出不穷，及时捕捉并巧妙利用这些热点，能够显著增加文章的曝光度和读者的关注度。

### 1.热点挖掘

关注新闻资讯：定期浏览新闻网站、社交媒体平台及行业垂直媒体，保持对时事热点的敏感度。通过订阅新闻推送、设置关键词搜索等方式，确保第一时间获取到最新信息。

（1）分析趋势：利用数据分析工具，如微博热搜、知乎热榜、百度指数等，观察哪些话题正在快速上升为热点。同时，分析历史热点数据，总结其规律，预测未来可能的热点方向。

（2）关注用户反馈：通过社交媒体互动、评论区留言等方式，了解用户的兴趣点和需求。用户的反馈往往能揭示出潜在的热点话题，为写作提供灵感。

### 2.热点利用

（1）快速响应：在热点出现后，迅速组织内容进行创作。时间就是效率，越早发布与热点相关的内容，越能吸引读者的眼球。

（2）创新角度：避免简单重复和盲目跟风。在利用热点时，应尝试从新颖、独特的角度出发，提出自己的见解和观点，使内容具有差异化和辨识度。

（3）结合专业知识：将热点话题与自身专业知识相结合，进行深度剖析和解读。这样既能展现作者的专业素养，又能提升内容的深度和权威性。

【案例】假设某品牌正在筹备一场与环保相关的公益活动，而近期社会上正广泛讨论垃圾分类和可持续发展的议题。此时，新媒体写作者可以迅速响应，撰写一篇关于该品牌公益活动与垃圾分类、可持续发展相结合的文章。文章中，作者可以从品牌的社会责任、活动的具体实施方案、环保理念的传播等方面入手，同时结合当前社会的热点话题，提出自己对环保事业的看法和建议。通过这样一篇既具有时效性又充满创意的文章，不仅能够提升品牌的知名度和美誉度，还能有效引导读者关注环保事业，传递正能量。

## 子任务 2.3.3　熟悉新媒体选题策划的基本原则

在进行新媒体写作选题策划时，遵循一些基本原则能够帮助我们更好地把握方向，提高内容的质量和吸引力。以下是新媒体选题策划的几个基本原则，如图 2-3 所示。

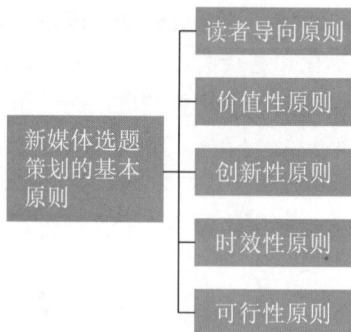

图 2-3　新媒体选题策划的基本原则

### 1. 读者导向原则

选题应始终围绕目标读者的需求和兴趣展开。了解读者的年龄、性别、职业、兴趣爱好等特征，分析他们的阅读偏好和痛点，从而确定选题方向和角度。

假设目标读者是年轻职场人，那么选题便可聚焦"职场晋升秘籍"或"高效工作法"，直接回应他们提升自我、实现职业发展的迫切需求。例如，通过分析职场综艺《令人心动的offer》中实习生的表现，提炼出实用的职场生存法则，既贴近热点又满足了读者的兴趣点。如图 2-4 所示为《令人心动的 offer 第 5 季》节目内容的视频截图。

图 2-4　《令人心动的 offer 第 5 季》节目内容的视频截图

### 2. 价值性原则

选题应具有一定的价值，能够给读者带来实用信息、情感共鸣或思想启迪。内容应真实可信，避免虚假夸大，确保读者在阅读后能够有所收获。

例如，某微信公众号上，一篇名为"如何一个月学会一门技能？|这个宝藏 TED 视频分享给你！"的文章广受欢迎，如图 2-5 所示。这篇文章不仅提供了实用的学习方法和技巧，还通过真实案例和读者反馈证明了其有效性，让读者在阅读后能够立即应用到自己的学习中，感受到明显的进步和提升。这种具有实际价值的内容自然能够吸引并留住读者。

### 3. 创新性原则

在选题时要敢于创新，避免陈词滥调和同质化内容。从新颖的角度切入，运用独特的观点或表达方式，使内容具有鲜明的个性和差异化竞争优势。

例如，小红书平台上发布的某篇旅行笔记标题为"逆向探索青甘大环线，解锁大西北的另一面"，如图 2-6 所示。该笔记并没有按照传统的旅游路线进行介绍，而是提出了一种逆向旅行方式——从旅行的目的地开始规划行程，反向探索沿途的风景和文化。这种新颖的视角和独特的表达方式让读者眼前一亮，感受到了旅行的不同乐趣和深度。

图 2-5　某微信公众号上的文章　　图 2-6　小红书平台上发布的某篇旅行笔记

### 4. 时效性原则

关注社会热点和时事动态，及时捕捉有价值的选题线索。利用新闻事件、节日庆典等时机，推出相关内容，增强文章的时效性和吸引力。

例如，在七夕节前夕，某微信公众号发布了一篇关于"古人七夕祝福"的文章，如图 2-7 所示。作者巧妙地借助了七夕节这一传统节日的时效性发布专题文章。该文章不仅深入挖掘了古代七夕节的浪漫传说与文化习俗，还精选了古人流传下来的经典诗词与祝福语，用现代视角重新诠释，在让读者感受传统文化魅力的同时，也增添了节日的仪式感与趣味性。此举不仅吸引了大量关注传统文化的读者群体，还通过情感共鸣提升了公众号的阅读量与互动率，有效增强了内容的时效性和传播力。

图 2-7　某微信公众号发布
七夕节专题文章

### 5. 可行性原则

选题应基于作者的实际能力和资源条件进行考虑。确保所选题材在自己的知识储备、调研能力和时间精力范围内可控，以便顺利完成写作任务。

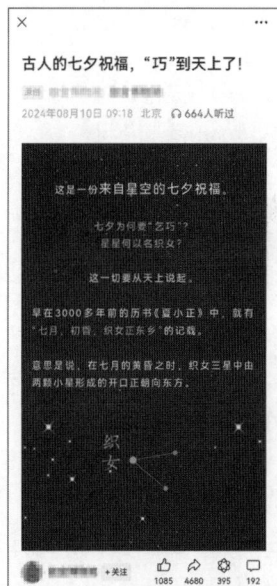

## 子任务 2.3.4　掌握选题的策略与方法

在新媒体内容创作中，选题不仅是起点，也是决定内容质量和传播效果的关键因素。一个好的选题能够迅速吸引读者注意，引发共鸣，促进内容的广泛传播。以下是一些选题的策略与方法。

### 1. 热点追踪：借势造势，快速响应

时刻关注社会热点、行业动态、突发事件等，选取与读者生活密切相关、具有广泛讨论度

的话题作为选题。利用搜索引擎、社交媒体、新闻聚合平台等工具，快速捕捉热点信息，并分析其传播趋势和受众兴趣点。作为新媒体写作人员，一定要懂得顺应市场变化，了解用户的关注点和喜好，只有这样文章的阅读量才会更高。观察市场上的那些爆款文章，不难发现它们大多数都是热点文。热点话题因其广泛的关注度和讨论度，往往能迅速吸引大量读者的目光。通过快速响应并巧妙地借势造势，新媒体创作者不仅能够提升文章的阅读量，还能在竞争激烈的新媒体领域中积累忠实粉丝，扩大个人或品牌的影响力。

1）热点搜索与筛选

图 2-8　微博平台的"微博
热搜"板块

热点话题是吸引流量的重要源泉。新媒体创作者应时刻保持对热点事件的敏感度，通过多渠道搜集信息。常用的热点搜索渠道包括微信公众号、微博、今日头条、抖音等。例如，微博平台的"微博热搜"板块，每天都会实时发布热搜信息排行榜，如图 2-8 所示。

借助微博热搜、百度指数、头条指数等专业的热点追踪工具，了解热点话题的实时热度、传播趋势及用户关注度，记录并筛选与自身账号定位相符的热点话题。同时，关注行业内的权威账号和媒体，可以及时获取最新热点资讯。在筛选热点时，要判断其是否具有持续性和争议性，避免选择那些一闪而过、缺乏深度的热点。

2）热点分析与判断

搜集到热点信息后，需要对其进行全面梳理和深入分析，判断其是否适合作为写作素材。

（1）分析角度：从热点事件的起因、经过、结果及影响等多个角度进行分析，挖掘其中的关键点和亮点。

（2）判断依据：结合自身的写作能力和账号定位，判断该热点是否能为读者提供有价值的信息或观点。同时，考虑热点的时效性，避免在热度已过后再进行创作。

3）热点运用与创新

在确定了热点选题后，新媒体创作者需要运用创新思维，从独特的角度切入，打造具有差异化的内容。

（1）深度剖析：对热点事件进行深度挖掘，揭示其背后的原因、影响及启示，为用户提供有价值的见解和思考。

（2）独特视角：运用逆向思维或反差视角，对热点话题进行重新审视和解读，形成独特的观点和立场。

（3）形式创新：结合图文、视频、直播等多种形式，丰富内容的呈现方式，提升用户的阅读体验。

**2. 垂直领域深耕：专业为王，持续输出**

在追求时效性与热度的同时，深耕垂直领域也不可或缺。专注于某一领域，以专业视角持续输出高质量内容，不仅能够树立个人品牌的专业形象，还能在细分市场中占据一席之地，吸引并留住忠实读者。

1）明确领域定位

在新媒体内容创作的初期，新媒体创作者需要明确自己的领域定位，选择自己擅长且感兴趣的领域进行深入挖掘。这有助于建立个人品牌，吸引目标受众的关注。

（1）兴趣导向：选择自己真正感兴趣的领域，这样才能在长期的创作过程中保持热情和动力。

（2）市场需求：结合市场需求和用户兴趣，选择具有广泛受众基础和商业价值的领域。

2）建立选题库

为了保持内容的持续输出和更新，新媒体创作者需要建立自己的选题库，将日常积累的内容素材进行分类整理，形成系统化的选题体系。

（1）竞品分析：关注同领域的优质账号和爆款文章，分析其选题角度、内容结构和呈现方式，为自己的选题提供灵感和参考。

（2）用户调研：通过问卷调查、用户访谈等方式，了解目标受众的需求和兴趣点，为选题提供数据支持。

（3）持续积累：保持对行业动态、社会热点、用户反馈的敏感度，不断积累新的选题素材和灵感。

3）深度挖掘与创新

在垂直领域深耕的过程中，新媒体创作者需要不断挖掘新的内容点和创新点，保持内容的独特性和新鲜感。

（1）专业解读：结合自身的专业知识和经验，对领域内的热点事件、新技术、新趋势进行专业解读和深度剖析。

（2）案例分享：通过分享行业内的成功案例或失败教训，为用户提供有价值的参考和借鉴。

（3）观点碰撞：邀请行业专家或意见领袖进行观点碰撞和讨论，形成多元化的内容生态。

**3. 数据分析：满足受众需求**

深入了解目标受众的兴趣、需求、痛点等，选取能够解决他们实际问题或满足他们情感需求的话题。

通过问卷调查、用户反馈、数据分析等方式，不断优化选题方向，提高内容的针对性和实用性。

**4. 差异化选题：特色鲜明，个性突出**

在众多同类选题中，寻找独特的切入点和视角，以差异化内容吸引读者。

尝试从不同领域、不同文化、不同背景等多维度进行选题，拓展内容的广度和深度。

**5. 同行借鉴：学习优秀，超越自我**

观察并分析爆款大号及优秀同行的作品，可以汲取灵感，学习其选题策略与创作技巧，从而在借鉴中创新，不断超越自我，为自己的创作注入新的活力与视角。

1）关注同行与爆款大号

关注同领域的优质账号和爆款大号，是新媒体创作者提升自身创作水平的重要途径。通过学习和借鉴这些账号的成功经验，可以快速提升自己的选题能力和内容质量。

（1）定期浏览：定期浏览同行大号的文章和推送内容，了解其选题方向、内容结构和呈现方式。

（2）分析总结：对同行大号的爆款文章进行深入分析，总结其成功的原因和可借鉴之处。

（3）互动交流：积极参与同行大号的评论区互动，了解用户反馈和需求点，为自己的选题提供灵感和参考。

2）模仿与创新

在借鉴同行大号的过程中，新媒体创作者需要注重模仿与创新的结合。通过模仿优秀文章的选题角度和呈现方式，结合自身的特点和优势进行创新，形成具有个人特色的内容风格。

### 6. 运用 AI 工具辅助：高效、快捷、精准

利用 AI 技术如自然语言处理、数据分析等，对海量信息进行筛选和挖掘，发现潜在的选题方向。

通过 AI 辅助创作平台，获取灵感启发，提高选题的创新性和效率。

## 任务 2.4　素材的搜索渠道与技巧

### ──◦ 任务描述 ◦──

在新媒体创作领域，高效搜集丰富多元、定位精准的素材是提升内容质量的关键。本任务旨在梳理并分享一系列实用的素材搜索渠道与策略，助力新媒体创作者迅速挖掘并整合所需资料，为创作过程注入源源不断的灵感与动力。

### ──◦ 任务目标 ◦──

▶ 识别素材搜索的渠道。

▶ 掌握素材搜索的技巧。

### ──◦ 相关知识 ◦──

新媒体写作素材的搜集渠道广泛，技巧在于灵活运用各类平台。可利用搜索引擎、专业数据库、社交媒体及行业论坛等获取信息，结合关键词优化和同义词拓展，可以系统地获取所需信息。同时，注意版权问题，优先使用公共领域或已授权的素材，确保合法合规。

### 子任务 2.4.1　识别素材搜索的渠道

新媒体写作是一个不断探索和创新的过程，而素材的搜集则是这个过程中不可或缺的一环。为了获取丰富、精准的写作素材，新媒体写作人员需要掌握多种搜索渠道。以下是一些常用的素材搜索渠道，以及它们各自的优势和应用场景。

#### 1. 四大门户网站：信息获取的基石

新浪、搜狐、网易和腾讯四大门户网站作为互联网信息的门户，各自承载着不同的内容特色。新浪以其时政新闻的权威性和深度报道，为创作者提供了丰富的政治、社会热点素材；搜狐则以其娱乐板块的全面性，成为获取娱乐八卦、影视综艺资讯的首选；网易凭借其独特的品质追求，在文化、科技等领域有着深入的见解；而腾讯则以其广泛的生活服务内容，覆盖了衣食住行各个方面，为生活类新媒体写作提供了大量灵感。

#### 2. 垂直行业媒体：精准定位的专业资源

对于需要深入某一行业领域的新媒体写作，垂直行业媒体是不可或缺的素材库。通过在搜索引擎如百度上输入关键词，可以迅速找到相关的行业网站，这些网站往往提供着专业、深入的行业资讯和分析。例如，科技领域的"36氪"，如果需要撰写关于科技的文章，就可以通过

这类与科技相关的垂直媒体搜索相关素材，如图 2-9 所示。

图 2-9　"36 氪"平台首页

此外，微信公众号、今日头条、抖音、知乎、微博等平台上的垂直账号也是宝贵的资源，它们以独特的视角和专业的解读，为创作者提供了丰富的行业案例、趋势预测等内容。

### 3. 优质新媒体账号：灵感与观点的源泉

在微信公众号、今日头条、抖音、知乎、微博等平台上，有许多专注于特定领域的优质账号。关注这些账号，定期阅读它们的内容，不仅可以获取第一手的素材，还能学习到它们的写作风格和表达方式。例如，关注微信公众号"逻辑思维"可以学习到如何用逻辑清晰的方式表达观点，如图 2-10 所示。

### 4. 专业书籍与课程：系统学习的必由之路

专业书籍与课程是提升新媒体写作能力的重要途径。书籍能够提供系统化的知识体系，帮助创作者构建扎实的理论基础；而课程则通过实战演练和案例分析，让创作者在实践中学习并掌握先进的创作方法。对于想要创作干货类新媒体内容的创作者来说，这些系统化的素材和资料更是不可或缺。通过不断学习和积累，创作者才能够在新媒体写作的道路上越走越远。

图 2-10　微信公众号"逻辑思维"

## 子任务 2.4.2　掌握素材搜索的技巧

在新媒体写作与创意工作中，掌握高效的素材搜索技巧是每位新媒体创作者不可或缺的能力。这些技巧不仅能够帮助人们快速定位到所需信息，还能提升内容的丰富性、准确性和时效性。以下是一些实用的素材搜索技巧，帮助新媒体创作者更好地搜集和使用素材。

### 1. 使用高级搜索技巧

大多数搜索引擎都支持高级搜索选项，通过指定搜索站点（如 site:）、限定时间范围、使用引号精确匹配短语等技巧，能够迅速筛选出目标网站上的相关内容，或是锁定某一时间段内的热门话题，极大提升搜索效率与结果的相关性。

例如，如果在百度上搜索"远程工作影响 site:zhihu.com"，可以快速找到知乎上关于远程工作影响的相关文章和讨论，如图 2-11 所示。这种方式可以帮助新媒体创作者快速定位到特定平台的高质量内容，提高搜索效率。

图 2-11　知乎上关于远程工作影响的相关文章和讨论

### 2. 利用社交媒体的搜索功能

社交媒体不仅是交流的平台，更是素材的宝库。微博、微信公众号、抖音等平台的搜索功能，让热点追踪与内容聚合变得轻而易举。通过关键词或话题标签搜索，可以迅速捕捉到用户最新的分享、评论及图片，为文章增添鲜活的实例与视角。这种即时性的反馈，有助于保持内容的时效性与吸引力。

例如，要写一篇关于"暑期旅游"的文章，可以在微博搜索"＃暑期旅游＃"，找到最新的用户讨论和图片素材，如图 2-12 所示。

图 2-12　关于"暑期旅游"的素材搜索

### 3. 关注行业报告和数据分析

数据是支撑观点、论证结论的坚实后盾。对于需要数据支撑的文章，深入挖掘行业报告与数据分析至关重要。一些权威机构发布的市场报告，不仅提供了详尽的市场数据，还往往包含行业趋势分析，为撰写深度报道提供了不可或缺的参考。例如，撰写关于"电动汽车市场"的报道时，可以引用中国电动车协会发布的最新市场报告，提供权威的数据支持。中国电动车协会官网首页如图 2-13 所示。

图 2-13 中国电动车协会官网首页

#### 4. 参考竞争对手的内容

分析竞争对手的内容策略，不仅是了解市场动态的一种方式，更是激发自身创作灵感的源泉。通过分析同行和竞争对手的账号内容，可以洞察受众偏好、素材类型及呈现方式，从而调整自己的创作方向，实现差异化竞争。例如，在撰写"健康饮食"文章时，可以查看相关的健康类新媒体账号内容，观察它们使用的素材类型和来源。

#### 5. 使用 RSS 阅读器订阅相关内容源

使用 RSS 阅读器订阅相关内容源是一种高效的素材搜集方法。通过设定特定的 RSS 源，如行业新闻、专业博客和论坛，新媒体写作人员能够实时接收到与写作主题相关的最新信息和文章。例如，订阅了"科技新闻"的 RSS 源后，每当有新的科技文章发布，就可以第一时间了解到。

【提示】RSS 是 Really Simple Syndication 的缩写，其中文含义为"聚合真的很简单"。RSS 阅读器是一种能够读取 RSS 和 Atom 两种规范格式文档的软件程序。这类软件由不同的开发者或公司开发，因此存在多个版本和不同的名称，但其核心功能相同，均旨在为用户提供便捷的 RSS 和 Atom 文档阅读体验。RSS 设计目的是根据用户需求，将新闻标题、摘要（Feed）及内容直接推送到用户的桌面，从而实现信息的高效聚合与分发。

#### 6. 利用专业数据库和图书馆资源

在新媒体写作和研究过程中，利用专业数据库和图书馆资源是获取深度素材的重要途径。许多图书馆提供在线访问服务，包括学术论文、专业书籍等，这些资源对于深入挖掘话题、丰富内容具有不可估量的价值。通过这些专业资源，可以获取权威的学术观点和最新研究成果，为写作提供坚实的理论支撑和数据支持。此外，图书馆还常常提供各种研究工具和指导，帮助新媒体写作人员更有效地进行信息检索和资料搜集。

#### 7. 整理和归档素材

创建自己的素材库，对搜集到的信息进行分类和整理，方便日后使用。例如，可以使用 Evernote 或 OneNote 等工具，按照主题或日期，将素材分类保存。良好的素材管理习惯可以提高写作效率，避免重复劳动。

#### 8. 实践访谈和调查

原创素材是提升文章竞争力的关键。通过访谈行业专家、亲历者，或发起在线调查，可以获取到第一手资料与独特见解。这些独家素材不仅丰富了文章内容，更赋予了作品以温度和深度。例如，为了写一篇关于"远程工作者的日常生活"的文章，可以采访几位远程工作者，收集他们的个人故事和经验。

## 任务 2.5  AI 技术在选题策划中的应用

─○ **任务描述** ○─

在新媒体写作中，AI 技术的应用正在不断拓展，特别是在选题策划和素材搜集方面。通过 AI 技术，可以更智能地分析市场趋势、预测读者兴趣，从而精准定位选题。同时，AI 也能高效搜索和整合信息，为写作提供丰富的素材支持。本任务将深入探讨 AI 在选题策划中的潜力，并学习如何利用 AI 工具进行高效的素材搜集，以提升新媒体写作的效率和质量。

─○ **任务目标** ○─

▶ 使用 AI 写作内容的技巧。

▶ 使用 AIGC 工具助力选题策划的方法与案例。

▶ 使用 AI 工具进行素材搜集。

▶ 掌握使用 AI 进行选题策划的关键步骤和策略。

─○ **相关知识** ○─

### 子任务 2.5.1  使用 AI 写作内容的技巧

作为 AI 初学者，掌握 AI 写作内容的实战技巧对于提升写作效率和质量至关重要。以下是一些具体的实战技巧，旨在帮助人们更好地利用 AI 技术来辅助写作。

**1. 明确写作目标和主题**

（1）目标清晰：在开始写作之前，要明确写作目标和主题。这有助于更好地规划文章结构，确保内容围绕中心思想展开。

（2）主题聚焦：选择一个具体、有针对性的主题，避免内容过于宽泛或散乱。这将有助于 AI 更准确地理解需求，并生成符合期望的内容。

**2. 向 AI 有效提问**

（1）简洁明了：提问时尽量使用简洁明了的语言，避免冗长和复杂的句子。这有助于 AI 更快地理解意图，并给出准确的回答。

（2）具体详细：在提问时，尽量提供具体的细节和背景信息。例如，如果需要 AI 生成一篇关于某个科技产品的文章，可以明确指出产品的名称、特点、应用场景等。

（3）引导性提问：通过引导性提问来引导 AI 生成期望的内容。例如，可以使用"请从以下几个方面介绍 ×× 产品"的句式来明确需求。

（4）经验公式：在进行提问的时候，可以运用一个简单的公式，即 prompt= 角色设定 + 背景介绍 + 任务主体 + 细节描述。

▶ **角色设定**：明确 AI 的角色。例如，"你是一个资深的市场分析师"。

▶ **背景介绍**：提供问题的背景信息。例如，"在当前的电商环境下，消费者行为正在迅速变化"。

▶ **任务主体**：描述具体的任务。例如，"请分析当前市场趋势"。

▶ **细节描述**：补充详细信息以确保得到准确的回答。例如，"特别是关注 18 ～ 25 岁年龄段的消费者行为变化"。

提问方向不同，AI 给出的回答也不相同。因此，在提问的时候一定要具体，且有指向性地描述需求，这样通过这 4 部分，可以满足日常大部分的提问需求。

下面将通过一个实例来让读者更加直观地了解 prompt 对于使用大模型语言效果的影响，同时也可以通过实例来迅速掌握 prompt 的使用技巧。

**【案例】　　向 AI 提问：我想知道如何在电商平台上进行市场分析**

针对这个问题可能读者会直接这样提问：我想知道如何在电商平台上进行市场分析。

文心一言的回答如图 2-14 所示。

> 在电商平台上进行市场分析是一个系统性的过程，旨在帮助企业了解市场趋势、消费者需求、竞争对手状况以及自身在市场中的位置，从而制定和调整经营策略。以下是一个详细的分析步骤和要点：
>
> **一、明确分析目标**
>
> 首先，需要明确市场分析的具体目标，比如了解市场需求、评估竞争对手、发现市场机会等。明确的目标有助于指导后续的数据收集和分析工作。
>
> **二、收集市场数据**
>
> **1. 行业报告：** 利用第三方研究机构发布的行业报告，如艾瑞咨询、易观分析等，获取电商行业的整体发展趋势、市场规模、增长率等宏观数据。
>
> **2. 平台数据：** 通过电商平台自身的数据分析工具（如淘宝的生意参谋、京东的商智等），获取具体的产品销售数据、用户行为数据等。
>
> **3. 社交媒体和论坛：** 关注社交媒体上的热门话题、用户评论和反馈，以及行业论坛的讨论，了解消费者的需求和偏好。
>
> **4. 竞争对手分析：** 收集竞争对手的产品信息、价格策略、营销策略等，评估其市场地位和竞争力。
>
> **三、分析市场需求**
>
> **1. 关键词搜索：** 通过电商平台上的关键词搜索功能，分析用户的搜索行为和搜索词热度，了解市场需求的变化趋势。
>
> **2. 用户画像：** 构建用户画像，包括年龄、性别、地域、消费习惯等维度，以更好地理解目标消费群体。
>
> **3. 趋势预测：** 结合历史数据和当前市场状况，预测未来市场需求的变化趋势，为企业的产品开发和营销策略提供依据。
>
> **四、评估竞争对手**
>
> **1. 市场份额：** 了解竞争对手在市场上的份额和地位，评估其竞争力。
>
> **2. 产品分析：** 比较竞争对手的产品与自己的产品，找出差异化和优势点。
>
> **3. 营销策略：** 分析竞争对手的营销策略和广告投入，评估其效果和影响。
>
> **五、制定策略**
>
> **1. 产品策略：** 根据市场需求和竞争对手状况，制订产品开发和改进计划，以满足消费者需求并提升竞争力。
>
> **2. 营销策略：** 制定针对性的营销策略，包括价格策略、促销策略、渠道策略等，以吸引和留住消费者。

图 2-14　文心一言回答内容一

**3. 风险应对**：识别潜在的市场风险和挑战，并制定相应的应对措施，以确保企业的稳健发展。

**六、持续优化**

市场分析是一个持续的过程，需要定期更新数据和调整分析策略。通过持续的市场分析，企业可以及时了解市场变化，抓住市场机会，提升竞争力。

总之，电商平台上的市场分析是一个复杂而系统的过程，需要综合运用多种方法和工具来收集和分析数据。通过深入的市场分析，企业可以制定出更加科学、合理的经营策略，从而在激烈的市场竞争中取得优势。

图 2-14 （续）

再通过经验公式来提问："prompt=角色设定＋背景介绍＋任务主体＋细节描述"。

▶ **角色设定**：你是一个资深的市场分析师。

▶ **背景介绍**：在当前的电商环境下，消费者行为正在迅速变化。

▶ **任务主体**：请分析当前的市场趋势。

▶ **细节描述**：特别是关注 18 ～ 25 岁年龄段的消费者行为变化。

在文心一言中提问："你是一个资深的市场分析师，在当前的电商环境下，消费者行为正在迅速变化。请分析当前的市场趋势，特别是关注 18 ～ 25 岁年龄段的消费者行为变化。"再来看看这样提问会有什么不一样的效果，如图 2-15 所示。

作为资深市场分析师，在当前快速变化的电商环境中，对消费者行为，特别是 18 ～ 25 岁年龄段消费者的行为变化进行深入分析，是把握市场脉搏、制定有效营销策略的关键。以下是对当前市场趋势及该年龄段消费者行为变化的分析：

**一、市场趋势概述**

**1. 技术驱动的个性化体验**：随着 AI、大数据、VR/AR 等技术的广泛应用，电商平台能够提供更加个性化的购物体验。消费者能享受到精准的商品推荐、虚拟试穿/试妆等服务，极大提升了购物满意度和便利性。

**2. 社交媒体与电商深度融合**：社交电商的兴起，使得消费者在社交媒体上直接购物成为可能。KOL（关键意见领袖）、网红直播带货等模式，对年轻消费者具有极强的吸引力，成为推动消费的重要力量。

**3. 绿色消费与可持续发展**：随着全球环保意识的提升，绿色消费成为新趋势。消费者越来越倾向于选择环保材料、可持续生产方式的产品，电商平台也在积极推广绿色商品和服务。

**4. 跨境电商的普及**：在全球化背景下，跨境电商为消费者提供了更丰富的商品选择和更便捷的购物体验。年轻消费者尤其热衷于通过跨境电商平台购买国际品牌商品和特色商品。

**二、18 ～ 25 岁消费者行为变化**

**1. 追求时尚与个性化**：18 ～ 25 岁的消费者处于青春活力期，对新鲜事物充满好奇，追求时尚潮流和个性化表达。他们热衷于通过消费来展现自我风格和态度，选择商品时更加注重独特性和设计感。

**2. 注重性价比与实用性**：尽管追求时尚，但该年龄段的消费者也具备较强的理性消费意识。他们会在保证品质的前提下，寻找性价比更高的商品。同时，注重商品的实用性和功能性，追求物有所值。

图 2-15　文心一言回答内容二

**3. 易受社交媒体影响：** 社交媒体是该年龄段消费者获取信息、交流互动的主要渠道。他们易受 KOL、网红等意见领袖的影响，对社交媒体上的购物推荐和优惠活动具有较高的敏感度。

**4. 追求便捷与即时满足：** 移动互联网的普及和电商平台的便捷性，使得该年龄段消费者习惯于随时随地购物。他们追求即时满足的购物体验，倾向于选择送货速度快、售后服务好的电商平台。

**5. 关注绿色环保：** 随着环保意识的提高，越来越多的年轻消费者开始关注商品的环保属性和可持续发展性。他们愿意为环保产品支付溢价，并积极参与环保公益活动。

### 三、结论与建议

针对 18 ～ 25 岁消费者的行为变化，电商平台和企业应采取以下策略：

**1. 加强个性化推荐：** 利用大数据和 AI 技术，为消费者提供更加精准、个性化的商品推荐，提升购物体验和满意度。

**2. 强化社交媒体营销：** 与 KOL、网红等意见领袖合作，通过社交媒体平台推广商品和优惠活动，吸引年轻消费者的关注和购买。

**3. 提升性价比与品质：** 在保证品质的前提下，优化供应链管理，降低成本，为消费者提供性价比更高的商品。

**4. 优化购物体验：** 简化购物流程，提升物流配送速度和服务质量，满足消费者对便捷性和即时满足的需求。

**5. 推广绿色消费：** 积极推广环保产品和绿色消费理念，增强消费者对品牌的认同感和忠诚度。同时，通过实际行动践行企业社会责任，推动可持续发展。

图 2-15 （续）

从两次回答的内容可以看到，第二次回答由于限定了 AI 的角色，并且交代了一个具体的背景，内容更为丰富，它不仅包含多个方面的消费者行为变化，还提供了具体的趋势和行为细节，详细讨论了移动购物的增长和社交媒体的影响力，指出 18 ～ 25 岁消费者更倾向于通过智能手机购物，并且受网红和用户生成内容的影响较大。

导致两次回答内容不一样的根本原因在于，对细节描述的区别。在第二次提问中提到了具体的要求："特别是关注 18 ～ 25 岁年龄段的消费者行为变化"。当 AI 接收到这个需求的时候，就会从某一领域或某一个条件进行限定，从而更精确地响应提问者的需求。

**3. 利用 AI 工具优化内容**

（1）自动校对和编辑：利用 AI 工具进行自动校对和编辑，可以快速发现并修正文本中的语法错误、拼写错误和标点符号错误。这不仅可以提高内容的质量，还可以节省大量的人工校对时间。

（2）内容分析和优化：AI 可以对已有的内容进行深入分析，评估其主题、关键词、结构、可读性等方面的表现。基于这些分析结果，可以对内容进行优化改进，去除冗余信息，提炼精华内容，完善文章结构，增加互动元素等。

（3）个性化推荐和创作：一些先进的 AI 写作工具可以根据用户的兴趣和行为习惯，推荐相关的内容主题或创作灵感。同时，AI 还可以根据用户的需求，生成符合特定风格或格式的内容模板，供用户参考或直接使用。

### 4. 与 AI 协作提升效率

（1）多轮对话：与 AI 进行多轮对话，不断修正和优化生成的文本。通过逐步调整和完善提问和指令，AI 可以逐渐理解需求，并生成更符合期望的内容。

（2）结合人工审核：虽然 AI 在写作方面表现出色，但人类的智慧和创造力仍然是不可或缺的。因此，在使用 AI 写作时，应该注重与人工审核相结合。对 AI 生成的内容进行人工审核和修改，以确保其准确性和可读性。

（3）定期评估和调整：定期评估 AI 写作的效果和效率，并根据评估结果调整使用策略。例如，可以尝试不同的 AI 工具或调整提问方式来获得更好的写作效果。

通过以上实战技巧的学习和应用，将能够更好地利用 AI 技术来辅助写作工作，提升写作效率和质量。同时，也要注意保持警惕和培养自身的写作能力，以应对不断变化的写作需求。

## 子任务 2.5.2  使用 AIGC 工具助力选题策划的方法与案例

AIGC，即人工智能生成内容，利用 AI 技术自动创作文案、图像和视频等。在选题策划中，AIGC 工具通过关键词挖掘与分析，能高效发掘主题和趋势，激发创意思维，并增强策划的洞察力。

### 1. AIGC 工具助力选题策划的方法

在新媒体选题策划中，可以使用 AIGC 工具来助力选题的方法如下：

1）数据收集与预处理

首先，需要收集与选题（如短视频）相关的数据集，并进行预处理。数据集可以包括标题、描述、标签等信息。对数据进行清洗和标注，确保数据质量和标准化。

例如，向 AI 提问，获取近期热门话题、事件或趋势。这里以文心一言为例，直接在输入框中输入要查询的内容："近期有哪些热门话题？"

文心一言生成内容如下所示。

---

近期有多个热门话题，涉及国内外政治、经济、科技、文化等多个领域。以下是一些主要的热门话题：

**国内热门话题**

1. 中非合作论坛北京峰会

内容：国家主席习近平在北京人民大会堂会见了来华出席中非合作论坛北京峰会的科摩罗总统阿扎利，两国元首宣布将中科关系提升为战略伙伴关系。

意义：此次会晤和宣布，进一步推动了中国与非洲国家之间的合作与发展。

2. 服贸会

时间：2024 年服贸会于 9 月 12 日至 16 日在京举行。

内容：2024 年服贸会将有 80 多个国家和国际组织设展办会，其中 13 个国家和国际组织为首次线下独立设展。法国首次担任主宾国，四川、海南首次担任主宾省，将举办特色展示和主题活动。

影响：服贸会作为中国对外开放的重要窗口，对于促进全球服务贸易发展具有重要意义。

3. 中秋假期铁路加开临客

内容：中秋假期新疆铁路将加开 257 列临时旅客列车，以满足旅客出行需求。

影响：此举将有效缓解中秋假期期间的铁路运输压力，方便旅客出行。

---

4. 北京文化论坛

时间：2024 北京文化论坛于 9 月 19 日至 21 日在京举办。

主题：论坛以"传承·创新·互鉴"为永久主题，以"深化文化交流 实现共同进步"为年度主题。

内容：论坛邀请国内外嘉宾围绕多个议题开展深入交流，旨在促进中外文明交流互鉴、提升中华文化影响力。

5. 云栖大会

时间：2024 年云栖大会于 9 月 19 日至 21 日召开。

主题：以"云启智跃，产业蝶变"为主题，展示 AI 时代云上创新的潮流科技。

内容：大会设 1 个主论坛、400 多个分论坛及并行话题，吸引大模型、自动驾驶、机器人等领域的 400 多家国内外企业参展。

**国际热门话题**

1. 俄乌冲突

内容：俄罗斯总统普京表示，尽管西方对基辅提供了大规模支持，但俄罗斯仍将继续实现在乌克兰的所有特别军事行动目标。

影响：俄乌冲突持续升级，对国际政治格局和地区安全形势产生深远影响。

2. 美国高盛集团裁员

内容：美国高盛集团计划未来几周内在全球范围裁员 1300～1800 人，占其员工总数的 3%～4%，以淘汰表现不佳者。

影响：此举将对全球金融行业产生一定影响，也反映了当前全球经济形势下企业面临的压力和挑战。

3. 全球新能源汽车市场

内容：今年上半年，全球新能源汽车销量近 800 万辆，同比增长 23.4%，市场占比提高到了 18.5%。

影响：新能源汽车市场的快速增长，反映了全球对绿色出行和可持续发展的重视，也推动了相关产业的快速发展。

2）模型训练

使用相关工具和库，如 OpenAI 的 GPT 模型或者其他可用的预训练模型，对准备好的数据进行模型训练。在训练之前，应根据具体需求和选题方向来选择合适的模型和参数设置。

3）生成选题

在模型训练完成后，可以使用训练好的模型生成选题。输入一些关键词或问题，模型将根据其对提问和上下文的理解，生成与选题相关的标题或描述。可以通过调整生成文本的参数来控制生成选题的风格和多样性。

AI 具有生成选题建议的功能，向 AI 请求与热点相关的选题建议。例如，向文心一言提问："针对主题个人 IP 打造，能否提供三个新媒体文案选题建议？"根据需求，AI 将生成三个与热点个人 IP 打造相关的选题建议，如下所示。

当然，针对"个人 IP 打造"这一主题，以下是三个富有创意且能吸引目标受众的新媒体文案选题建议。

**1.《从0到1，解锁你的独特魅力：个人IP塑造全攻略》**

▶ 内容概要：本文旨在通过真实案例分享与实战技巧讲解，帮助读者理解什么是个人IP，为何在当下社会如此重要，以及如何根据自己的兴趣、专长和价值观，从零开始构建独一无二的个人品牌。内容可以涵盖自我定位、内容规划、平台选择、互动策略、持续学习与进化等多个维度，让读者在轻松阅读的同时，掌握打造个人IP的关键步骤。

▶ 亮点：结合理论知识与实操技巧，配以成功案例分析，让读者感受到打造个人IP的可行性与成就感。

**2.《跨界融合，让你的个人IP焕发新生》**

▶ 内容概要：探讨在多元化、快速变化的今天，如何通过跨界合作与创新思维，让个人IP不断焕发新的活力与吸引力。可以介绍一些成功跨界的人物或案例，比如艺术家转型为数字内容创作者、企业家跨界成为社交媒体影响者等，分析他们是如何巧妙结合自身优势与外部资源，实现个人IP的升级与扩展。同时，提供策略指导，帮助读者思考自己如何在保持核心特色的同时，勇于尝试新领域，拓宽影响力边界。

▶ 亮点：鼓励创新思维与跨界合作，展现个人IP发展的无限可能，激发读者的探索欲与创造力。

**3.《情感共鸣，构建与粉丝的深度链接》**

▶ 内容概要：强调在个人IP打造过程中，建立与粉丝之间深厚情感联系的重要性。通过深入分析粉丝心理、讲述真实感人的互动故事、分享建立信任与忠诚的方法，帮助读者理解如何通过高质量的内容创作、真诚的互动交流，以及适时的回馈与关怀，构建稳固的粉丝基础。同时，也探讨如何在保护个人隐私的前提下，保持与粉丝的适当距离，维护个人品牌的良好形象。

▶ 亮点：强调情感共鸣的力量，提供具体可行的操作指南，帮助读者建立并维护与粉丝之间的深度关系，为个人IP的长期发展奠定坚实基础。

这三个选题不仅覆盖了个人IP打造的核心要素，还注重了实战性、创新性和情感连接，旨在为读者提供全面而有价值的指导。

4）筛选和评估

对生成的选题进行筛选和评估，选择最符合要求的选题。可以根据选题的吸引力、独特性、实用性、时效性等要求，对生成的选题进行评估和排名。

AI具有生成选题建议的功能。利用AI提供关于如何优化选题的建议，以提高短视频的吸引力。例如，向文心一言提问："如何改进关于同城引流的选题，以吸引更多观众？"根据需求，AI将提供有针对性的优化建议，如下所示。

改进关于同城引流的选题，以吸引更多观众，可以从以下几个方面着手。

**1.本地化内容与情感共鸣：** 深入挖掘并展现本地独特的文化、风俗、历史故事、美食特色或地标性建筑等，这些内容能够迅速引起本地居民的共鸣和自豪感，同时对外地游客也具有很强的吸引力。通过讲述"只有我们知道的故事"，增强内容的独特性和亲和力。

**2. 实用性信息整合**：提供与同城居民生活息息相关的实用信息，如最新优惠活动、限时折扣、热门景点打卡攻略、特色小店推荐、教育医疗资源介绍等。将这些信息整合成易于获取和分享的形式，如短视频、图文并茂的文章或清单列表，满足用户的实际需求。

**3. 互动性与参与感**：设置话题讨论、线上挑战赛、用户生成内容（UGC）活动等，鼓励观众积极参与并分享自己的同城体验。比如，发起"我眼中的城市之美"摄影比赛、"本地人必吃美食清单"征集等，既能增加用户黏性，又能扩大内容的传播范围。

**4. KOL 与本地网红合作**：邀请在本地具有影响力的 KOL（关键意见领袖）或网红进行合作，通过他们的影响力为同城引流项目带来曝光和信任背书。这些合作可以是产品推广、探店体验分享、线下活动直播等形式，借助他们的粉丝基础吸引更多观众。

**5. 创新呈现形式**：利用新技术和创意呈现方式，如 VR/AR 体验、直播互动、短视频剧本等，使内容更加生动有趣，提高观众的观看体验。尝试不同的视频剪辑风格、配乐选择或动画效果，让内容在众多信息流中脱颖而出。

**6. 精准定位与细分市场**：对目标观众进行细分，了解不同群体的需求和兴趣点，从而定制更加精准的内容。比如，针对年轻人群可以推出潮流文化、夜生活指南等内容；针对家庭用户则可以侧重于亲子活动、教育资源等。

**7. 数据分析与反馈循环**：定期分析内容的数据表现，包括观看量、点赞数、评论互动等，了解哪些内容更受欢迎，哪些需要改进。根据观众反馈不断优化选题方向和内容形式，形成良性的反馈循环。

通过以上几点的综合应用，可以显著提升同城引流选题的吸引力和传播效果。

5）系列话题的延展

通过使用 AIGC 工具生成选题，可以得到一系列相似或相关的话题。在选题策划的过程中，可以通过延展这些生成的选题，设计出更多相关的系列话题，扩展新媒体选题的领域和范围。

需要注意的是，使用 AIGC 工具生成选题只是提供创意和灵感，最终选题还需要人工对生成的选题进行筛选和评估。此外，模型的训练和优化也是一个需要不断迭代和改进的过程，可以根据实际需求进行调整和优化。

**2. 案例：使用文心一言助力爆款文案选题策划**

前面学习了有关选题策划的相关知识，下面通过文心一言打造一个主题为"环保生活"的新媒体文案选题。

使用文心一言助力新媒体文案选题策划可以从以下两方面着手。

（1）数据分析与洞察：文心一言能够分析大量的用户数据，帮助我们了解观众的喜好、行为和趋势。

（2）内容建议与优化：文心一言可以提供关于标题、描述、关键字等的优化建议，使内容更易被用户接受和搜索引擎推荐。

操作过程如下。

（1）初步设计提示词。

创作者需要设计一个或一系列基本的提示词来捕捉关于"环保"的相关内容。例如：

▶ 环保趋势。

▶ 环保热门话题。

▶ 最新环保讨论。

▶ 环保生活方式。

（2）使用文心一言细化提示词。

将上述初步设计的提示词输入文心一言，询问如何进一步细化或优化这些提示词，以便更具针对性。例如，对于"环保生活方式"，文心一言可能会建议优化为"绿色日常习惯""节能减碳生活""可持续消费选择"等，如下所示。

---

要进一步细化或优化提示词"环保生活方式"，我们可以从多个维度进行拆解和丰富，以便更具体、更全面地传达这一概念。以下是一些细化或优化后的提示词建议。

**1. 绿色日常习惯：** 强调将环保融入日常生活的每一个小习惯中，如减少一次性用品使用、自带购物袋、使用可重复的水杯和餐具、垃圾分类投放等。

**2. 节能减碳生活：** 聚焦于节能减排和降低碳足迹的生活方式，如选择公共交通工具或骑行、步行代替私家车出行，使用节能灯具和家电，合理调节室内温度和湿度等。

**3. 可持续消费选择：** 鼓励消费者在购买商品时考虑其环境影响，选择环保制成的材料产品、支持可持续生产的企业和品牌、避免过度包装等。

**4. 自然保护与生态恢复：** 将环保生活方式与保护自然环境和促进生态恢复相结合，如参与植树造林、保护植物、支持环保公益项目等。

**5. 节水节电小贴士：** 提供实用的节水节电方法和技巧，如修理漏水龙头、使用节水型洁具、合理安排家电使用时间、利用自然光照明等。

**6. 零废弃生活实践：** 介绍并推广零废弃生活的理念和实践方法，包括减少垃圾产生、进行垃圾减量、实施垃圾分类回收和再利用等。

**7. 绿色出行倡议：** 针对出行方式提出具体的环保倡议，如鼓励使用新能源汽车、拼车出行、步行或骑行短途距离等，以减少交通排放和缓解城市交通拥堵。

**8. 环保教育与意识提升：** 强调环保教育的重要性，提倡通过学习和传播环保知识来提升公众的环保意识和责任感，共同推动社会向更加绿色、可持续的方向发展。

**9. 绿色家居装饰：** 探讨如何在家居装饰中融入环保元素，如使用环保建材、选择自然风格的家具和装饰品、打造绿色植物墙等，营造健康舒适的居住环境。

**10. 环保科技应用：** 介绍最新的环保科技产品和技术，如智能家居系统帮助节能、智能垃圾分类设备等，展示科技如何助力环保生活方式的实现。

通过这些细化或优化后的提示词，我们可以更具体地引导人们理解和实践环保生活方式，促进社会的可持续发展。

---

## 子任务 2.5.3　使用 AI 工具进行素材搜集

素材搜集是内容创作过程中不可或缺的一环，它直接关系到内容的丰富度和深度。AI 技术的应用，极大地简化了素材搜集的过程，提高了效率和准确性。下面详细介绍 AI 在自动化搜索与筛选、多媒体素材整合以及实时更新与监测方面的应用。

### 1. 数据驱动选题

AI 技术能够通过自然语言处理（NLP）和机器学习算法，根据创作者提供的关键词或主题，自动在互联网上进行深度搜索。这包括遍历网页、数据库、论坛、社交媒体等多个渠道。

AI 不仅能快速获取大量相关信息，还能通过预设的参数和算法对素材进行质量评估和相关性排序。

例如，针对一个关于"全球气候变化影响"的主题，通过"文心一言"AI 工具可以快速搜集从科研报告、新闻报道到专家访谈的各种材料，并剔除与主题不相关或来源不可靠的信息，确保素材的准确性和权威性，如图 2-16 所示。

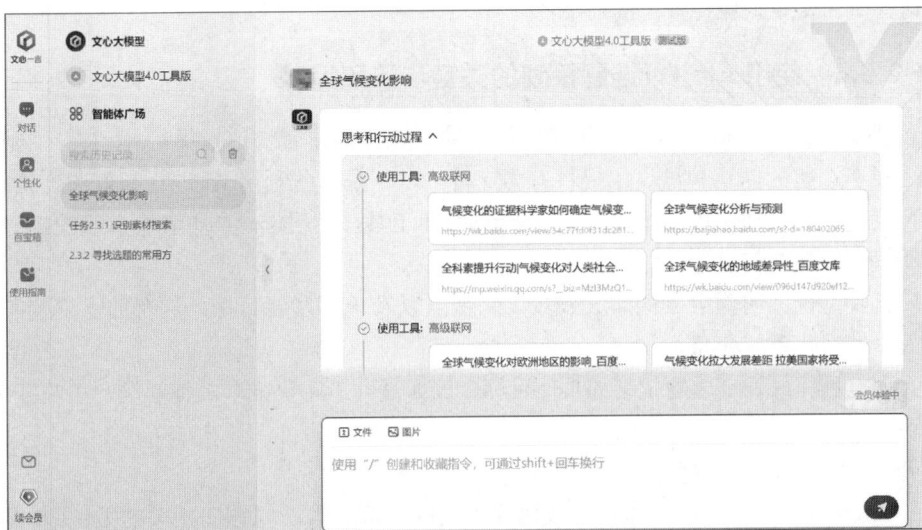

图 2-16　通过"文心一言"AI 工具搜集选题素材

### 2. 媒体素材整合

在 AI 的帮助下，搜集到的素材不局限于文本。AI 还能搜集和整合图片、视频、音频等多种形式的多媒体素材。这些素材的加入，使得内容更加生动有趣，有助于提升读者的阅读体验和参与度。AI 可以根据内容需求，自动匹配适合的多媒体素材，并进行简单的编辑和整理，为创作者提供一站式素材解决方案。

例如，在编写一篇关于"现代艺术展览"的报道时，通过"文心一言"AI 工具匹配相关图片，使内容更加吸引人，如图 2-17 所示。

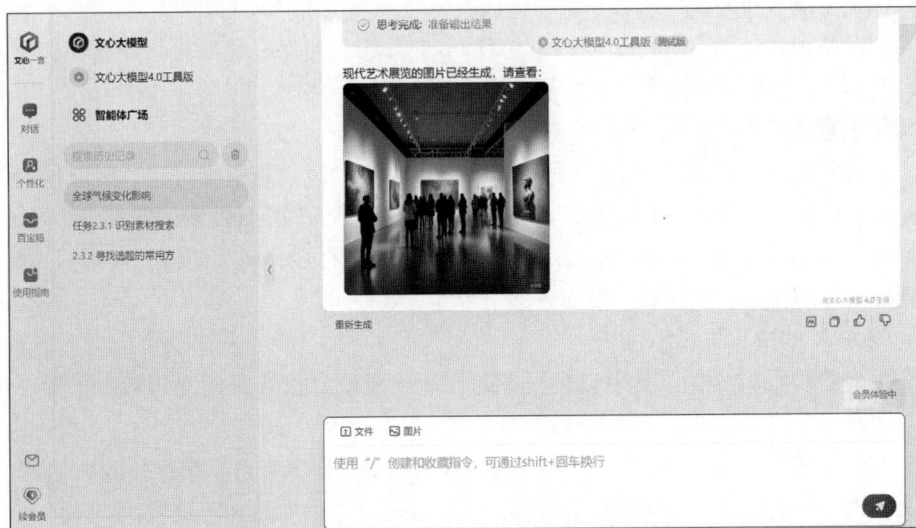

图 2-17　通过"文心一言"AI 工具匹配相关图片

### 3. 实时更新与监测

AI 的实时更新与监测功能保证了素材的时效性和内容的新鲜感。通过持续的数据挖掘和模式识别，AI 可以实时跟踪主题相关的最新动态，如突发事件、热点话题或行业趋势的变化，并即时提供最新的素材。这对于需要快速反应的新闻报道或热点评论特别重要。例如，在报道突发新闻时，AI 可以迅速搜集到最新的社交媒体动态、新闻报道和专家评论，帮助内容创作者第一时间更新文章，保持报道的前沿性。

## 子任务 2.5.4　使用 AI 进行选题策划的关键步骤和策略

通过智能化的分析和推荐，AI 不仅能够帮助新媒体创作者快速捕捉行业动态，洞察受众需求，还能在选题的创新和深度上提供有力支持。以下是一些利用 AI 进行高效选题策划的关键步骤和策略，旨在指导新媒体创作者如何借助 AI 工具，实现选题的创新和深度挖掘。

### 1. 明确研究方向与目标

（1）自我定位：明确自身的研究领域、兴趣点以及长期发展目标。这有助于后续在 AI 工具中输入关键词时更加精准。

（2）设定目标：确定选题策划的具体目标，比如是为了解决某个具体问题、填补某个研究空白，还是为了探索新的研究方向等。

### 2. 利用 AI 工具进行数据分析与挖掘

（1）关键词搜索：在 AI 写作平台或研究工具中，输入与研究方向相关的关键词。这些工具能够迅速收集并展示与关键词相关的海量数据，包括学术论文、研究报告、新闻报道等。

（2）数据整理与分析：AI 工具能够自动对收集到的数据进行分类、整理，并生成图表、云图等可视化报告。这些报告能够直观地展示数据的关联性和热度，帮助研究者快速理解当前研究领域的热点话题和趋势。

（3）趋势预测：基于大数据分析，AI 还能够预测未来可能的研究方向或热点话题，为研究者提供前瞻性的选题建议。

### 3. 挖掘创新点与空白点

（1）空白点挖掘：AI 工具可以帮助研究者发现研究领域的空白点或未充分探讨的问题。这些空白点往往隐藏着新的研究机会和潜在价值。

（2）创新性评估：结合 AI 的推荐和自身的专业知识，对潜在选题进行创新性评估。确保选题具有新颖性，能够提出独到的研究视角或方法。

### 4. 优化选题策略

（1）与导师或同行讨论：将 AI 生成的初步选题与导师或同行进行讨论，听取他们的意见和建议。通过讨论可以进一步完善选题，提高选题的针对性和实用性。

（2）综合评估：在选题过程中，要综合考虑选题的可行性、研究资源、时间成本等因素。确保选题既具有创新性，又能够在现实条件下得到有效推进。

### 5. 利用 AI 辅助撰写与润色

（1）生成初步框架：AI 工具可以根据选题自动生成研究报告或论文的初步框架，包括摘要、引言、研究方法、结果讨论等部分。

（2）内容生成与润色：在 AI 生成的初步内容基础上，研究者可以进行修改和完善。AI 还可以对文本进行语法检查、用词优化等润色工作，提高文本的质量和可读性。

## 6. 持续迭代与优化

（1）反馈与调整：将 AI 生成的选题策划或研究报告提交给目标受众或评审机构后，根据反馈意见进行调整和优化。

（2）学习与更新：随着 AI 技术的不断进步和自身研究的深入，研究者应持续学习新的 AI 工具和方法，不断优化选题策划和写作流程。

**【案例】　　　　策划"双 11"电商节的相关选题**

本例将使用文心一言策划"双 11"电商节相关选题，其操作步骤可以归纳如下。

（1）明确目标与定位。

①确定目标受众：首先明确"双 11"电商节的目标消费群体，包括年龄、性别、兴趣偏好、购买力等特征。

②分析电商节特点：了解"双 11"电商节的历史背景、核心卖点（如打折促销、限时抢购、红包雨等），以及消费者在该节日的购物习惯和需求。

③设定选题方向：基于目标受众和电商节特点，设定选题的大致方向，如产品推荐、购物攻略、优惠信息汇总、消费者故事分享等。

（2）赋予文心一言角色与指令。

①赋予 AI 身份：向文心一言明确其角色，如"请扮演一名资深电商文案策划师"。

②输入主题与要求：明确告知文心一言需要策划的是"双 11"电商节的选题，并详细描述选题的方向、目标，以及期望的创意点。

> **向文心一言提问：** 我是一名资深电商文案策划师，"双 11"电商节即将来临，请为我策划有关"双 11"电商节的选题，选题方向为美妆，目标为宣传品牌并提升销量，创意点为通过美妆直播秀活动赠送与抢购。

（3）利用文心一言生成选题。

①输入关键词：根据设定的选题方向，输入相关的关键词，如"双 11""电商节""购物攻略""热门产品推荐"等。

②生成选题：让文心一言根据输入的关键词和指令，生成一系列"双 11"电商节的选题。这些选题应涵盖不同的角度和层面，以满足不同受众的需求。

文心一言回复如下。

> **1.【美力觉醒·双 11 美妆盛宴直播夜】**
> ▶创意点概述：打造一场跨夜美妆直播盛典，邀请国内外知名美妆博主、KOL 及品牌明星代言人共同参与，通过多场景切换、沉浸式体验，展示最新美妆产品。直播中穿插限时免费试用、秒杀抢购环节，观众参与互动（如弹幕抽奖、点赞达标解锁福利）即有机会获得热门美妆单品或品牌定制礼盒。
> ▶宣传亮点：强调"边看边买"的购物乐趣，利用直播的即时互动性提升用户参与感和购买欲望，同时借助 KOL 的影响力扩大品牌曝光，吸引新客并促进老客复购。
> **2.【美丽不设限·双 11 美妆盲盒挑战】**
> ▶创意点概述：推出限量版美妆盲盒，每个盲盒内含随机组合的热门及新品美妆产品，价值远超售价，且保证每份盲盒都有至少一款品牌明星单品。通过直播带货形式，设置特定时间段开启盲盒抢购，同时邀请美妆达人在直播中现场拆箱，增加期待感和趣味性。

▶宣传亮点：利用盲盒的"未知惊喜"特性吸引用户好奇心，结合直播带货的即时性，刺激消费冲动。同时，盲盒内的产品组合也能带动品牌全系列产品的销售，提升整体销量。

### 3.【肌肤焕新计划·双11定制美妆直播课】

▶创意点概述：结合季节变换或特定肌肤问题（如换季敏感、干燥缺水等），邀请专业皮肤科医生或资深美容顾问开设线上直播课程，分享专业护肤知识及个性化美妆方案。直播期间，根据课程内容推荐相应美妆产品，并设置专属优惠券及前 $N$ 名购买赠品福利。

▶宣传亮点：通过教育营销的方式建立品牌专业形象，增强消费者对品牌的信任感。同时，结合实用性强的内容吸引目标受众，提高转化率。

### 4.【美颜挑战赛·双11美妆变身记】

▶创意点概述：发起线上美妆变身挑战赛，鼓励用户上传自己使用品牌美妆产品前后的对比视频或图片至社交平台，并@品牌官方账号参与活动。评选出最具创意、变化最大的几位参赛者，赠送全年美妆产品大礼包及品牌合作机会。直播期间，主播也将现场示范美妆教程，引导观众参与挑战。

▶宣传亮点：利用UGC（用户生成内容）扩大品牌影响力，激发用户参与热情和分享欲望。同时，通过挑战赛的形式增强品牌与消费者之间的互动，提升品牌忠诚度和口碑。

### 5.【星耀双11·美妆明星直播间】

▶创意点概述：邀请多位当红明星或流量明星作为品牌大使，在双11期间轮流入驻品牌官方直播间，与粉丝亲密互动，分享个人美妆心得，并亲自试用推荐品牌产品。直播中设置多轮赠送及抢购福利，如明星亲签美妆套装、限定版礼盒等。

▶宣传亮点：利用明星效应吸引大量粉丝关注，快速聚集人气。明星的亲自推荐能够极大提升产品的信任度和购买意愿，同时通过直播的即时互动增强粉丝黏性，促进销售转化。

（4）筛选与优化选题。

①筛选选题：从文心一言生成的选题中，筛选出符合目标受众需求、具有创意和吸引力的选题。注意避免选题重复、同质化或过于宽泛。

②优化选题：对筛选出的选题进行进一步优化，包括调整标题、完善内容框架、增加亮点元素等。确保每个选题都能准确传达信息、吸引读者注意并激发购买欲望。

（5）结合账号定位与风格。

①梳理账号定位：明确自己或所在平台的账号定位、内容风格、写作风格及受众属性。

②匹配选题：根据账号定位和风格，从优化后的选题中挑选出最适合自己账号的选题。确保选题与账号调性一致，能够增强读者的认同感和黏性。

（6）实施与反馈。

①实施选题：按照选定的选题方向和内容框架，开始撰写文案或制作内容。在创作过程中，可以适时向文心一言寻求灵感和建议。

②收集反馈：内容发布后，及时收集读者的反馈和互动数据。根据反馈结果评估选题效果，并据此调整后续的选题方向和策略。

通过以上步骤，可以充分利用文心一言的智能生成能力，结合人工筛选和优化，策划出既符合"双 11"电商节特点又符合目标受众需求的爆款选题。

## 项目小结

本项目深入探讨了新媒体写作的策划流程、选题策略、素材搜集方法，并创新性地引入了 AI 在其中的应用。通过理解新媒体写作策划的重要性与步骤，掌握了新媒体写作策划的精髓。在选题环节，学习了选题的基本原则并实践了多种策略。同时，项目详细梳理了素材搜索的渠道与技巧，为内容创作提供了丰富资源。另外，还探索了 AI 在选题策划与素材搜集中的应用，展现了技术赋能写作策划的广阔前景。本项目为提升新媒体写作策划能力提供了系统指导与实践经验。

## 课后作业

1. 请简述新媒体写作策划的流程，并说明每个步骤的关键点。
2. 请结合实例说明选题策略在新媒体写作中的重要性，并分享一种有效的选题策略。
3. 请列举三种常用的素材搜索渠道，并说明每种渠道的优势与局限。

# 项目 3  新媒体文案标题创作

在数字化信息时代，新媒体文案标题的重要性日益凸显。一个吸引人的标题，往往能在海量信息中脱颖而出，迅速抓住读者的眼球，引发他们的阅读欲望。新媒体文案标题的创作，既是一门艺术，也是一门科学，它要求创作者不仅要有对语言的敏锐感知，还需要对用户心理和市场需求有深刻的洞察。

在本项目中，将聚焦新媒体文案标题的创作艺术与策略。我们将深入探讨标题对受众注意力的影响，分析其在内容营销中的不可或缺性。通过掌握创作有效标题的基本原则，理解标题与受众心理之间的微妙关系，我们将学习并运用一系列创新的标题技巧，实践多样化的创作方法。此外，还将探索 AI 技术在文案标题创作中的辅助作用，利用先进技术进行标题效果的测试与优化。通过本项目的深入学习与实践，读者将能够打造出既富有创意又极具吸引力的新媒体文案标题，为内容的成功传播奠定坚实基础。

## 任务 3.1  新媒体文案标题的重要性

### 任务描述

文案的标题，作为用户接触到的第一印象，其吸引力直接决定了用户是否愿意进一步了解正文内容。因此，精心设计和撰写新媒体文案的标题，成为提升内容阅读率和传播效果的关键环节。

### 任务目标

▶ 分析标题对受众注意力的影响。
▶ 探讨标题在内容营销中的战略价值。

### 相关知识

新媒体文案标题的重要性不容忽视。它是吸引读者关注的第一步，需足够吸引人、简洁明了。一个优秀的标题能够迅速传达文章核心，激发读者好奇心，提高点击率和阅读量。在信息泛滥的新媒体环境中，一个有力的标题是内容脱颖而出、达到传播效果的关键。

## 子任务 3.1.1　分析标题对受众注意力的影响

在新媒体环境下，文案标题扮演着至关重要的角色，直接影响着受众的注意力分配和阅读行为。以下是标题对受众注意力影响的几个关键方面。

### 1. 吸引注意力

一个优秀的标题必须能够在众多信息中脱颖而出，迅速吸引受众的注意力。这要求标题具有足够的吸引力，可能是通过新颖独特的表达方式、引人入胜的悬念设置，或是与受众紧密相关的热门话题来实现。

例如，某时尚穿搭类新媒体账号发布标题为"夏天必备的6件经典单品，时髦又百搭！"的文章，不仅利用了季节性，还通过"夏天必备""经典单品""时髦又百搭"等词汇精准触达了追求时尚潮流的受众群体，如图 3-1 所示。

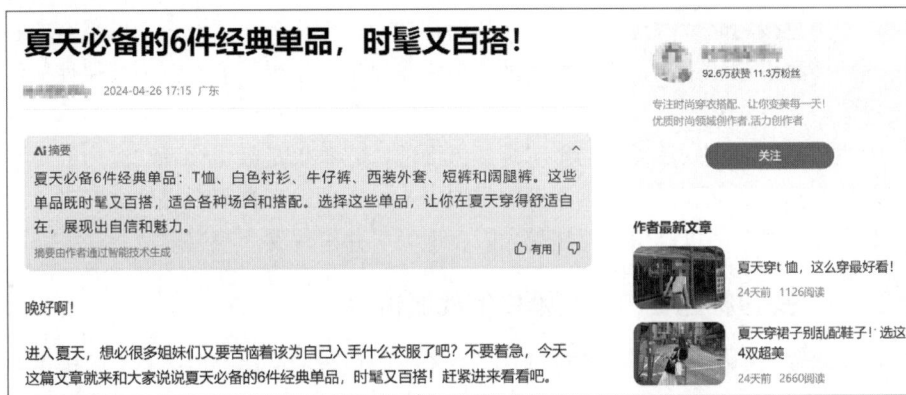

图 3-1　某时尚穿搭类新媒体账号发布的文章

### 2. 激发兴趣

吸引注意力只是第一步，更重要的是要激发受众对内容的兴趣。标题应当能够概括或暗示文案的核心价值，让受众产生进一步了解的欲望。这通常需要标题具备情感共鸣的能力，能够触动受众的内心，引发他们的好奇心或情感反应。

例如，某新媒体文章的标题"那些年我们追过的动画角色：谁是你的童年英雄？"，这样的标题，通过回忆杀的方式，唤起了许多人的童年记忆，激发了强烈的情感共鸣，如图 3-2 所示。

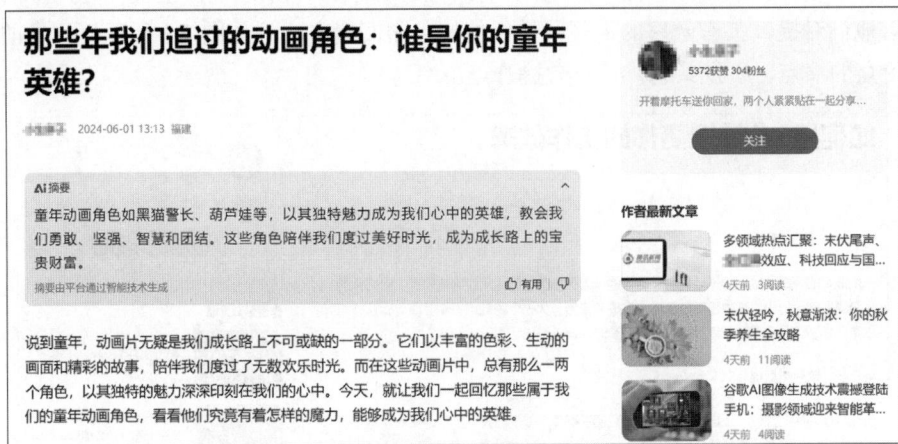

图 3-2　激发兴趣的新媒体文章标题示例

### 3. 筛选受众

在新媒体环境下，内容创作者越来越注重受众的细分和精准营销。而标题，则成为筛选目标受众的重要工具。通过不同的标题风格、语言选择和话题定位，创作者可以精准地吸引到特定类型的读者群体。这种精准筛选不仅提高了内容的针对性，还有助于提升阅读体验和转化率。

例如，一篇关于理财知识的文章，如果标题为"小白也能学会的理财秘籍"，则更有可能吸引对理财感兴趣但缺乏经验的受众；而如果标题改为"资深投资者必看：最新股市趋势分析"，则更可能吸引有一定投资经验的受众。这种精准的定位不仅提高了内容的针对性，还有助于提高转化率，即将潜在受众转换为实际阅读者或行动者。

### 4. 影响阅读决策

标题的影响力还体现在它能否促使受众做出阅读决策上。一个吸引人的标题，往往能够激发受众的好奇心，让他们迫不及待地想要了解更多信息；而一个平淡无奇的标题，则可能让受众在浏览过程中直接忽略或跳过。因此，在撰写标题时，创作者需要充分考虑受众的心理和需求，运用各种修辞手法和策略，确保标题能够最大限度地吸引受众的注意力并促使他们做出积极的阅读决策。

综上所述，标题对受众注意力的影响是多方面的，它不仅是吸引读者注意力的工具，更是激发读者兴趣、筛选受众和影响阅读决策的重要因素。因此，在撰写新媒体文案时，必须高度重视标题的设计和撰写，以确保其能够最大限度地吸引并留住受众的注意力。

## 子任务 3.1.2 探讨标题在内容营销中的战略价值

标题在内容营销中的战略价值不可小觑，它不仅是内容的先导，更是整个营销策略中至关重要的一环。以下是对标题在内容营销中战略价值的深入探讨。

### 1. 吸引目标受众，提升点击率

在信息泛滥的时代，一个引人注目的标题能够瞬间抓住目标受众的眼球，引导他们点击并进一步阅读内容。优秀的标题往往能够精准定位受众的兴趣点和需求，通过精练的语言和巧妙的构思，激发受众的好奇心或共鸣，从而提升内容的点击率和曝光度。这是内容营销的第一步，也是至关重要的一步，因为只有当受众愿意点击并阅读内容时，后续的营销策略才有可能发挥作用。

例如，某新媒体文案的标题"如何用 5 分钟提高你的工作效率"，主要针对忙碌的职场人士，利用他们对提升工作效率的渴望，促使他们点击阅读文章，如图 3-3 所示。这样的标题直接命中受众的痛点，引发共鸣，可有效提升点击率。

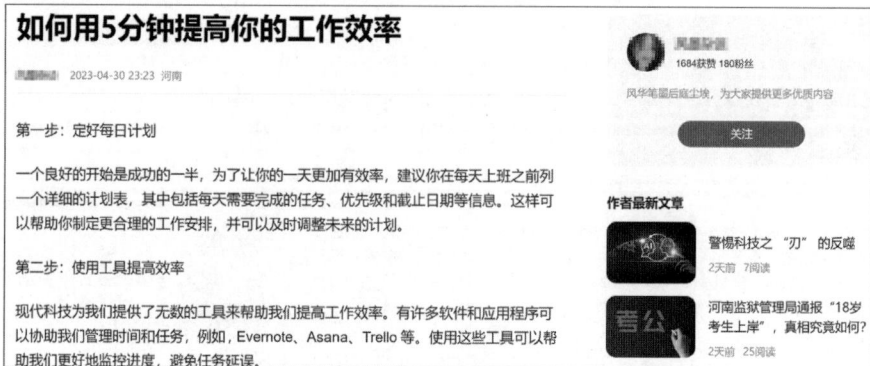

图 3-3 提升点击率的新媒体文章标题示例

## 2. 塑造品牌形象，传递品牌价值

标题作为内容的"门面"，其风格、语言和态度往往能够反映出品牌或企业的形象和价值观。因此，在内容营销中，通过精心设计标题，企业可以塑造出独特的品牌形象，向受众传递出品牌的核心理念和价值主张。这种价值传递不仅有助于增强受众对品牌的认知和记忆，还能够提升品牌的信任度和忠诚度，为企业的长期发展奠定坚实的基础。

例如，某品牌发布的文章标题"守护地球，共筑绿色未来——世界环境日，我们在行动！"，不仅展示了品牌对环保事业的承诺，还通过正面积极的词汇传递了品牌的责任感和使命感，增强了受众对品牌的认同感和信任度，如图 3-4 所示。

图 3-4　传递品牌价值的新媒体文章标题示例

## 3. 引导内容消费，优化用户体验

标题不仅能够吸引受众的注意力，还能够引导他们按照特定的路径和节奏消费内容。通过合理设置标题的层次和逻辑，企业可以引导受众逐步深入了解内容，从而优化用户体验和提升内容的转化率。例如，在系列文章中，通过标题的递进关系，企业可以引导受众按照从浅入深、从易到难的顺序阅读内容，帮助他们更好地理解和吸收信息。

例如，在系列文章中，"LaTeX 入门指南""LaTeX 指南——进阶篇"等标题设计，通过清晰的层次和逻辑，引导受众按照从易到难、从浅入深的顺序逐步学习，优化了用户体验，提高了内容的转化率和吸收效率，如图 3-5 所示。

图 3-5　系列文章标题示例

## 4. 促进社交传播，扩大影响力

优秀的标题往往具有高度的分享性和传播性，能够激发受众的转发和分享欲望。在社交媒体和网络平台上，一个吸引人的标题能够迅速引发受众的关注和讨论，进而形成口碑效应和病

图 3-6　某短视频作品标题

毒式传播。这种传播不仅有助于扩大内容的受众范围和影响力，还能够为企业带来更多的曝光机会和潜在客户。因此，在内容营销中，企业应当注重标题的社交属性，通过精心设计标题来促进内容的传播和分享。

例如，抖音平台上某账号发布的搞笑配音短视频作品"当亲戚家的小猫来做客"，这样的标题简洁明了，不仅容易吸引用户点击，也易于在社交网络上引发讨论和分享，如图 3-6 所示。

### 5. 数据驱动决策，优化营销策略

标题的表现数据，如点击率、阅读时长、转化率等，是评估内容营销效果的重要指标之一。通过对这些数据的收集和分析，企业可以了解受众对标题的偏好和反应，进而优化标题的设计和撰写策略。这种数据驱动的决策方式不仅有助于提升内容的质量和效果，还能够为企业的整体营销策略提供更加精准和有力的支持。

## 任务 3.2　文案标题创作的基本要点与技巧

### ⚬ 任务描述 ⚬

在这个信息爆炸的时代，一个好的标题能够让我们的文案在茫茫信息海洋中脱颖而出，引发读者的好奇心和阅读欲望。因此，投入时间和精力去打磨一个精准、吸引人的标题，无疑是提升文案效果的明智之举。本任务将深入探讨如何精心打磨出富有吸引力的标题，从基本原则到受众心理分析，再到实用的技巧与方法，全方位解析标题创作的要点。

### ⚬ 任务目标 ⚬

▶ 掌握创作有效标题的原则。

▶ 理解标题与受众心理的关系。

▶ 学习并应用创新标题的写作技巧。

▶ 实践多样化标题的创作方法。

### ⚬ 相关知识 ⚬

### 子任务 3.2.1　掌握创作有效标题的原则

在文案创作中，一个有效的标题不是文字的堆砌，而是需要遵循一系列核心原则来确保其能够精准定位、吸引目标读者并激发阅读欲望。以下是创作有效标题时需要掌握的 6 大原则。

#### 1. 简洁明了原则

标题应追求言简意赅，用最少的字词传达最核心的信息。避免冗长复杂的句子结构，确保读者一眼就能抓住重点。同时，语言表达需接地气，贴近目标受众的日常生活，增强可读性和共鸣感。例如，某健康类新媒体文章标题"早上一杯水，健康一整天"，简短几个字便清晰传

达了文章的主题——早上喝水的健康益处，既易于记忆又直击人心，如图 3-7 所示。

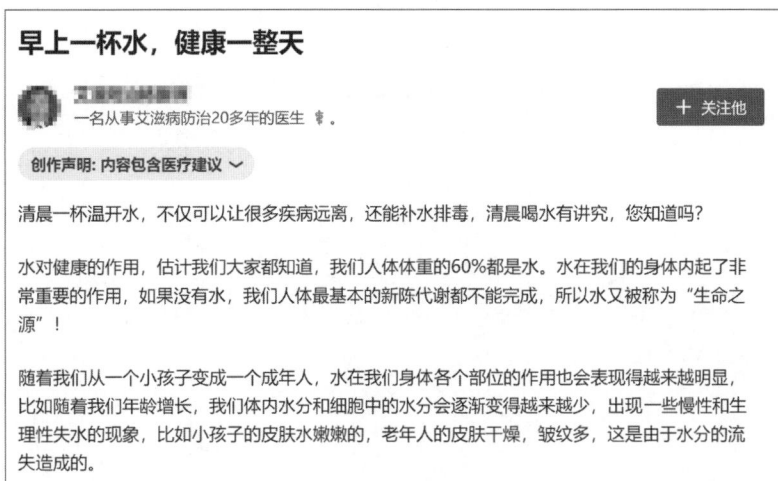

图 3-7　某健康类新媒体文章标题

## 2. 真实性原则

真实性是文案标题的生命线。一个与正文内容高度一致的标题，能够建立读者对作者的信任感，为后续的深入阅读打下坚实基础。反之，夸大其词或误导性的标题，即使能暂时吸引眼球，也会迅速消耗读者的信任，导致文案传播效果大打折扣。例如，某旅游博主发布了一篇关于旅游地推荐的文章，标题为"世界 10 大世外桃源，美到窒息的隐世天堂！"，内容翔实，图片真实，这样的标题既吸引眼球又没有夸大其词，赢得了读者的广泛好评，如图 3-8 所示。

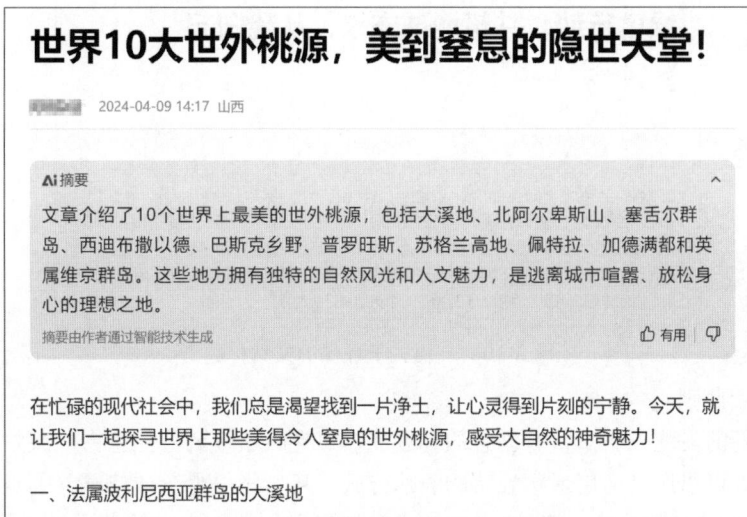

图 3-8　关于旅游地推荐的文章标题

## 3. 需求导向原则

优秀的标题应精准捕捉并反映目标受众的需求和兴趣点。通过深入分析受众心理和行为特征，创作出能够触动其痛点或满足其好奇心的标题，从而激发其阅读欲望。例如，针对职场新人的公众号文章，标题"职场通用法则（职场小白必看）"就精准地捕捉到了职场新人的普遍需求，激发了他们的阅读欲望，如图 3-9 所示。

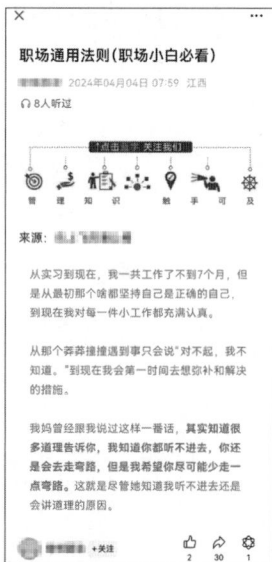

图 3-9　针对职场新人的公众号文章标题

### 4. 核心观点突出原则

一个好的标题应能概括并突出文章的核心观点或主题，让读者在浏览时迅速把握文章的主旨。这不仅能够加深读者对文案的印象，还能提升文案的辨识度和传播力。例如，一篇关于环保的文章，标题"绿色行动：共筑地球未来，从我做起"就明确指出了文章的核心观点，即每个人都可以通过绿色生活为地球做出贡献，同时激发了读者对环保议题的思考，如图 3-10 所示。

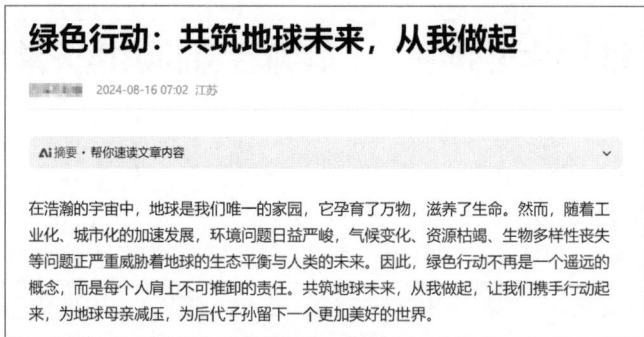

图 3-10　一篇关于环保的文章标题

### 5. 创意吸引原则

创意是标题的灵魂。一个富有创意的标题能够迅速吸引读者的注意力，激发其好奇心和阅读兴趣。创作者可以通过运用新颖独特的表达方式、巧妙设置悬念或情感共鸣点，让标题在众多信息中脱颖而出。例如，一篇关于 AI 技术和智能科技的文章，标题为"揭开 AI 的神秘面纱：走进智能科技的温暖世界"，通过"神秘面纱""温暖世界"等表述和比喻，成功激发了读者对 AI 技术和智能科技的好奇心，如图 3-11 所示。

### 6. 换位思考原则

在创作标题时，创作者应始终站在读者的角度思考问题，想象自己作为读者时会被什么样的标题所吸引。基于这种换位思考，不断优化标题的表述方式和吸引力，确保标题能够真正触动读者的心弦。例如，一篇关于亲子关系的文章，标题"育儿之路：困惑、挑战与情感的交织"

图 3-11　一篇关于 AI 技术和智能科技的文章标题

就通过"困惑、挑战与情感的交织"的情感共鸣点，成功吸引了众多家长的关注，如图 3-12 所示。

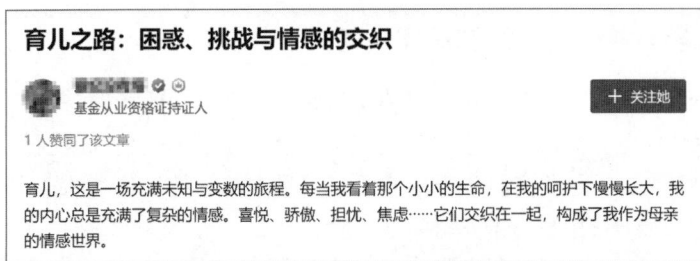

图 3-12　一篇关于亲子关系的文章标题

## 子任务 3.2.2　现解标题与受众心理的关系

在新媒体时代，文案标题作为内容的"敲门砖"，其重要性不言而喻。它不仅承载着吸引用户点击、阅读的责任，还深刻影响着受众的心理感受与行为决策。因此，深入理解新媒体文案标题与受众心理的关系，对于提升内容传播效果、增强用户黏性具有重要意义。

### 1. 抓住注意力

在快节奏的新媒体环境中，受众的注意力成为稀缺资源。一个成功的标题必须在瞬间抓住受众的眼球，激发他们的兴趣。这要求标题具有高度的吸引力，能够利用新颖性、独特性、趣味性或紧迫性等元素，迅速触动受众的神经。例如，采用悬念式标题"你绝对想不到的××秘密"，或是利用数字、列表等形式简化信息，如"5 步教你轻松学会××"，都能有效吸引受众的注意力。

### 2. 满足个性化需求

新媒体平台拥有庞大的用户群体，他们的兴趣、需求、价值观等各不相同。因此，新媒体文案标题需要精准定位目标受众，满足其个性化需求。通过深入分析受众的心理特点、行为习惯和兴趣偏好，创作者可以设计出更符合受众口味的标题。例如，针对年轻职场人士的标题可能强调"职场晋升""高效工作"等关键词；而面向家庭主妇的标题则可能围绕"育儿心得""家居生活"等话题展开。

### 3. 激发情感共鸣

情感是连接人与内容的重要桥梁。一个能够触动受众情感的标题，往往能够引发强烈的共鸣，增强内容的传播力。新媒体文案标题可以通过讲述故事、描绘场景、表达情感等方式，激发受众的共鸣点。例如，采用感人至深的案例、温暖人心的故事或富有哲理的语句作为标题，都能让受众在情感上产生共鸣，从而更愿意点击阅读。

### 4. 建立信任与权威

在新媒体平台上，信息的真实性、可信度是受众关注的焦点。一个能够展示权威性、建立信任感的标题，能够提升受众对内容的信任度，从而增加阅读的可能性。这要求标题在表达上保持客观、真实，避免夸大其词或误导受众。同时，可以通过引用权威数据、专家观点或机构认证等方式，增强标题的可信度。

### 5. 引导行为决策

新媒体文案标题不仅要吸引受众的注意力，还要能够引导他们采取进一步的行为决策。例如，通过明确的行动号召（CTA）如"立即点击""了解更多"等，促使受众点击阅读或参与互动。此外，标题还可以巧妙地设置悬念或引导性问题，激发受众的好奇心和求知欲，促使他们主动寻找答案或分享内容。

## 子任务 3.2.3  学习并创新标题的写作技巧

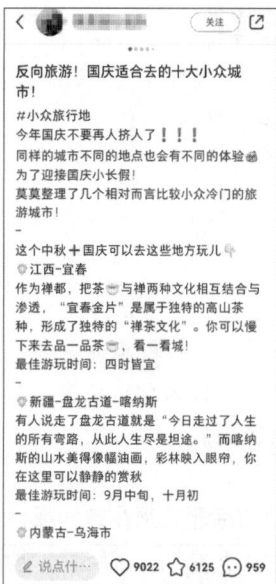

图 3-13  借助热点创作的
新媒体文章标题

在创作新媒体文案时，一个成功的标题需兼具情感激发与内容提炼的双重功效。下面将分享一系列创新标题创作技巧，旨在助力创作者打造既引人入胜又精准传达核心信息的文案标题，有效提升用户点击率与阅读体验。

### 1. 借助热点，借势营销

热点事件自带流量，是吸引用户关注的利器。将热点元素融入标题中，不仅能够快速获得曝光量，还能让文案内容更加贴近用户当下的关注点。例如，在国庆假期前夕，一篇标题为"反向旅游！国庆适合去的十大小众城市！"的新媒体文章，凭借其独特的旅行推荐和应景的热点结合，成功吸引了大量计划出行的用户，最终获得了数千次的点赞和收藏，如图 3-13 所示。

### 2. 引起共鸣，情感触动

情感共鸣是连接读者与文案的桥梁。一个能够触动用户情感的标题，往往能够引发强烈的共鸣，让读者感同身受。例如，"成年人的世界里，没有"容易"二字"这篇文章，通过简洁有力的标题直接触及经历过生活不易人群的情感痛点，内容则进一步阐述了成年人面临的种种挑战，鼓励读者珍惜当下，引发了广泛的共鸣和讨论，如图 3-14 所示。

### 3. 制造悬念，激发好奇

悬念是吸引用户好奇心的重要手段。在标题中巧妙设置悬念，能够激发用户的好奇心，促使他们点击阅读以寻找答案。例如，"回到县城的年轻人，后来怎么样了？"这篇新闻报道的标题，巧妙地运用了悬念手法，勾起了读者的浓厚兴趣。在都市喧嚣与压力并存的今天，许多

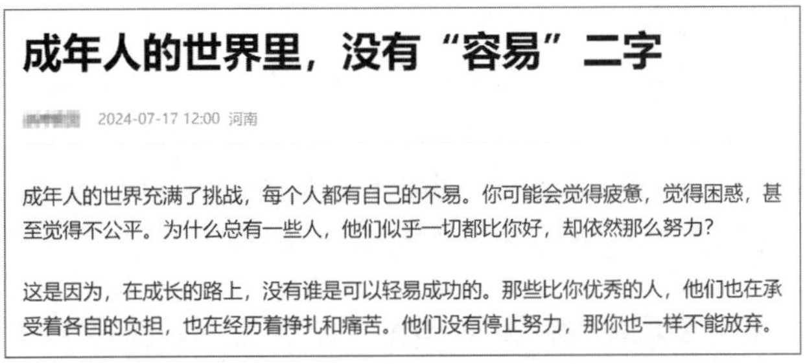
成年人的世界里，没有“容易”二字

2024-07-17 12:00 河南

成年人的世界充满了挑战，每个人都有自己的不易。你可能会觉得疲惫，觉得困惑，甚至觉得不公平。为什么总有一些人，他们似乎一切都比你好，却依然那么努力？

这是因为，在成长的路上，没有谁是可以轻易成功的。那些比你优秀的人，他们也在承受着各自的负担，也在经历着挣扎和痛苦。他们没有停止努力，那你也一样不能放弃。

图 3-14　能够引起共鸣的新媒体文章标题

人开始寻求生活的另一种可能，选择回归宁静的小县城。读者不禁好奇，这些勇敢转身的人们，是否找到了内心的平静与满足？他们的生活是否如诗如画？他们是否面临了意想不到的挑战与变化？正是这份强烈的好奇与期待，驱使着众多读者点击阅读，一同探寻这段返璞归真的生活旅程，如图 3-15 所示。

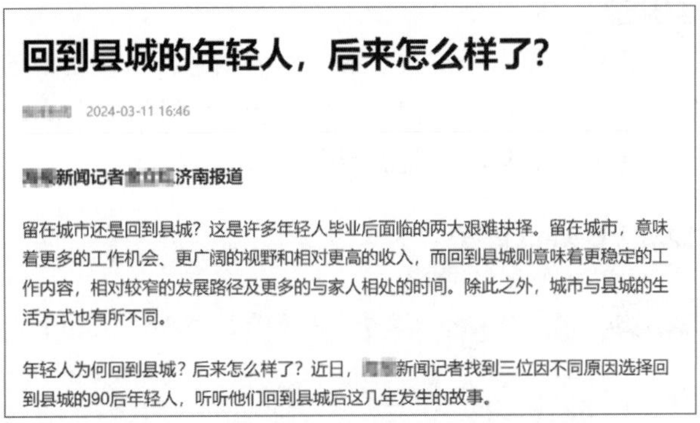
回到县城的年轻人，后来怎么样了？

2024-03-11 16:46

新闻记者济南报道

留在城市还是回到县城？这是许多年轻人毕业后面临的两大艰难抉择。留在城市，意味着更多的工作机会、更广阔的视野和相对更高的收入，而回到县城则意味着更稳定的工作内容，相对较窄的发展路径及更多的与家人相处的时间。除此之外，城市与县城的生活方式也有所不同。

年轻人为何回到县城？后来怎么样了？近日，新闻记者找到三位因不同原因选择回到县城的90后年轻人，听听他们回到县城后这几年发生的故事。

图 3-15　制造悬念的新媒体文章标题

4. 警示告诫，服务受众

警示告诫类标题从受众的角度出发，直接传递警示信息或告诫内容，以引起用户的重视和关注。例如，一篇标题为“还在‘饭后百步走’？当心坏习惯悄悄伤害你！”的新媒体文章，通过指出常见的饭后误区并列举不良后果，成功吸引了用户的注意力，并提醒他们注意调整生活习惯，如图 3-16 所示。

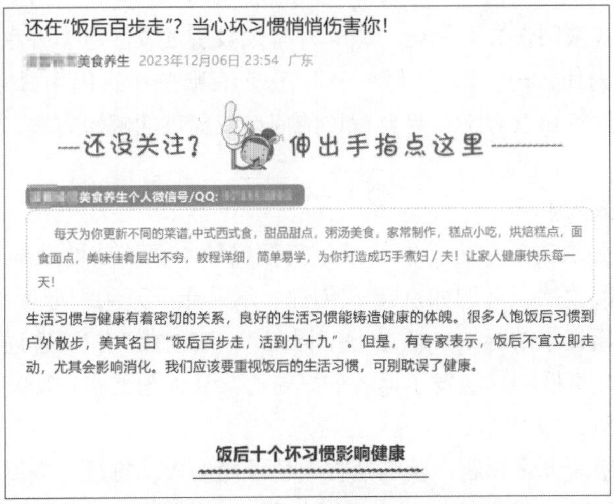
还在“饭后百步走”？当心坏习惯悄悄伤害你！

美食养生 2023年12月06日 23:54 广东



每天为你更新不同的菜谱,中式西式食，甜品甜点，粥汤美食，家常制作，糕点小吃，烘焙糕点，面食面点，美味佳肴层出不穷，教程详细，简单易学，为你打造成巧手煮妇 / 夫！让家人健康快乐每一天！

生活习惯与健康有着密切的关系，良好的生活习惯能铸造健康的体魄。很多人饱饭后习惯到户外散步，美其名曰“饭后百步走，活到九十九”。但是，有专家表示，饭后不宜立即走动，尤其会影响消化。我们应该要重视饭后的生活习惯，可别耽误了健康。

饭后十个坏习惯影响健康

图 3-16　警示告诫类新媒体文章标题

### 5. 巧用数据，增强说服力

数据是客观事实的直接体现，具有强大的说服力。在标题中巧妙运用数据，能够增强标题的权威性和可信度，从而吸引用户的关注。例如，"个税年度汇算明起预约办理！'三步走'教你如何操作"这篇文章的标题，通过"三步走"数据关键词，明确告知用户办理个税汇算的便捷性，吸引了大量关注财务问题的用户，如图3-17所示。

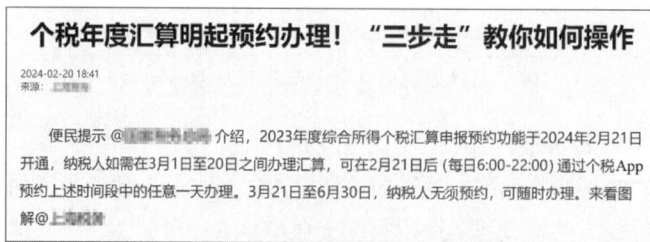

图 3-17　巧用数据的新媒体文章标题

### 6. 善用问号，解答困惑

疑问句形式的标题能够直接提出用户关心的问题或困惑，引发用户的思考和探索欲望。例如，"怎么在今日头条上赚钱？"这篇文章的标题，通过疑问句的形式吸引用户点击阅读，内容则详细解答了如何在头条平台上赚取收益的问题，如图3-18所示。

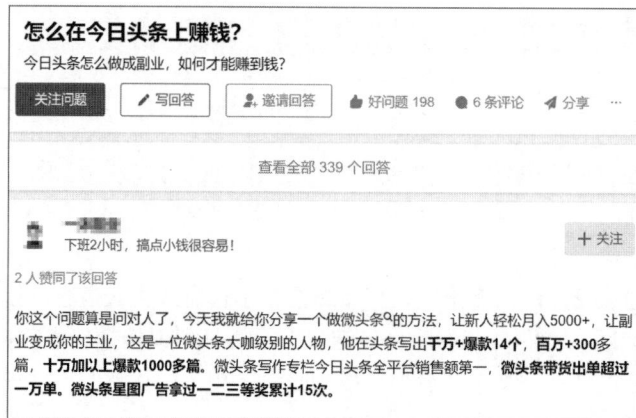

图 3-18　解答困惑的新媒体文章标题

采用疑问句的形式来创作文案标题，是一种有效吸引读者注意力并直接传达文章核心内容的方法。通过使用"为什么……""如何……""……有哪些小窍门""什么是……"等提问式标题，可以直接明了地告知读者文章将要探讨的问题或提供的解决方案，激发读者的好奇心和阅读欲望。

### 7. 简短故事，引人入胜

故事型标题具有强烈的吸引力，能够通过简短的故事概述或情节描写直接吸引用户的兴趣，从而激发他们的阅读欲望。例如，《8次创业，从赔光千万到细分行业第一，江西80后电商人的逆袭之路》这篇文章的标题，通过数字词汇"8次创业"和情感词汇"逆袭"构建了一个充满转折和奋斗的故事框架，激发了读者的好奇心，让人想要点击阅读，了解人物背后不为人知的奋斗历程，如图3-19所示。

人物型文章常采用故事化标题，精准捕捉角色经历的极端挑战与戏剧性转折。这些标题巧妙融合艰难历程、戏剧冲突等标签，并点缀细节词汇，让读者一眼洞悉故事精髓。如此设计，

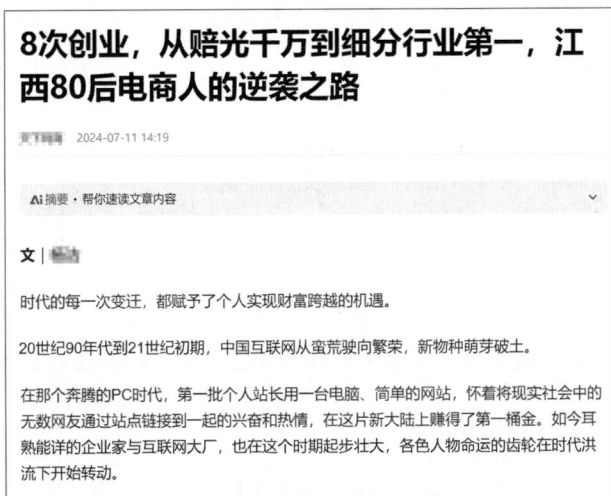

图 3-19　故事型新媒体文章标题

旨在激发读者好奇心，促使他们深入正文，探寻那些扣人心弦的情节发展。

### 8. 名人效应，引领潮流

名人效应是增加标题热度和关注度的有效手段。在标题中加入名人元素，可以借助名人的知名度和影响力，提升文案的吸引力和传播力。例如，在创作与跑步相关的文章时，可以引入知名作家村上春树关于跑步的名言或事迹，如"村上春树：跑步与意志无关，喜欢的事自然可以坚持"等标题，借助村上春树的知名度和跑步爱好者的关注度，吸引更多用户的点击阅读，如图 3-20 所示。

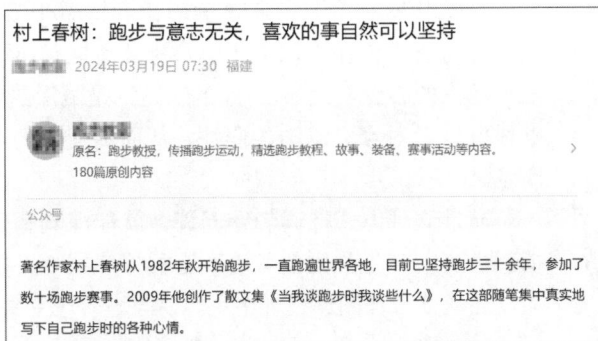

图 3-20　使用名人效应的新媒体文章标题

## 子任务 3.2.4　实践多样化标题的创作方法

在新媒体文案创作中，多样化的标题创作方法能够为文案注入活力，吸引不同读者群体。下面介绍一些创新的标题创作方法，旨在帮助新媒体文案创作者提升文案的吸引力和传播力。

### 1. 对比差异法

对比差异法通过揭示不同元素之间的鲜明对比，迅速抓住读者的注意力。这种方法利用人们的对比心理，让读者在差异中感受到新奇或震撼，从而激发他们的阅读欲望。对比差异法可以是两种观点、两种产品、两种生活方式的直接碰撞，也可以是同一事物在不同情境下的鲜明反差。

例如，"从月薪3000到年薪百万，他是怎么做到的？"这篇文章的标题通过月薪与年薪的巨大差异，激发了读者对于成功秘诀的好奇心，促使他们点击阅读以寻找答案，如图3-21所示。

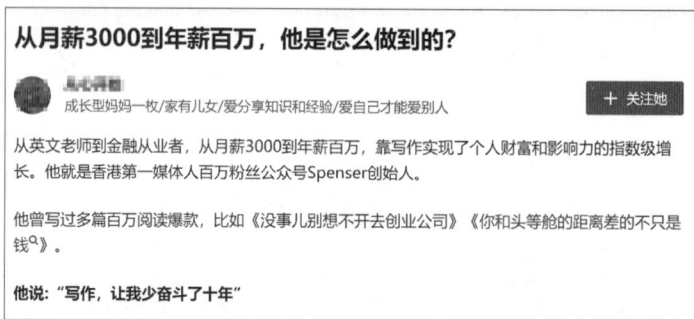

图 3-21　使用对比差异法创作的新媒体文章标题

### 2. 场景代入法

场景代入法通过构建生动具体的场景，让读者仿佛身临其境，感受到文章所描述的氛围或情境。这种方法能够迅速拉近读者与内容的距离，激发他们的共鸣和兴趣。例如，某篇小红书笔记的标题为"小巷里的夏天，是生命力的肆意生长"，该标题通过细腻的场景描绘，让读者在脑海中勾勒出相应的画面，进而产生阅读的冲动，如图3-22所示。这种方式不仅增强了文章的吸引力，还提高了读者的阅读体验。

### 3. 情感共鸣法

情感共鸣法是一种通过触动读者情感来吸引他们阅读的方法。这种方法要求创作者深入了解目标读者的情感需求，用真挚的语言触动他们的心弦。例如，"家的味道，是最深的牵挂"这样的标题能够激发读者对家庭温暖的向往，从而促使他们点击阅读，如图3-23所示。

通过这种方式，读者在阅读前就能深刻感受到文章所要传达的情感色彩，产生强烈的共鸣。这种情感共鸣不仅增强了文章的吸引力，还让读者在阅读过程中更容易与内容产生情感联系。

图 3-22　使用场景代入法创作的新媒体文章标题

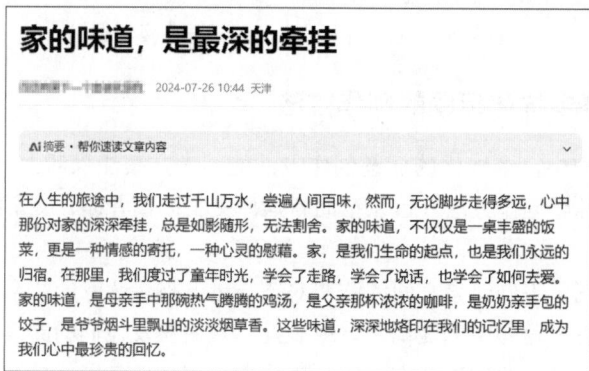

图 3-23　使用情感共鸣法创作的新媒体文章标题

### 4. 提问引导法

提问引导法通过提出问题或设置悬念，引导读者思考并产生好奇心，进而激发他们的阅读欲望。这种方法在标题中设置了一个或多个待解的谜团，让读者在寻找答案的过程中深入阅读。例如，"人工智能在未来的发展趋势及其对社会的影响？"这样的标题通过提问的方式，让读者产生探索未知的兴趣，促使他们点击阅读以寻找答案，如图 3-24 所示。

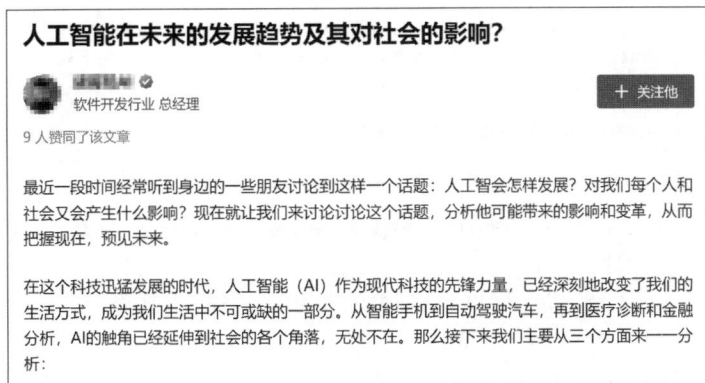

图 3-24　使用提问引导法创作的新媒体文章标题

### 5. 价值吸引法

价值吸引法是一种通过强调文章为读者提供的实际价值或收获来吸引他们阅读的方法。这种方法通过展现内容的独特性和实用性，直接告诉读者阅读文章后能够获得的具体价值或改变，从而激发他们的阅读动力。例如，"提高工作效率的五个实用技巧"这样的标题直接传达了文章的价值所在，让读者清楚地知道他们将从中获得什么，并因此产生阅读的兴趣，如图 3-25 所示。

图 3-25　使用价值吸引法创作的新媒体文章标题

### 6. 创意联想法

创意联想法是一种激发无限想象的标题创作方法，它巧妙地将两个截然不同的事物或概念融合，创造出既新颖又引人入胜的标题。例如，"中国首个 AI 厨王诞生，苦练 7 吨菜通过图灵测试！机器人比我会做饭"，此标题不仅跨越了科技与烹饪的界限，还以幽默诙谐的方式展现了 AI 技术的非凡进步，让读者在惊喜中领略到创作者的非凡创意与独特视角，如图 3-26 所示。

中国首个AI厨王诞生，苦练7吨菜通过图灵测试！机器人比我会做饭

2024-07-11 15:12 北京

编辑：编辑部

【导读】最近，一位AI炒菜机器人不仅向人类大厨发起了PK，而且还通过了「图灵测试」：根本吃不出来是AI机器人炒的！而在这背后，竟然是1.5个亿的投入和近7吨菜的训练。

你敢相信么？机器人，正式和湘菜大厨「叫板」了！

最近，这位名叫「　　　」的AI炒菜机器人，向湘菜大师杨孙师傅正式发起PK——

桌子上同样摆着两份备好的食材，双方需要炒同样的三道菜：XO酱笋炒海螺，小炒黄牛肉，辣椒炒肉。

图 3-26　使用创意联想法创作的新媒体文章标题

## 任务 3.3　AI 在文案标题创作中的应用实践

### 任务描述

随着 AI 技术的飞速发展，其在内容创作领域的应用也日益广泛。文案标题作为吸引读者注意力的首要元素，其创作质量与效率直接关系到内容的传播效果。本任务旨在深入探讨 AI 技术在文案标题创作中的前沿应用，通过实践验证 AI 辅助生成标题的潜力，并进一步优化标题效果，以科技赋能内容营销，提升信息传播的效率与精准度。

### 任务目标

▶ 使用文心一言撰写爆款短视频标题。
▶ 使用 DeepSeek 撰写小红书文案标题。
▶ 使用讯飞星火撰写吸睛的直播标题。
▶ 使用 AI 分析受众心理创作更具吸引力的新媒体文案标题。
▶ 使用 AI 进行文案标题创作实现内容的差异化与个性化。

### 相关知识

### 子任务 3.3.1　使用文心一言撰写爆款短视频标题

观看视频

爆款短视频标题往往具备以下几个关键特点，这些特点能够有效吸引观众的注意力，激发点击欲望，从而提高视频的曝光率和观看量。

（1）吸引力强：标题内容新颖、独特，能够瞬间抓住眼球，让人产生好奇心。

（2）明确主题：清晰传达视频的核心内容或亮点，让观众一眼明了视频的主题。

（3）情感共鸣：触动人心，引发情感共鸣，如幽默、励志、感动等。

（4）利用数字与符号：数字、问号、感叹号等元素的运用能增加标题的醒目度和紧迫感。

（5）悬念引导：设置悬念或疑问，激发观众探索答案的欲望。

（6）紧跟热点：结合当下热门话题或节日，增加话题性和时效性。

以下是根据上述特点，利用"文心一言"生成的 10 个爆款短视频标题示例。向文心一言提问：根据爆款短视频标题的特点，生成 10 个爆款短视频标题。文心一言的回复如图 3-27 所示。

---

1. "震惊！99% 的人都不知道的生活小妙招，瞬间提升幸福感 🎉"
2. "逆天改命！从路人到女神，只需这 3 步化妆技巧 💄✨"
3. "笑出腹肌！史上最搞笑宠物合集，萌宠界的段子手来啦 🐶🐱😂"
4. "揭秘！网红美食背后的秘密，在家也能做出米其林级大餐 🍽👩🔍"
5. "一秒穿越！带你领略古代宫廷的奢华生活，美到窒息 👑🏯"
6. "逆袭人生！普通人如何通过努力成为行业佼佼者？励志故事大公开 🚀💪"
7. "惊呆了！这些日常物品竟有神奇用途，你绝对想不到！🔍😲"
8. "甜蜜暴击！情侣间的超甜互动，单身狗慎入 🐶♡ 狗粮满满"
9. "揭秘！明星同款瘦身秘籍，轻松拥有好身材 🏃🐮 你也可以"
10. "超燃挑战！普通人挑战极限运动，勇气与激情的碰撞 🏄🚀 极限挑战者上线"

---

图 3-27　利用"文心一言"生成的 10 个爆款短视频标题示例

## 子任务 3.3.2　使用 DeepSeek 撰写小红书文案标题

观看视频

小红书，是一个以分享生活、购物、旅行等为主题的社区平台，其种草文案标题的特点主要有以下几点。

（1）简洁明了：小红书的用户群体以年轻人为主，他们更喜欢简洁明了的标题，一眼就能看懂主题。例如，"这款面膜真的超好用！"这样的标题直接明了，用户一看就知道是推荐面膜的内容。

（2）引人入胜：好的标题应该能吸引用户的注意力，让用户有点击进去看的欲望。例如，"你不知道的秘密：这款眼霜竟然可以消除黑眼圈！"这样的标题就很有诱惑力。

（3）包含关键词：在标题中包含关键词，可以帮助用户更快地找到想要的内容。例如，"平价又好用的口红推荐"这个标题中就包含了"平价""好用""口红"等关键词。

（4）激发好奇心：通过标题激发用户的好奇心，让用户想要知道更多的信息。例如，"这款洗发水改变了我的生活，你绝对想不到！"这样的标题就能激发用户的好奇心。

（5）情感化：在标题中加入情感元素，可以更好地吸引用户的关注。例如，"这款香水让我找回了初恋的感觉！"这样的标题就很有情感色彩。

总体来说，小红书的种草文案标题需要简洁明了、引人入胜、包含关键词、激发好奇心以及情感化，这样才能更好地吸引用户的关注和点击。

下面我们以 DeepSeek AI 工具为例，编写关于"四川 5 日游"的小红书文案标题。向 DeepSeek 提问：请编写出 10 个关于"四川 5 日游"的小红书文案标题。DeepSeek 的回答如图 3-28 所示。

---

1. **"四川 5 日游攻略🏮玩转成都＋九寨沟，美食美景全打卡！"**
2. **"5 天玩转四川！熊猫基地、宽窄巷子、峨眉山全记录🐼"**

---

3. **"四川 5 日游精华版 ✨ 从火锅到雪山，一路嗨翻天！"**

4. **"成都＋九寨沟 5 日游 💝 童话世界和烟火气的完美结合！"**

5. **"四川 5 日游这样玩！吃遍锦里小吃，看遍川西绝景 🍜"**

6. **"5 天四川自由行攻略 📷 在都江堰、青城山拍出大片感！"**

7. **"四川 5 日游行程分享 ⛰ 看熊猫、泡温泉、游古镇超全体验"**

8. **"成都周边 5 日游 🚗 乐山大佛、黄龙溪古镇，一路惊喜不断！"**

9. **"四川 5 日游小众玩法 ✦ 避开人潮，独享秘境美景！"**

10. **"5 天玩转川西！四姑娘山＋稻城亚丁，美到窒息 ⛰"**

这些标题既突出了四川的特色景点，又符合小红书的活泼风格，容易吸引用户点击～

图 3-28　DeepSeek 生成的小红书文案标题参考建议

DeepSeek AI 工具围绕"四川 5 日游"这一主题，生成了 10 个精心设计的小红书文案标题建议。这些建议涵盖了从美食到文化，从自然到历史等不同方面，每个标题都具有独特的魅力。创作者需要根据自己文案的具体内容和风格，选择最为匹配、最能引起读者共鸣的文案标题，以确保文案作品既吸引人又充满信息价值。

## 子任务 3.3.3　使用讯飞星火撰写吸睛的直播标题

吸睛的直播标题对于吸引观众进入直播间至关重要。一个有效的直播标题通常具备以下特点。

（1）针对性强。标题能够明确反映直播内容，让潜在观众一眼就能判断出这场直播是否与他们的兴趣或需求相关。

（2）简洁明了。信息过度堆砌的标题往往会让人失去阅读兴趣。一个简单、直接的标题更容易被观众捕捉和理解。

（3）使用关键词。合理运用热门或相关的关键词，可以提升在平台搜索中的可见度，并帮助潜在观众在浏览时快速定位。

（4）创造好奇心。一个好的标题会激起人们的好奇心，让他们忍不住想要点击进去看看。这可以通过提出问题或暗示有一个惊喜来实现。

（5）情感共鸣。引起情感共鸣的标题可以增加观众的个人兴趣，例如，通过幽默、激情或共享的体验来吸引观众。

（6）限时／独家信息。如果直播包含限时优惠、独家内容或首次亮相的信息，务必在标题中强调这一点，这会增加紧迫感，鼓励人们立即观看。

（7）利用数字和形容词。在标题中使用数字（如"5 个秘诀"）、形容词（如"惊艳"的技巧）可以使标题更生动，并提供明确的信息价值。

（8）适合平台风格。每个直播平台都有其特定受众和风格，适应平台特色的标题更容易吸引该平台的观众。

（9）避免误导。标题应该真实反映直播的内容，避免夸大或误导性的表述，否则会损害主播的信誉和观众的信任。

（10）测试与优化。通过测试不同的标题，观察哪些类型的标题更能吸引观众，然后根据反馈不断优化，找到最合适的标题策略。

总之，撰写吸睛的直播标题是一门艺术，需要结合即将直播的内容，以及分析和了解目标观众群体，从而创造出既吸引人又贴切的标题。

下面利用"讯飞星火"AI 工具为某潮流女装直播间撰写一个吸睛的直播标题，向"讯飞星火"提问：请为某潮流女装直播间撰写一个吸睛的直播标题。"讯飞星火"的回答如图 3-29 所示。

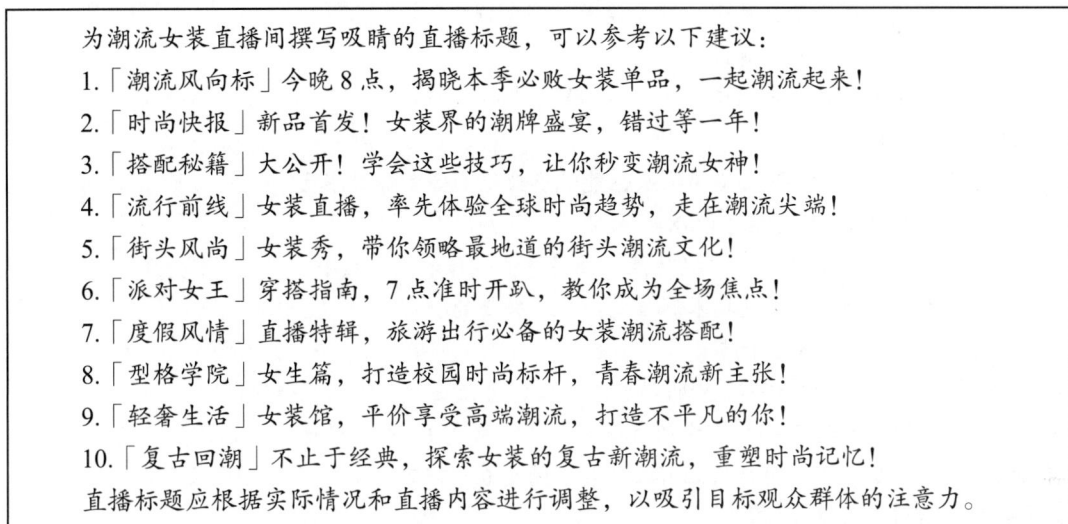

为潮流女装直播间撰写吸睛的直播标题，可以参考以下建议：
1.「潮流风向标」今晚 8 点，揭晓本季必败女装单品，一起潮流起来！
2.「时尚快报」新品首发！女装界的潮牌盛宴，错过等一年！
3.「搭配秘籍」大公开！学会这些技巧，让你秒变潮流女神！
4.「流行前线」女装直播，率先体验全球时尚趋势，走在潮流尖端！
5.「街头风尚」女装秀，带你领略最地道的街头潮流文化！
6.「派对女王」穿搭指南，7 点准时开趴，教你成为全场焦点！
7.「度假风情」直播特辑，旅游出行必备的女装潮流搭配！
8.「型格学院」女生篇，打造校园时尚标杆，青春潮流新主张！
9.「轻奢生活」女装馆，平价享受高端潮流，打造不平凡的你！
10.「复古回潮」不止于经典，探索女装的复古新潮流，重塑时尚记忆！
直播标题应根据实际情况和直播内容进行调整，以吸引目标观众群体的注意力。

图 3-29 "讯飞星火"AI 工具生成的吸睛直播标题参考建议

## 子任务 3.3.4 使用 AI 分析受众心理创作更具吸引力的新媒体文案标题

运用 AI 技术辅助分析受众心理，以创作更有吸引力的新媒体文案标题，是一个系统化的过程。AI 能通过算法对大量数据进行分析，精准把握受众的喜好和需求。具体可以采取以下策略。

### 1. 明确受众特征

首先，通过市场调研、用户画像构建等方式，明确目标受众的基本特征，包括年龄、性别、地域、职业、兴趣偏好等。这些信息有助于初步了解受众的心理需求和阅读偏好。

### 2. 收集受众数据

利用 AI 技术收集大量与受众相关的数据，这些数据可以来源于社交媒体互动、搜索记录、浏览历史、购买行为等多个方面。通过数据分析，可以深入挖掘受众的潜在需求和兴趣点。

### 3. 进行情感分析

AI 技术中的自然语言处理（NLP）和情感分析算法能够识别文本中的情感倾向，包括积极、消极、中立等。通过分析受众在社交媒体、评论区等渠道留下的言论，可以了解他们对特定话题或内容的情感态度。这有助于在标题中融入能激发受众共鸣或好奇心的情感元素。

【案例】假设我们是一家科技新闻网站，正在撰写一篇关于最新发布的智能手机 X 的评测文章。这款手机以其出色的摄像头性能和创新的电池技术为卖点。

（1）原始标题（无特定情感元素）。

"智能手机 X 评测：摄像头与电池技术详解"。

（2）情感分析应用。

首先，可以通过社交媒体、评论区等渠道收集公众对这款手机的初步反馈，利用情感分析算法对这些反馈进行情感倾向分类（积极、消极、中立）。

假设收集到的情感反馈分析如下。

①积极反馈：多数用户提到"拍照效果惊艳""电池续航超强，一天不用充电""设计时尚，手感好"。

②消极反馈：少数用户反映"价格略高""系统界面不够个性化"。

③中立反馈：部分用户表示"性能稳定，符合预期"。

（3）融入情感元素的标题设计。

基于上述情感分析，可以设计几个不同情感倾向的标题来吸引不同类型的受众。

①积极情感倾向。

▶"震撼发布！智能手机X摄像头性能让专业摄影师都惊叹不已"。

▶"告别电量焦虑！智能手机X超长续航让你畅玩无忧"。

这些标题通过强调产品的积极特性（如摄像头性能和电池续航），激发了受众的好奇心和购买欲望，特别适合那些对新技术和性能提升感兴趣的受众。

②轻微负面对比，突出优势。

"虽价格不菲，但智能手机X的拍照与续航实力让每一分钱都花得值！"

这个标题通过先提及一个可能的负面因素（价格高），然后迅速转向强调产品的独特优势（拍照和续航），适合那些对性价比有较高要求的受众，同时也激发了他们的探索欲。

③中立但引人深思。

"智能手机X：稳定性能背后的创新故事，你了解多少？"

这个标题虽然情感倾向中立，但通过提出一个引人深思的问题（创新故事），激发了受众的好奇心，促使他们进一步了解产品背后的故事和细节。

通过情感分析，可以更准确地把握受众对特定话题或产品的情感态度，从而在标题设计中融入能激发受众共鸣或好奇心的情感元素。这不仅能够提高文章的点击率和阅读量，还能更好地满足受众的信息需求，增强品牌与受众之间的互动和连接。

### 4. 构建心理模型

基于收集到的数据和情感分析结果，AI可以构建目标受众的心理模型。这个模型将涵盖受众的关注点、痛点、兴趣点以及信息接收偏好等多个方面。通过心理模型，可以更准确地把握受众的心理需求，为创作标题提供有力支持。

### 5. 生成创意标题

利用AI的创意生成功能，结合心理模型，自动生成一系列符合受众心理的标题建议。这些标题可能包含热点词汇、情感触发词、悬念元素等，旨在吸引受众点击阅读。同时，AI还可以根据标题的生成效果进行实时调整和优化，确保最终生成的标题具有最大的吸引力。

**【案例】 利用AI创意生成功能为"智能家居安全新突破"文章打造吸引眼球的标题**

（1）初始情境。

一家科技公司宣布了一项关于智能家居安全技术的重大创新，旨在解决用户日益增长的对于家居隐私与安全的担忧。这项技术通过先进的加密手段、智能监测与即时警报系统，为现代家庭提供了前所未有的安全保障。

（2）AI创意生成过程。

①热点词汇捕捉：AI首先分析当前科技、安全领域的热门话题，识别出"智能家居""隐私保护""安全技术"等关键词作为标题的基础元素。

②情感触发词融合："安心""无忧""守护"等词汇被 AI 挑选出来，用以激发读者对于家庭安全保护的渴望和信任感。

③悬念元素构建：为了增加标题的吸引力，AI 引入了"揭秘""革新""前所未有的"等词汇，制造悬念，让读者好奇新技术到底有何不同。

④实时调整与优化：基于初步生成的几个标题选项，AI 通过模拟用户反馈、关键词搜索量分析以及社交媒体趋势预测，不断迭代优化。例如，比较"智能家居安全新突破：揭秘前所未有的守护之道"与"您的家，从此安心无忧：智能家居安全技术的革新之旅"，最终选择后者作为标题，因为它在传达信息的同时，更加直接地触达了用户对于安全感的心理需求。

（3）最终标题建议。

"您的家，从此安心无忧：智能家居安全技术的革新之旅"

这个标题不仅包含热点词汇"智能家居""安全技术"，还巧妙地融入了情感触发词"安心无忧"和悬念元素"革新之旅"，有效地吸引了目标受众的注意，激发了他们的阅读兴趣。

### 6. 测试与优化

在标题生成后，可以通过 A/B 测试等方法对标题的效果进行测试。AI 技术能够实时分析测试数据，如点击率、停留时间等，从而评估不同标题的吸引力。根据测试结果，可以进一步优化标题，使其更加符合受众的心理需求。

### 7. 结合人工审核

虽然 AI 技术在辅助创作标题方面具有显著优势，但人工审核仍然是不可或缺的一环。通过人工审核，可以确保标题的准确性和合规性，避免出现误导性信息或不当用词。同时，人工审核还可以结合创作者的创意和直觉，对 AI 生成的标题进行进一步优化和完善。

## 子任务 3.3.5 使用 AI 进行文案标题创作实现内容的差异化与个性化

在追求文案标题的差异化与个性化道路上，AI 技术以其强大的数据处理与智能分析能力，提供了前所未有的创作工具和策略。通过精准捕捉受众的个性化需求，结合市场竞争的差异化分析，AI 助力我们打破常规，创造出既独特又引人入胜的标题内容。

### 1. 个性化推荐与定制

（1）用户画像构建：AI 通过分析用户的浏览历史、搜索记录、购买行为等数据，构建出详细的用户画像。这些画像反映了用户的兴趣、偏好和需求，为个性化标题创作提供了基础。例如，某位用户频繁搜索并购买运动服饰，系统可能判断该用户对运动健身有较高兴趣，并将其归类为"运动爱好者"群体。

（2）定制化标题生成：基于用户画像，AI 能够生成符合用户个性化需求的标题。这些标题可能包含用户感兴趣的关键词、热点话题或情感元素，从而吸引用户的注意力。例如，对于上述"运动爱好者"用户，当平台推荐运动鞋时，标题可能会特别强调"专业跑步鞋""轻质透气""增强缓震"等吸引该用户群体的关键词，甚至融入当前流行的运动趋势或热点话题，如"潮流跑鞋，助力你的马拉松之旅"。这种定制化标题不仅更符合用户的个性化需求，还能有效提升点击率和转化率，因为用户更有可能被与自己兴趣紧密相关的内容所吸引。

### 2. 差异化策略

（1）分析竞品与市场：AI 能够分析市场上同类文案的标题特点，识别出常见的套路和模式。通过对比和差异化，AI 可以生成独特且引人注目的标题，避免与竞品雷同。

（2）创新元素融入：AI 在生成标题时，可以融入新颖的观点、独特的角度或创新的表达方式。这些创新元素能够提升标题的吸引力，使内容在众多信息中脱颖而出。

### 3. 实时优化与调整

（1）效果监测：AI 能够实时监测标题的表现数据，如点击率、转化率等。通过数据分析，AI 可以评估标题的吸引力，并发现潜在的问题和改进空间。

（2）动态调整：基于效果监测的结果，AI 可以自动调整标题的关键词、句式或情感色彩等要素。这种动态优化的能力确保了标题的持续吸引力和竞争力。

### 4. 多样化创作

（1）风格多样：AI 不仅能够生成标准化的标题模板，还能根据不同的内容类型、受众群体和场景需求，创作出多样化的标题风格。这包括正式与非正式、严肃与幽默、直接与含蓄等多种风格。

（2）内容创新：AI 在生成标题时，可以结合最新的时事热点、行业趋势或用户兴趣点，创作出具有时效性和创新性的内容。这种内容创新能够提升标题的吸引力和传播力。

### 5. 结合人工审核与创意

（1）人工审核：虽然 AI 在标题创作方面具有显著优势，但人工审核仍然是确保标题准确性和合规性的重要环节。通过人工审核，可以及时发现并纠正 AI 生成的标题中可能存在的问题。

（2）创意融合：在 AI 生成标题的基础上，创作者可以结合自身的创意和直觉，对标题进行进一步的优化和完善。这种创意融合能够提升标题的独特性和吸引力，使其更加符合受众的心理需求。

**【案例】**　　　　**新闻标题差异化策略在科技报道中的应用**

一家科技新闻网站"未来视界"正面临着激烈的市场竞争，众多同行都在报道同一批新兴科技产品或技术突破，如某家科技公司新发布的智能穿戴设备。为了在众多报道中脱颖而出，吸引更多读者的注意，"未来视界"决定采用 AI 辅助的差异化策略来优化其新闻标题。

实施过程如下。

（1）分析竞品与市场。

AI 系统首先抓取并分析市场上主要竞争对手针对该智能穿戴设备发布的新闻标题，识别出普遍采用的关键词和表达方式，如"震撼发布""未来科技""革新体验"等。

通过大数据分析，AI 发现大多数标题都集中在强调产品的技术创新和用户体验上，但缺乏独特的视角和深度解析。

（2）创新元素融入。

基于上述分析，"未来视界"的 AI 系统开始构思新的标题，力求在保持信息准确性的同时，融入新颖的观点和独特的角度。

最终，AI 生成了这样一个标题："从健康监测到生活伴侣：××智能穿戴设备如何重新定义人机交互边界？"这个标题不仅包含产品的核心功能（健康监测），还提出了一个新的概念"生活伴侣"，并探讨了该产品如何影响并改变人们的日常生活，从而引发读者的好奇心和探索欲。

（3）效果对比。

相比竞品，这个标题更加独特且引人深思，成功吸引了大量读者的点击和阅读。

读者反馈显示，他们对这种深入解析产品对生活影响的角度非常感兴趣，认为这样的报道更加有深度和前瞻性。

随着点击量的增加，"未来视界"的这篇报道迅速在社交媒体上传播开来，进一步提升了网站的品牌影响力和读者黏性。

此案例展示了 AI 在新闻标题差异化策略中的有效应用，通过深度分析和创新融合，帮助媒体机构在竞争激烈的市场中脱颖而出。

## 项目小结

本项目专注于新媒体文案标题创作的核心环节，深入剖析了标题在新媒体环境中的重要性及其对受众注意力的影响，明确了其在内容营销中的战略地位。通过掌握有效标题的创作原则与技巧，我们加深了对标题与受众心理互动关系的理解，并实践了多种创新及多样化的标题创作方法。另外，本项目还探索了 AI 技术在文案标题创作中的前沿应用，展示了 AI 如何辅助创作、测试及优化标题，为提升新媒体文案的吸引力和传播力开辟了新路径。本项目为新媒体从业者提供了标题创作的全面指导与实战经验。

## 课后作业

1. 请分析新媒体文案标题"震惊！这款 App 竟能让你每天多赚一杯咖啡钱！"对受众注意力的影响。

2. 请应用创新的标题技巧创作三个不同风格的标题。

3. 请探索 AI 辅助标题创作的可能性，并设想一个应用场景。

# 项目 4　新媒体文案正文写作

在新媒体时代，吸睛的正文成为连接读者与品牌情感的纽带，更是信息传递的核心。这不仅是对创作者语言表达能力的考验，还体现了沟通的艺术与策略思维。深入洞察目标受众的心理，敏锐捕捉语境变化，是每位文案创作者必备的能力，通过精心设计的正文，将品牌信息深刻而生动地传递给每一个读者，实现情感共鸣与信息传播的双重目标，奠定品牌成功传播的坚实基础。

在本项目中，将专注于新媒体文案正文的结构设计与创作策略。我们将学习如何构建引人入胜的文案结构，把握语言的魅力，遵循基本原则确保信息的有效传递。通过掌握不同风格的写作技艺，培养多样化的写作手法，丰富文案的表达形式。同时，探索 AI 技术在文案创作中的应用实践，利用其智能分析和效果测试功能，优化文案，提升传播效果。通过对本项目的深入学习与实践，读者将掌握新媒体文案正文的高效写作方法，运用 AI 工具进行创新性创作，创作出具有深度、广度和温度的文案，为品牌传播和内容营销注入新活力。

## 任务 4.1　新媒体文案正文的结构设计与基本原则

### ○ 任务描述 ○

一个精心设计的文案结构，能够引导读者顺畅地接收信息，而遵循基本原则则能确保信息的有效传达与情感共鸣的实现。因此，本任务将带领读者深入探索新媒体文案正文的结构设计与基本原则，为后续的文案创作奠定坚实的基础。

### ○ 任务目标 ○

▶ 认识新媒体文案正文的结构组成。
▶ 掌握新媒体文案的写作原则。

### ○ 相关知识 ○

#### 子任务 4.1.1　认识新媒体文案正文的结构组成

新媒体文案正文是整个文案的核心，它不仅拓展了标题，还详细阐述了核心内容。用户通过正文了解信息全貌、作者观点、产品详情和活动情况，从而产生心理和行为反应。新媒体文案正文结构包括开头、主体和结尾三个部分，如图 4-1 所示。

### 1. 开头

正文的开头，是读者与文案初次相遇的瞬间，也是决定读者是否继续深入探索的关键一步。它如同电影的预告片，需在极短的时间内吸引读者的注意力，激发其探索欲。在新媒体文案中，开头的作用更为显著，它不仅要承接标题的引导，还需迅速构建起读者对内容的期待感。

图 4-1　新媒体文案正文结构

优秀的开头往往具备以下几个特点。

（1）简洁明了，快速切入主题，避免冗长铺垫。

（2）富有创意，通过新颖的角度或独特的表达方式吸引读者注意。

（3）情感共鸣，触动读者内心深处的情感点，拉近与读者的距离。

例如，一篇以"热爱"为主题的新媒体文案，开头这样写道："在这个纷扰复杂的世界里，每个人都在寻找着属于自己的那片净土，一片能让心灵得以栖息、让灵魂得以自由舞蹈的天地。有人说，最好的生活，莫过于奔走在自己的热爱里，这不仅是对生活最纯粹的向往，更是对生命最深情的告白。"这样的开头既点明了主题，又通过情感引导，激发了读者继续阅读的兴趣，如图 4-2 所示。

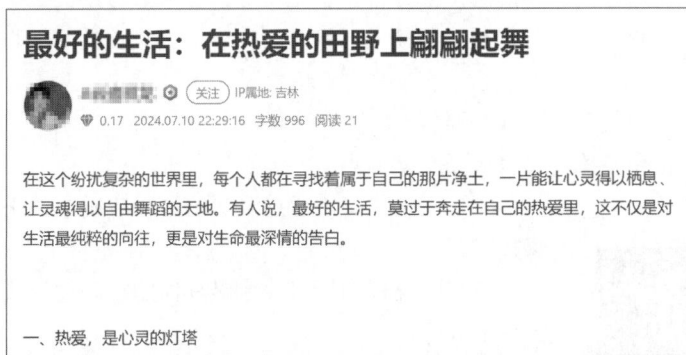

图 4-2　一篇以"热爱"为主题的新媒体文案开头

### 2. 主体

正文主体，是文案的核心部分，也是传递价值、展现品牌魅力的主战场。在这里，文字、图片、视频、音频等多种内容形式交织在一起，共同构建了一个丰富多彩的信息世界。主体部分的信息量较大，但并非无序堆砌，而是围绕一个或多个核心点展开，通过翔实的事实、有力的论据、生动的案例等，支撑起文案的核心内容。

在撰写主体部分时，需要注意以下几点。

（1）逻辑清晰，条理分明，确保信息的传递有序且高效。

（2）内容丰富多样，结合多种表现形式，提升文案的可读性和吸引力。

（3）注重情感投入，通过讲述故事、分享经验等方式，增强文案的感染力。

例如，在一篇旅游推广文案中，主体部分详细介绍了目的地的自然风光、人文特色、美食体验等，同时穿插游客的真实反馈和精彩瞬间，让读者仿佛身临其境，感受到旅行的乐趣与魅力，如图 4-3 所示。

图 4-3　一篇旅游推广文案的正文部分

### 3. 结尾

正文的结尾，是对全文内容的总结与升华，也是引导读者采取行动的关键时刻。在营销文案中，结尾部分往往承载着广告信息、行动号召等重要内容，其设计的好坏直接影响文案的转化效果。

一个好的结尾应该具备以下几个要素。

（1）简洁有力，用精练的语言概括全文要点。

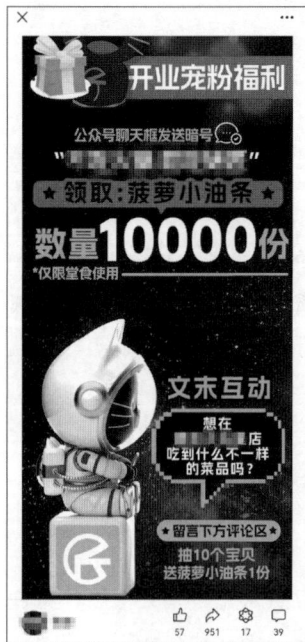

图 4-4　一篇新媒体营销文案
的结尾部分

（2）情感共鸣，通过温暖的话语或励志的寄语激发读者的情感共鸣。

（3）明确行动号召，给出具体的行动建议或优惠信息，鼓励读者采取行动。

例如，某餐饮企业发布的一篇新媒体营销文案，巧妙地在结尾亮出"开业宠粉福利"，并设置"文末互动"环节，双管齐下，既以优惠激发顾客参与热情，又以互动增强用户黏性，有效吸引顾客踊跃参与活动，如图 4-4 所示。

### 子任务 4.1.2　掌握新媒体文案正文的写作原则

新媒体文案正文写作只要围绕文案的核心内容和重点诉求呈现完整的信息即可，如果能形成话题效应，并促使用户产生相应的行动就最好了。新媒体写作人员可根据实际需求灵活安排正文内容、结构、叙述方式等，但在写作过程中应遵循新媒体文案正文写作的三项基本原则。

#### 1. 突出主题

在新媒体文案的创作过程中，面对海量的信息量和有限的用户注意力，如何确保文案直击心灵，关键在于突出主题。主题是文案的灵魂,是吸引并留住用户的第一要素。文案创作者需明确文案的核心诉求点或利益点,并通过精练的语言精准传达。

以一篇标题为"熬夜之后去健身,可能得不偿失"的新媒体文章为例,该文章主题鲜明地警示读者熬夜后健身的潜在危害。文章核心部分,作者以精练的语言深入剖析了熬夜后身体机能下降,此时健身非但无益反而有害的科学依据,有力强化了"熬夜健身有害健康"的核心观点,使读者一目了然,深受警醒,如图 4-5 所示。

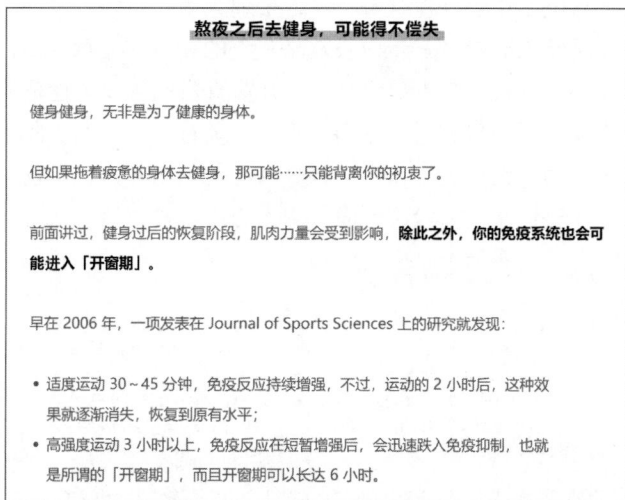

**熬夜之后去健身,可能得不偿失**

健身健身,无非是为了健康的身体。

但如果拖着疲惫的身体去健身,那可能……只能背离你的初衷了。

前面讲过,健身过后的恢复阶段,肌肉力量会受到影响,**除此之外,你的免疫系统也会可能进入「开窗期」**。

早在 2006 年,一项发表在 Journal of Sports Sciences 上的研究就发现:

- 适度运动 30～45 分钟,免疫反应持续增强,不过,运动的 2 小时后,这种效果就逐渐消失,恢复到原有水平;
- 高强度运动 3 小时以上,免疫反应在短暂增强后,会迅速跌入免疫抑制,也就是所谓的「开窗期」,而且开窗期可以长达 6 小时。

图 4-5　新媒体文章"熬夜之后去健身,可能得不偿失"的正文部分

## 2. 信息完整

信息完整性是新媒体文案写作不可或缺的另一大原则。在追求内容精练的同时,文案必须确保所提供的信息全面、准确、详尽。以一款智能手表产品的推广文案为例,除了展示产品的外观设计、智能功能、续航时间等核心卖点外,详尽的参数信息也不容忽视,这些数据确保了消费者对产品性能的全面了解,如图 4-6 所示。同样,在探讨社会议题的文案中,深入剖析问题的历史背景、现状影响及未来趋势,能加深读者的理解,使其更易接受作者的观点。

**参数信息**

| 品牌 | Huawei 华为 | 型号 | HUAWEI WATCH GT 4 |
| --- | --- | --- | --- |
| 上市时间 | 2023-09-25 | 功能 | 测体温 心率监测 血氧检测 防水 |
| 表带材质 | 黑色氟橡胶,棕色真皮,绿色复合编织 | 连接方式 | 蓝牙连接 |
| 生产企业 | ××××有限公司 | 智能类型 | 其他智能 |
| 保修期 | 12个月 | 通讯类型 | 不可插卡 |
| 表盘形状 | 圆形 | 操作系统 | HarmonyOS 4 |
| 表系列 | 【氟橡胶表带套餐】G T4 41mm凝霜白+冰… | | |

图 4-6　某智能手表产品文案中的参数信息

要实现信息的完整性，新媒体写作人员需要不断提升自身的认知能力、信息搜集能力、信息整理能力和信息使用能力。通过深入研究产品特性、市场趋势和用户需求，广泛搜集相关资料，精准筛选有效信息，并以最恰当的方式融入文案之中，使内容既精炼又饱满。

**3. 条理清晰**

条理清晰是新媒体文案写作的基本要求之一。文案的结构应合理布局、层次分明，信息组织需遵循一定的逻辑顺序，以便于用户快速理解和吸收。在论证性文章中，更应注重论据的合理安排和严密论证，确保整个论述过程逻辑严谨、条理分明。

以一篇标题为"职场新人必看：三步成长攻略！"的新媒体文章为例，作者采用了"总分总"的经典结构进行撰写，如图 4-7 所示。该文章开篇直击职场新人迷茫痛点，随后精准提炼三大成长策略，每一点均辅以详尽解析，助力新人稳步前行。文章结构紧凑有序，逻辑链条环环相扣，既清晰又具说服力。结尾处，作者以鼓舞人心的话语作结，不仅总结了全文精髓，更为读者注入满满正能量，整体阅读体验深刻而鼓舞人心。

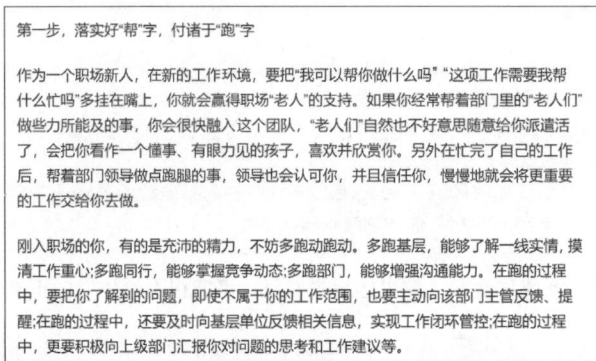

第一步，落实好"帮"字，付诸于"跑"字

作为一个职场新人，在新的工作环境，要把"我可以帮你做什么吗""这项工作需要我帮什么忙吗"多挂在嘴上，你就会赢得职场"老人"的支持。如果你经常帮着部门里的"老人们"做些力所能及的事，你会很快融入这个团队，"老人们"自然也不好意思随便给你派遣活了，会把你看作一个懂事、有眼力见的孩子，喜欢并欣赏你。另外在忙完了自己的工作后，帮着部门领导做点跑腿的事，领导也会认可你，并且信任你，慢慢地就会将更重要的工作交给你去做。

刚入职场的你，有的是充沛的精力，不妨多跑动跑动。多跑基层，能够了解一线实情，摸清工作重心；多跑同行，能够掌握竞争动态；多跑部门，能够增强沟通能力。在跑的过程中，要把你了解到的问题，即使不属于你的工作范围，也要主动向该部门主管反馈、提醒；在跑的过程中，还要及时向基层单位反馈相关信息，实现工作闭环管控；在跑的过程中，更要积极向上级部门汇报你对问题的思考和工作建议等。

图 4-7　某新媒体文章的正文主体部分

## 任务 4.2　新媒体文案正文写作技巧与案例

### ─○ 任务描述 ○─

新媒体文案正文是传递信息、塑造氛围、激发行动的关键。它要求文案创作者不仅要精准呈现核心内容，更要通过巧妙的写作技巧，让文案生动、有说服力。本任务将带领读者深入学习这些技巧，使文案能够更好地吸引读者、传达观点，并有效引导用户行动。

### ─○ 任务目标 ○─

▶ 掌握新媒体文案正文写作技巧。
▶ 掌握不同风格的新媒体文案写作技巧。

### ─○ 相关知识 ○─

### 子任务 4.2.1　掌握新媒体文案正文写作技巧

在新媒体环境下，文案正文不仅是信息的载体，更是品牌与用户沟通的桥梁。不同类型的文案虽各有侧重，但掌握通用的写作技巧，对于提升文案的吸引力和商业价值至关重要。以下是文案正文写作的 5 大核心技巧，如图 4-8 所示。

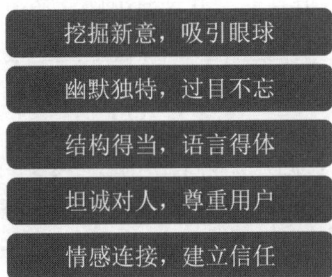

挖掘新意，吸引眼球

幽默独特，过目不忘

结构得当，语言得体

坦诚对人，尊重用户

情感连接，建立信任

图 4-8　新媒体文案正文写作的技巧

### 1. 挖掘新意，吸引眼球

在当今这个信息爆炸的时代，每日海量资讯如潮水般涌向大众，但每个人的注意力都是有限的。用户倾向于在众多信息中筛选出那些独特且富有价值的内容进行深入阅读和关注。因此，新媒体写作者若想让自己的文案脱颖而出，吸引并留住用户的眼球，就必须在创新上下功夫。

创新，是文案脱颖而出的关键。写作者须具备敏锐的洞察力和发散性思维，不断寻找与同类文案的差异点，以独特的视角和表达方式呈现内容。这要求写作者养成多角度、多维度思考的习惯，善于捕捉并记录下每一个灵感的火花。同时，勇于挑战常规，学会从反向思考问题，深入探究事物的本质与内涵，将那些看似不相关的元素巧妙融合，创造出令人耳目一新的文案创意。

以甲壳虫汽车的新媒体文案《新甲壳虫，过目难忘》为例，该文案成功地在众多汽车广告中脱颖而出，如图 4-9 所示。作者没有拘泥于传统的产品性能介绍，而是从受众的情感需求出发，巧妙地以甲壳虫车独特的车身弧线为切入点，通过细腻的笔触描绘出受众对美好生活的热爱与向往。这种新颖的视角和深刻的情感共鸣，不仅展现了产品的独特魅力，更在用户心中留下了难以磨灭的印象。

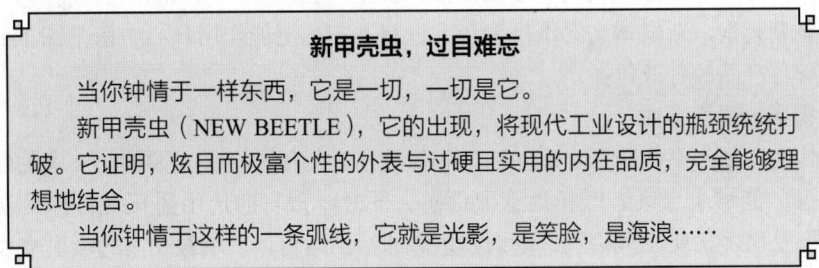

**新甲壳虫，过目难忘**

当你钟情于一样东西，它是一切，一切是它。

新甲壳虫（NEW BEETLE），它的出现，将现代工业设计的瓶颈统统打破。它证明，炫目而极富个性的外表与过硬且实用的内在品质，完全能够理想地结合。

当你钟情于这样的一条弧线，它就是光影，是笑脸，是海浪……

图 4-9　甲壳虫汽车的新媒体文案

### 2. 幽默独特，过目不忘

在吸引用户深入阅读正文的过程中，除了内容的关联性和价值外，趣味性同样扮演着举足轻重的角色。幽默，作为提升文案趣味性的绝佳手段，能够有效激发用户的兴趣，让信息更加深入人心。

例如，某款智能咖啡机产品的文案正文内容，如图 4-10 所示。该文案通过幽默风趣的语言，将智能咖啡机的日常功能巧妙包装成一场"晨间喜剧"，不仅展现了产品的独特卖点（如个性化口味定制、心情匹配功能、社交分享等），还通过"咖啡笑话""喜剧演员"等幽默元素，极大地提升了文案的趣味性和吸引力。同时，文案中自然融入的个性化内容，让消费者能够想象到使用这款咖啡机带来的非凡体验，从而激发购买欲望。

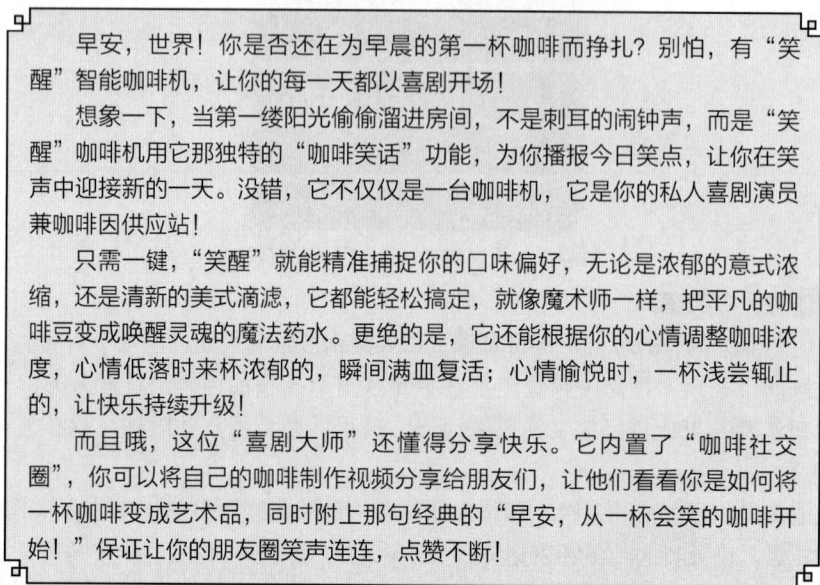

> 早安，世界！你是否还在为早晨的第一杯咖啡而挣扎？别怕，有"笑醒"智能咖啡机，让你的每一天都以喜剧开场！
>
> 想象一下，当第一缕阳光偷偷溜进房间，不是刺耳的闹钟声，而是"笑醒"咖啡机用它那独特的"咖啡笑话"功能，为你播报今日笑点，让你在笑声中迎接新的一天。没错，它不仅仅是一台咖啡机，它是你的私人喜剧演员兼咖啡因供应站！
>
> 只需一键，"笑醒"就能精准捕捉你的口味偏好，无论是浓郁的意式浓缩，还是清新的美式滴滤，它都能轻松搞定，就像魔术师一样，把平凡的咖啡豆变成唤醒灵魂的魔法药水。更绝的是，它还能根据你的心情调整咖啡浓度，心情低落时来杯浓郁的，瞬间满血复活；心情愉悦时，一杯浅尝辄止的，让快乐持续升级！
>
> 而且哦，这位"喜剧大师"还懂得分享快乐。它内置了"咖啡社交圈"，你可以将自己的咖啡制作视频分享给朋友们，让他们看看你是如何将一杯咖啡变成艺术品，同时附上那句经典的"早安，从一杯会笑的咖啡开始！"保证让你的朋友圈笑声连连，点赞不断！

图 4-10　某款智能咖啡机产品的文案正文内容

在新媒体文案正文中增加幽默元素，提升正文的趣味性，有以下 4 种常用的手法。

（1）曲解原意法：通过对经典语句或词汇进行新颖而幽默的解读，创造出意想不到的效果。

（2）制造反差法：通过构建出乎意料的情境对比，引发用户的认知冲突与笑声。

（3）歪理错位法：运用非传统逻辑，展现一种荒诞而有趣的思考方式。

（4）自嘲法：以自我调侃的方式展现品牌的谦逊与自信，拉近与用户的距离。

在运用这些幽默手法时，关键在于自然流畅，避免生硬植入，确保幽默元素与文案整体风格和谐统一。同时，务必坚守底线，避免低俗、冒犯性的内容，确保幽默的高雅与得体。通过精心设计的幽默元素，新媒体文案不仅能让人过目不忘，更能在用户心中留下深刻而美好的印象，促进品牌与产品的有效传播。

### 3. 结构得当，语言得体

在新媒体文案创作中，选择合适的结构和保持语言得体是至关重要的。文案的结构应该清晰、逻辑性强，能够引导读者顺畅地获取信息。同时，语言的选用需符合目标受众的理解水平，既要通俗易懂，又要注重语气、语调和语态的恰当运用，以增强文案的吸引力和易读性。

例如，一篇标题为"好的婚姻都有一点江湖气"的新媒体文章，如图 4-11 所示。该文章开篇即以一则视频情节为引子，巧妙切入婚姻议题，引人入胜。随后，作者娓娓道来与伴侣的温情故事，深入剖析婚姻中的"义气"内涵。文末，总结点睛，升华主题，给予读者深刻启迪。全文采用"引入—展开—总结"的清晰结构，不仅凸显主旨，更激发读者深思，大幅增强了文章的吸引力和传播效果。

### 4. 坦诚对人，尊重用户

在新媒体文案创作中，建立一种坦诚交流的风格至关重要。将用户视为朋友，并在文案中真诚地表达对他们需求的理解和尊重，可以增强信任感和亲密度。正文应该传递真实可靠的信看到这一幕，我有些动容。这位丈夫用他的实际行动，诠释了婚姻里真正的陪伴与支持。想起一句话：“好的婚姻都有一点江湖气。”那是一种义气，也是真爱可抵世间万难的勇气。

我和我家先生老周刚在一起时，什么都没有。婚礼上他为没有给我彩礼和三金而感到愧疚。他说：“别人结婚，好歹有个婚戒，而我什么都没有给你！”我说：“没关系的，我们有以后，日子长长，可以慢慢经营好的婚姻。而且我不也看重这个，你婚前给予我和我家人的关心和帮助比一个婚戒重要。我妹妹有困难时，我不能及时赶回老家解决问题，你挺身而出的样子，就是好的彩礼。”

婚后我和老周是夫妻也是朋友。我们一起经历柴米油盐酱醋茶的琐碎洗礼，也经历生养孩子的艰辛历程。为了买房子，我们背负了高昂的房贷，在双方的事业出现波折时，也会互相鼓励和支持。我们的父母都有各自的困难，不能及时给予我们小家帮助，唯有我们夫妻一条心，才能应对生活的所有不易。累了就互相抱抱，倦了就回家做一顿热气腾腾的饭菜，一起三餐四季滋养身心。谁有个头疼脑热，另一个就陪着去看医生，抓药付钱，跑前忙后，没有一句怨言。

我们说好这辈子要共同面对生活的压力，抱着“兵来将挡水来土掩”的心态解决人生路上的坎坷风雨，也会在岁月静好里分享彼此的喜怒哀乐。没有谁主内谁主外，而是根据婚姻家庭每个阶段的实际需要，合理分工，为小家的美好未来保驾护航。

我工作忙碌时，他就多顾一点家庭；他为事业奔波时，我就照顾大本营，一边顾家，一边读书、写作。钱钟书先生说：“婚姻是一座围城，城外的人想进来，城里的人想出去。”但我想真正美好的婚姻，它并非一座禁锢自由、终结爱情的围城，而是一座由爱和扶持搭建起来的避风港。

图 4-11　新媒体文章“好的婚姻都有一点江湖气”的正文主体部分

息，避免夸张或虚假内容，以免误导读者。过度的自信展示、指责或讽刺用户可能会引发反感，损害品牌形象。相反，以平等、尊重的态度与用户沟通，能够促进良好的用户关系，增强文案的吸引力和影响力。

例如，一家专注于天然健康食品的品牌，希望通过其社交媒体平台推广其最新推出的无糖代餐产品，同时强调品牌对用户健康需求的深刻理解与尊重。此文案通过坦诚的语言风格，尊重并理解用户对健康食品的真实需求，避免了夸大宣传，同时展现了品牌对用户健康的深切关怀，有效增强了用户的信任感和品牌亲密度。文案内容如图 4-12 所示。

🍁【早安，健康从心开始】🍁

亲爱的朋友们，👋

在这个快节奏的时代，我们深知每一份对健康的追求都不易。🏃‍♀️💨正是这份不易，让我们更加坚定了为你们带来真正好产品的决心。🌱

🌈新品揭秘——我们的无糖代餐系列，不仅仅是一顿饭的替代，更是我们对你们生活方式的温柔拥抱。🍽️我们深知，糖分控制对于许多人来说，是保持健康体态与活力的重要一环。因此，我们精心研发，确保每一口都是自然的馈赠，无负担的享受。🍎🍃

💖坦诚以对——我们承诺，所有成分均源自天然，无添加任何人工色素或防腐剂。因为我们相信，真正的健康不需要华丽的伪装，只需纯粹的坚持。💪我们也明白，每个人的身体都是独一无二的，所以我们的产品提供多种口味选择，只为满足你独一无二的味蕾与健康需求。🌈

🚫拒绝夸大——我们不会告诉你“吃了就能瘦十斤”的奇迹，因为那不符合科学，更不尊重你的努力。我们相信，健康是日积月累的结果，是每一次正确选择的累积。📈

图 4-12　某健康食品品牌的新媒体文案正文内容

> 🐬 携手同行——在这条健康之路上，我们不仅是产品的提供者，更是你们最坚实的后盾。如果你有任何疑问或建议，欢迎随时向我们倾诉，我们定当以最快的速度、最真诚的态度回应。💌
>
> 让我们一起，以坦诚之心，尊重每一份对健康生活的追求。🐚

图 4-12 （续）

### 5. 情感连接，建立信任

在新媒体文案创作过程中，创作者需要通过文字与用户建立情感上的联系，激发用户的信任感。这种信任感是文案能够成功变现的关键，因为它能够让用户对文案的内容产生认同和信赖。为了培养这种信任，创作者必须巧妙地运用情感或理智的引导，让自己的情感与用户产生共鸣，逐步建立起用户对作者或文案的信任。

例如，某微信公众号文案中，针对"老粉"开展福利活动，其目的就在于与老用户建立更加紧密的情感连接和信任，如图 4-13 所示。

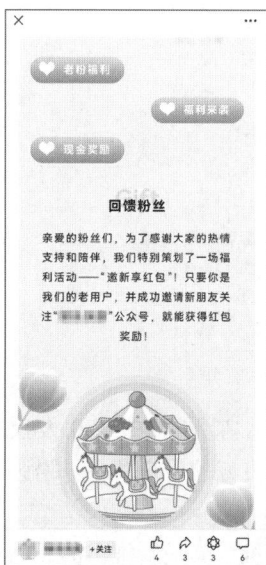

图 4-13 与老用户建立情感连接和信任的微信公众号文案

## 子任务 4.2.2 掌握不同风格的新媒体文案写作技巧

在市场营销和品牌传播中，文案写作是连接产品与消费者情感与认知的桥梁。不同的文案风格能够触达不同需求的受众，增强信息传递的效果，从而促进产品的销售和品牌形象的塑造。下面将深入探讨 4 种主流的文案写作风格——正式专业、轻松幽默、浪漫情感与创意科幻，并通过实际案例，以"推广一款新上市的健康饮品"为主题，详细解析每种风格的特点及运用。

### 1. 正式专业风格

正式专业风格的文案以严谨、准确、权威为特点，常用于科技产品、金融服务、专业医疗器械等领域的推广。这种风格强调产品的专业性、技术含量及安全性，通过详细的数据、专业术语和官方认证来建立信任感。它的语调平实，逻辑清晰，目标受众为理性消费者或行业专业人士。

正式专业风格的新媒体文案推广示例，如图 4-14 所示。该文案通过权威的数据背书、专业的描述和明确的目标受众定位，成功塑造了清源活力饮专业、可靠的品牌形象，有效触达了注重健康、追求品质的消费者群体。

> **健康新选择，清源活力饮引领健康饮品新风尚**
>
> 在日益重视健康生活的今天，我们精心研发的清源活力饮，正式登陆市场。
>
> 本品严选全球优质天然原料，融合传统养生智慧与现代科技力量，经过多道精密工序精心调配而成。
>
> 清源活力饮不仅符合国际最严食品安全标准，更以科学配比，为身体提供全面而均衡的营养支持。
>
> 它不仅是都市白领高效工作的能量源泉，也是健身爱好者恢复体力的最佳伙伴，更是追求高品质生活人群的日常必备。
>
> 选择清源，就是选择一种健康、科学、可持续的生活方式。

图 4-14 正式专业风格的新媒体文案推广示例

80

### 2. 轻松幽默风格

轻松幽默风格的文案则侧重于营造轻松愉快的阅读氛围，以诙谐、幽默的语言吸引读者的注意力。这种风格常用于快消品、社交媒体营销及年轻人市场，通过俏皮话、网络热梗、反转剧情等元素，打破常规，拉近与消费者的距离，增强互动性和记忆点。

轻松幽默风格的新媒体文案推广示例，如图 4-15 所示。该文案通过幽默诙谐的语言、夸张的表现手法和贴近年轻人生活的场景设定，成功吸引了年轻消费者的注意力，增强了品牌的亲和力和趣味性。

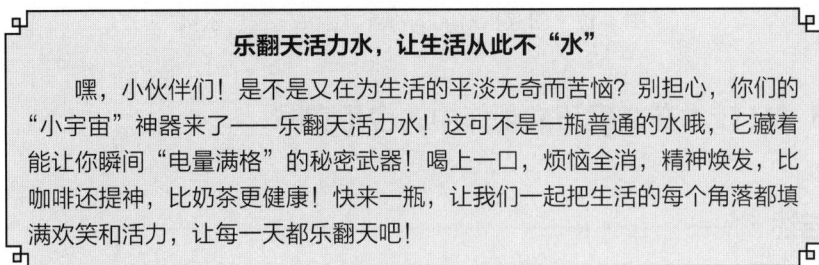

> **乐翻天活力水，让生活从此不"水"**
>
> 嘿，小伙伴们！是不是又在为生活的平淡无奇而苦恼？别担心，你们的"小宇宙"神器来了——乐翻天活力水！这可不是一瓶普通的水哦，它藏着能让你瞬间"电量满格"的秘密武器！喝上一口，烦恼全消，精神焕发，比咖啡还提神，比奶茶更健康！快来一瓶，让我们一起把生活的每个角落都填满欢笑和活力，让每一天都乐翻天吧！

图 4-15　轻松幽默风格的新媒体文案推广示例

### 3. 浪漫情感风格

浪漫情感风格的文案强调情感共鸣和温馨氛围，常用来推广珠宝、化妆品、节日礼品等能够触动人心柔软处的产品。它通过细腻的文字描绘美好场景，激发消费者的情感需求，构建产品与个人情感之间的联系，促使消费者产生购买欲望。

浪漫情感风格的新媒体文案推广示例，如图 4-16 所示。该文案通过细腻的笔触、温馨的情感表达和美好的场景描绘，成功触动了消费者的情感需求，将产品与个人的情感世界紧密相连，营造出一种浪漫而温馨的氛围。

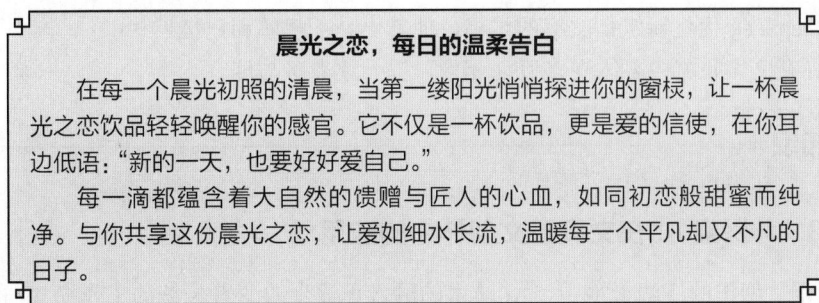

> **晨光之恋，每日的温柔告白**
>
> 在每一个晨光初照的清晨，当第一缕阳光悄悄探进你的窗棂，让一杯晨光之恋饮品轻轻唤醒你的感官。它不仅是一杯饮品，更是爱的信使，在你耳边低语："新的一天，也要好好爱自己。"
>
> 每一滴都蕴含着大自然的馈赠与匠人的心血，如同初恋般甜蜜而纯净。与你共享这份晨光之恋，让爱如细水长流，温暖每一个平凡却又不凡的日子。

图 4-16　浪漫情感风格的新媒体文案推广示例

### 4. 创意科幻风格

创意科幻风格的文案则富有想象力和未来感，将产品置于一个超现实或未来世界的背景下进行描述。这种风格常见于科技前沿产品、电子游戏、科幻电影周边等，通过奇幻的设定、先进的技术概念和超前的视觉元素，激发消费者的好奇心和探索欲，赋予产品独特的品牌形象和市场定位。

创意科幻风格的新媒体文案推广示例，如图 4-17 所示。该文案通过成功地将产品置于一个充满想象力和未来感的科幻背景下，通过"穿越时空的界限"这一引人入胜的开场，瞬间吸引了读者的注意力。这种创意科幻风格的运用，不仅让产品本身显得独特而神秘，还激发了消费者对于未知世界的好奇心，促使他们想要进一步探索这款"来自未来的饮品"。

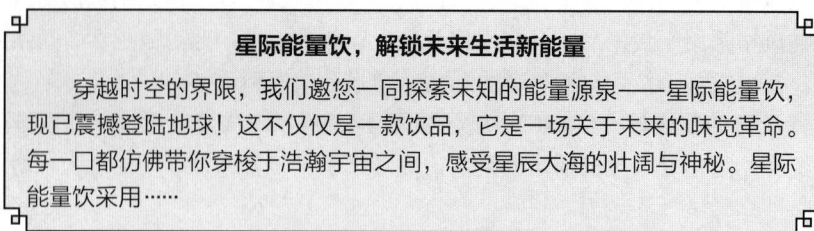

---

**星际能量饮，解锁未来生活新能量**

穿越时空的界限，我们邀您一同探索未知的能量源泉——星际能量饮，现已震撼登陆地球！这不仅仅是一款饮品，它是一场关于未来的味觉革命。每一口都仿佛带你穿梭于浩瀚宇宙之间，感受星辰大海的壮阔与神秘。星际能量饮采用……

---

图 4-17　创意科幻风格的新媒体文案推广示例

## 任务 4.3　AI 技术在文案正文创作中的应用实践

### 任务描述

随着 AI 技术的飞速发展，其在文案正文创作中的应用日益广泛。从智能分析受众偏好到自动生成精准文案，AI 不仅极大地提升了创作效率，还通过深度学习与自然语言处理技术，让文案更加贴合市场需求与消费者心理。下面将深入探讨 AI 在文案正文创作中的应用实践，揭示其如何重塑创意产业的未来格局。

### 任务目标

- ▶ 探索 AI 在文案正文创作中的应用。
- ▶ 通过文心一言了解新媒体文案开头与结尾的写作方法。
- ▶ 使用文心一言给新媒体文案润色，让内容更出彩。
- ▶ 用 DeepSeek 优化新媒体文案的结构，使其更易于理解和记忆。
- ▶ 用 AI 在文案正文中融入更多互动元素，提升读者参与度。

### 相关知识

#### 子任务 4.3.1　探索 AI 在文案正文创作中的应用

在文案正文创作的广阔天地中，AI 技术的融入正逐步改变着传统的工作模式与创作流程。AI 以其强大的数据处理能力、深度学习能力以及自然语言处理技术，为文案创作带来了前所未有的可能性与效率提升。以下是对 AI 在文案正文创作中几个关键应用领域的探索。

1. 受众分析与个性化定制

AI 通过分析海量用户数据，能够精准识别不同受众群体的兴趣偏好、消费习惯及心理需求。基于这些洞察，AI 能够生成高度个性化的文案内容，确保每一条信息都能精准触达目标受众。

【案例】　　　　使用文心一言进行受众分析与个性化定制

某家时尚电商平台计划在双十一期间推出一款限量版运动鞋，目标受众为年轻、追求潮流的 Z 世代消费者。为了更有效地吸引这群受众，平台决定利用文心一言进行文案创作，通过受众分析与个性化定制来提升文案的精准度和影响力。

（1）受众分析。

①确定目标受众。

▶ 年龄段：18 ～ 25 岁。

▶ 兴趣爱好：潮流时尚、运动健身、社交媒体活跃。

▶ 消费习惯：偏好个性化、限量版商品，愿意为品牌和品质支付溢价。

②收集受众数据。

▶ 利用平台历史数据、市场调研和社交媒体分析，收集目标受众的喜好、关注点及行为模式。

▶ 通过文心一言的语境理解能力，分析目标受众在社交媒体上的发言和互动，了解他们的情感倾向和价值观。

③构建受众画像。

▶ 基于收集到的数据，构建详细的受众画像，包括他们的兴趣爱好、购买动机、消费能力、使用场景等。

（2）个性化定制。

①设定文案目标。

▶ 提高品牌曝光度。

▶ 激发目标受众的购买欲望。

▶ 引导受众分享和转发，扩大传播范围。

②运用文心一言创作初稿。

▶ 输入关键词"双十一""限量版运动鞋""Z 世代潮流"等。

▶ 利用文心一言的 AI 创意功能，自动生成多个文案初稿，每个初稿都围绕目标受众的兴趣和痛点展开。

③精细化调整。

▶ 对每个初稿进行筛选，选择最符合受众画像和文案目标的几个版本。

▶ 利用文心一言的情感分析功能，检查文案中的情感色彩是否与目标受众的期望相符，避免负面情感的出现。

▶ 调整文案的语言风格，使其更加贴近 Z 世代的表达习惯，如使用网络热词、表情符号等。

④个性化元素融入。

▶ 在文案中融入目标受众关注的个性化元素，如"独家限量""潮流必备""社交媒体打卡神器"等。

▶ 强调产品的独特卖点，如限量版的独特设计、明星同款等，以满足受众的个性化需求。

⑤优化文案结构。

▶ 采用引人入胜的开头，如提出问题、设置悬念或引用热门话题。

▶ 清晰列出产品的核心卖点，使用列表或分点形式，便于受众快速获取关键信息。

▶ 结尾部分引导受众采取行动，如"立即抢购""分享给好友"等。

⑥预览与测试。

▶ 在小范围内预览文案，收集目标受众的反馈，并根据反馈进行必要的调整。

▶ 利用文心一言的语义解析能力，检查文案中的逻辑性和流畅性，确保无歧义或误解。

⑦正式发布与推广。

▶ 将优化后的文案正式发布到新媒体平台,如微博、微信公众号、抖音等。

▶ 搭配精美的图片或视频,提升文案的视觉吸引力。

▶ 利用社交媒体平台的广告投放功能,精准定位目标受众,提高文案的曝光度和转化率。

通过以上案例,可以看到文心一言在新媒体文案正文创作中的重要作用。通过受众分析和个性化定制,文心一言能够帮助企业精准把握目标受众的需求和喜好,创作出更具针对性和吸引力的文案,从而在新媒体平台上取得更好的营销效果。

例如,某美妆品牌利用 AI 技术,对海量用户数据进行深度剖析,发现特定年龄段的女性用户对于自然、有机的护肤产品有着极高的关注度。基于此,AI 自动生成了一系列以"自然之美,源自纯净"为主题的文案,这些文案不仅精准匹配了目标受众的偏好,还通过个性化的语言风格,成功激发了她们的购买欲望。最终,该品牌通过这一系列个性化定制的文案,实现了销售额的显著提升。

### 2. 情感智能与情感共鸣

AI 通过情感分析技术,能够理解和模拟人类的情感表达,使文案更加富有感染力和共鸣力。无论是温馨感人的情感故事,还是激励人心的励志金句,AI 都能根据品牌调性和营销目标,自动生成符合情感需求的文案内容。这种能力不仅增强了文案的吸引力,还加深了品牌与消费者之间的情感联系。

例如,一个主打温馨家庭氛围的家居品牌,利用 AI 技术创作了一系列以"家的味道,爱的传递"为主题的文案。这些文案不仅描绘了家的温馨场景,还巧妙地融入了家庭成员之间的情感交流,让人读来倍感亲切。通过 AI 的情感智能处理,这些文案成功地在消费者心中种下了品牌的种子,增强了品牌忠诚度。

### 3. 内容生成与创意激发

AI 在文案创作中的另一大亮点是内容生成与创意激发。通过深度学习算法,AI 能够学习并模仿人类作家的写作风格和语言习惯,快速生成大量高质量的文案草稿。同时,AI 还能通过算法优化和创意碰撞,为文案注入新的灵感和元素,帮助创作者突破思维局限,实现创意的飞跃。

例如,一家科技初创公司,在产品发布前,利用 AI 技术生成了一系列富有创意和科技感的宣传文案。这些文案不仅准确传达了产品的核心卖点,还通过独特的视角和表达方式,成功吸引了媒体和消费者的关注,为产品的成功上市奠定了坚实的基础。

### 4. 效率提升与成本降低

对于企业和营销团队而言,AI 在文案创作中的应用还带来了显著的效率提升和成本降低。传统文案创作往往需要耗费大量的人力、物力和时间成本,而 AI 则能在短时间内完成大量文案的生成和优化工作。这不仅减轻了创作者的负担,还使得企业能够更加灵活地应对市场变化和客户需求。以一家电商平台为例,其利用 AI 技术自动生成了数百万条商品描述和促销信息。这些文案不仅质量上乘,而且风格多样,满足了不同消费者的需求。通过 AI 的辅助创作,该电商平台不仅提升了用户体验,还实现了销售额的稳步增长。

### 5. 多语言支持与国际化传播

在全球化的今天,多语言支持已成为文案创作不可或缺的一部分。AI 通过机器翻译和跨语言生成技术,能够轻松实现文案的多语言版本制作。这不仅有助于企业拓展国际市场,还能确保文案在不同文化背景下的准确性和适应性。

例如，一家国际旅游公司利用 AI 技术将旅游产品的宣传文案翻译成多种语言版本，如图 4-18 所示。这些文案不仅保留了原文的精髓和风格，还充分考虑了目标市场的文化背景和审美习惯，成功吸引了大量国际游客的关注。通过 AI 的多语言支持功能，该旅游公司成功实现了全球化战略的布局和落地。

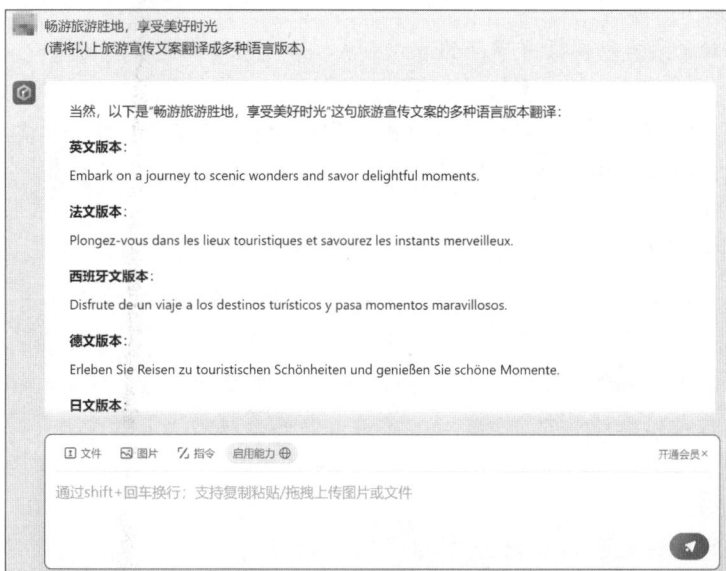

图 4-18　一家国际旅游公司利用 AI 技术将旅游产品的宣传文案翻译成多种语言版本

## 子任务 4.3.2　通过文心一言了解新媒体文案开头与结尾的写作方法

新媒体文案的开头至关重要，它是吸引读者注意力的第一道门槛，决定着文章能否被继续阅读。一个精炼、有趣或引人入胜的开头，能迅速激发读者的好奇心与阅读欲望，为整篇文案奠定成功的基调，提升传播效果与用户黏性。作为一名新媒体文案创作者，应该掌握一些常用的新媒体写作方法，如果不知道这些方法就可以向文心一言进行提问。

> **向文心一言提问：** 新媒体文案开头写作的常用方法有哪些？要求列出每种方法的应用案例。

🔵 **文心一言回复如下。**

> 新媒体文案开头写作的常用方法有很多，这些方法旨在迅速吸引读者的注意力，激发其阅读兴趣。以下是一些常用的方法及其应用案例。
>
> 1. 热点引入法
> 通过在开头引入当前热点话题、事件或人物，利用热点自带的流量和关注度来吸引读者。
>
> 应用案例：如某篇关于环保的文章开头可以这样写："近期，全球气候变化问题再次引发广泛关注，极端天气事件频发，让人们不禁思考，我们该如何行动起来，共同守护这个唯一的地球？"这样的开头通过引用热点话题，迅速拉近了与读者的距离。
>
> 2. 故事引入法
> 用简短而富有吸引力的故事作为开头，通过故事引发读者的共鸣或思考，进而引出文章的主题。

应用案例：比如一篇关于职场心态的文章可以这样开头："小明在加入新公司一年后，面临着前所未有的挑战和压力，几乎想要放弃。但一次偶然的机会，他听到了一位前辈的分享，从此改变了自己的心态，最终在职场上取得了长足的进步。"这样的开头通过讲述一个具体的故事，让读者产生代入感，进而对文章的内容产生兴趣。

3. 对话 / 提问引入法

通过模拟对话或直接向读者提问的方式开头，激发读者的思考和好奇心。

应用案例：一篇关于时间管理的文章可以这样开头："你有没有过这样的经历？每天忙忙碌碌，却感觉一事无成；计划好的事情总是被突如其来的事情打乱？其实，这可能是因为你没有掌握正确的时间管理方法。"这样的开头通过提出问题，引导读者思考自己的现状，进而对文章的内容产生兴趣。

4. 场景法

通过描述一个具体的场景来设置悬念，引发读者的好奇心和阅读欲望。

应用案例：一篇关于旅游的文章可以这样开头："清晨，当第一缕阳光穿透薄雾，照耀在古老的石板路上，你踏着轻快的步伐，穿梭在熙熙攘攘的古镇中。两旁是各式各样的店铺，空气中弥漫着诱人的食物香气。这一刻，你仿佛穿越到了另一个世界。"这样的开头通过生动的场景描述，让读者仿佛身临其境，对即将展开的旅程充满期待。

5. 开门见山法

直接点明文章的主题或核心观点，让读者一目了然。

应用案例：一篇关于健康饮食的文章可以这样开头："健康饮食是维持身体健康的重要因素之一。本文将从饮食搭配、营养摄入等方面为大家介绍如何做到健康饮食。"这样的开头简洁明了，直接告诉读者文章要讲什么，让读者能够快速了解文章的主旨。

6. 名言警句引入法

通过引用名言警句或权威观点来开头，增加文章的权威性和可信度。

应用案例：一篇关于自我提升的文章可以这样开头："爱因斯坦曾说过：'我没有什么特别的才能，我只是热情地好奇。'这句话告诉我们，好奇心是推动我们不断学习和进步的重要动力。"这样的开头通过引用名言警句，让读者对文章的主题产生认同感，并激发其阅读的兴趣。

7. 数字效应法

通过具体的数字或数据来开头，突出文章内容的价值或重要性。

应用案例：一篇关于理财的文章可以这样开头："据统计，全球有超过 70% 的人没有明确的理财计划，导致他们在经济上常常陷入困境。而本文将为你提供 10 个实用的理财建议，帮助你摆脱财务困境。"这样的开头通过具体的数字和数据，让读者意识到问题的严重性和文章内容的价值所在。

8. 自我介绍法

从第一人称的视角出发，向读者介绍自己或自己的经历，以此作为开头。

应用案例：一篇关于个人成长的文章可以这样开头："我叫小李，曾经是一个迷茫的职场新人，每天忙碌却找不到方向。但经过一段时间的反思和努力，我逐渐找到了自己的定位和发展方向。今天，我想和大家分享我的经历和心得。"这样的开头通过自我介绍和分享个人经历，拉近了与读者的距离，让读者更容易产生共鸣。

综上所述，新媒体文案开头写作的常用方法多种多样，每种方法都有其独特的魅力和应用场景。在实际写作中，可以根据文章的主题、目标读者和平台特点等因素选择合适的开头方法。

用同样的方法，向文心一言提问新媒体文案结尾的写作方法。

> **向文心一言提问：** 新媒体文案结尾写作的常用方法有哪些？要求列出每种方法的应用案例。

**文心一言回复如下。**

新媒体文案结尾的写作是吸引读者、增强文章说服力和互动性的重要环节。以下是几种常用的结尾写作方法及其应用案例。

1. 总结点题法

通过总结全文内容，重申核心观点，回应题目，从而加深读者印象。

应用案例：《认清自己》一文结尾："而人这一生，最紧要的不是关注别人，而是认清自己。"这样的结尾不仅总结了全文，还点明了主题，给读者留下深刻印象。

2. 名人名句法

在结尾处引用与文章主题相关的名人名言或金句，增加文章的权威性和说服力。

应用案例：《女人对钱的态度，决定了她的人生高度》一文结尾引用了复旦大学陈果教授的话："每个女人，都应该让自己 grow up，而不是 grow old。"这句话不仅增强了文章的说服力，也引导读者深入思考。

3. 反问法

使用反问句结尾，引发读者思考，增强文章的互动性。

应用案例：一篇关于自律的文章可以这样结尾："你真的准备好迎接自律带来的改变了吗？"这样的反问句让读者在阅读后不禁反思自己的行为。

4. 提问法

在结尾处提出问题，鼓励读者参与讨论，增加互动性。

应用案例：对于一篇关于热点话题的文章，结尾可以这样写："对于这个热点话题，你有什么看法？你觉得我们应该如何应对？"这样的提问方式能够激发读者的思考和讨论。

5. 建设性行为引导法

在结尾处提出具体的行动倡议，鼓励读者采取实际行动。

应用案例：一篇倡导环保的文章结尾可以这样写道："为了我们共同的家园，让我们从日常小事做起，减少使用一次性塑料，多使用环保产品。你准备好加入我们的行列了吗？"这样的结尾既强调了环保的重要性，又引导了读者的具体行动。

6. 悬念法

在故事性强、情节紧凑的文章中，结尾留下悬念，激发读者的好奇心和期待。

应用案例：一篇悬疑故事可以这样结尾："他突然转身，黑暗中只露出一双冰冷的眼睛。他到底是谁？又将给主角带来怎样的转折？欲知后事如何，且听下回分解。"这样的结尾让读者对后续故事充满期待。

7. 温暖情感法

在情感类、回忆性或感性表达的文章中，用温暖的语言触动读者情感，让读者感受到真诚和关怀。

应用案例：一篇回忆文章结尾可以这样写道："当我们回首过去的那段时光，那些曾经的欢笑和泪水都化成了我们人生中最宝贵的财富。愿我们都能珍惜现在，拥抱未来。"这样的结尾让读者感受到温暖和感动。

8.幽默调侃法

在严肃说理的文章中，用幽默的语言进行调侃，使读者在轻松愉快的氛围中结束阅读。

应用案例：一篇关于压力管理的文章可以这样结尾："所以我现在虽然忙碌着，但乐在其中，毕竟谁不想在压力山大的时候还能笑得出来呢？当然，笑过之后，还是要继续努力哦！"这样的结尾既缓解了文章的紧张氛围，又鼓励了读者积极面对生活。

通过以上方法的应用案例可以看出，新媒体文案的结尾写作方式多种多样，关键在于根据文章内容和目标受众选择合适的结尾方式以达到最佳效果。

## 子任务 4.3.3　使用文心一言给新媒体文案润色，让内容更出彩

在数字化时代，AI生成文档虽高效快捷，但往往缺乏人性化的语言表达和细腻的情感色彩。所以对AI文档进行润色，至关重要。它不仅能够提升文档的可读性和吸引力，使内容更加流畅自然，还能根据目标受众的需求和偏好，调整语言风格和表达方式，增强信息的传递效果。通过精细的润色，可以确保文档在逻辑上更加严谨，在表达上更加精准，从而有效提升文档的质量和影响力，为企业或个人赢得更多的信任和机会。因此，对AI生成的文档进行专业的润色，是提升信息传递效果和塑造品牌形象的重要一环。

润色前原文档如下。

标题：探索科技前沿，感受未来生活

大家好，今天我们来聊聊科技如何改变我们的生活。随着科技的飞速发展，我们的日常生活变得越来越便捷。从智能手机到智能家居，每一个新的产品都在为我们的生活加分。但你知道吗？科技的潜力远不止于此。它正在悄悄地重塑我们的世界，让我们感受到前所未有的未来感。

想象一下，早上起床，智能窗帘自动拉开，温暖的阳光洒满房间。你只需对着智能音箱说一声"早上好"，它就会为你播报天气、新闻，甚至播放你最喜欢的音乐。这样的生活，是不是已经让你心动了？

不仅如此，科技还在医疗、教育、交通等各个领域发挥着巨大作用。远程医疗让我们足不出户就能享受专家诊疗；在线教育让学习不再受地域限制；无人驾驶汽车更是让出行变得更加安全、高效。

所以，让我们一起拥抱科技，感受它带来的无限可能吧！未来已来，你准备好了吗？

使用文心一言进行润色的方法和详细步骤如下。

**第1步** 在计算机上登录文心一言网站（https://yiyan.baidu.com/），进入文心一言的主页面，在主页面的左侧找到"创意写作"按钮，如图4-19所示。

**第2步** 单击"创意写作"按钮，进入一个包含多种功能的页面，再单击"润色"按钮，如图4-20所示。

**第3步** 系统自动跳转至创意写作的润色页面，填写需要润色的文本，如图4-21所示。

**第4步** 下拉页面，填写润色要求（这里以填写"内容更为精细"为例），如图4-22所示。

**第5步** 开始润色。

一旦文档被粘贴到输入框中，单击输入框右侧的按钮，文心一言将自动开始分析并给出润色建议。这个过程可能需要几秒到几分钟的时间，取决于文档的长度和复杂度。

**第6步** 查看润色建议并应用。

图 4-19　登录文心一言网站

图 4-20　单击"润色"按钮

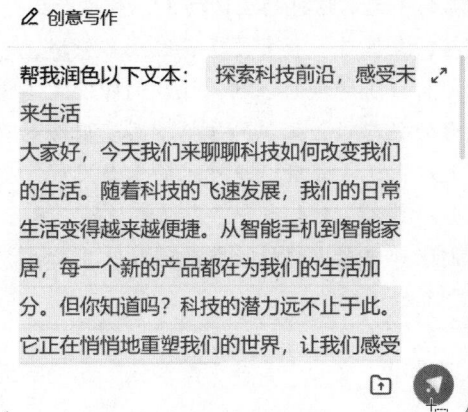

图 4-21　填写需要润色的文本

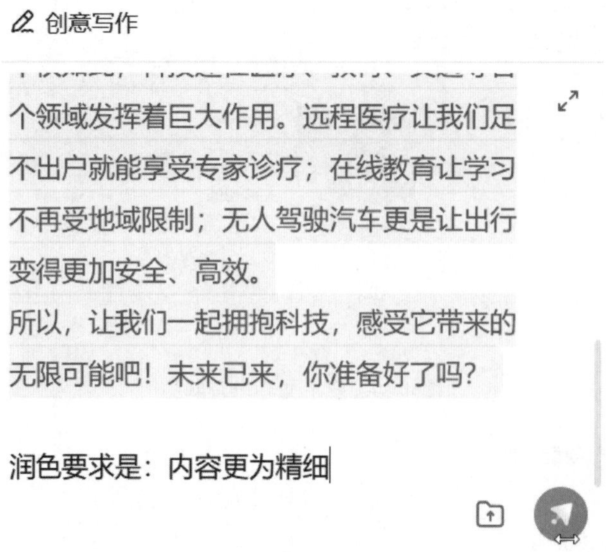

✎ 创意写作

个领域发挥着巨大作用。远程医疗让我们足
不出户就能享受专家诊疗；在线教育让学习
不再受地域限制；无人驾驶汽车更是让出行
变得更加安全、高效。
所以，让我们一起拥抱科技，感受它带来的
无限可能吧！未来已来，你准备好了吗？

润色要求是：内容更为精细

图 4-22 填写润色要求

润色完成后，文心一言将展示润色后的文档内容，并提供具体的修改建议。可以逐一查
看这些建议，并决定是否接受应用它们。比如，文心一言可能会建议调整句子结构、优化语
言表达、增加或删除某些词汇等，使文案更加流畅、有吸引力和易于理解。润色后的文档
如下。

> 探索科技前沿，畅享未来生活
>
> 各位朋友，大家好！今天，就让我们一同深入探讨科技是如何悄然改变我们生活的。
> 在当今时代，科技正以前所未有的速度蓬勃发展，我们的日常生活也因此变得愈发便捷高
> 效。从功能强大的智能手机，到能实现智能联动的家居设备，每一款新产品的问世，都在
> 为我们的生活品质添砖加瓦。然而，科技的潜力远不止我们眼前所见的这些，它正以一种
> 润物细无声的方式，重塑着我们的世界，让我们真切地触摸到未来的轮廓。
>
> 不妨闭上眼睛，想象一下这样的场景：清晨，当第一缕阳光即将洒向大地，智能窗帘
> 自动缓缓拉开，温暖的阳光瞬间铺满整个房间。你只需轻声对智能音箱道一句"早上好"，
> 它便会迅速响应，为你播报当天的天气状况、最新的新闻资讯，还能播放你最爱的音乐，
> 用美妙的旋律开启活力满满的一天。这样的生活场景，是不是已经让你心生向往了呢？
>
> 科技的力量远不止于此，在医疗、教育、交通等众多领域，它都发挥着举足轻重的作
> 用。远程医疗技术的出现，打破了地域的限制，让我们即便足不出户，也能享受到专家级
> 的诊疗服务；在线教育平台的兴起，让知识的传播不再受地域的束缚，无论身处何方，只
> 要有网络，就能开启学习之旅；无人驾驶汽车技术的不断发展，更是为出行带来了全新的
> 变革，让出行变得更加安全、高效，大大减少了交通事故的发生。
>
> 所以，朋友们，让我们张开双臂，热情地拥抱科技，用心去感受它所带来的无限可能
> 吧！未来已然来临，你，准备好了吗？

通过以上步骤，我们可以看出，文心一言在文案润色方面确实提供了很大的帮助，能够显
著提升文案的质量和吸引力。

### 子任务 4.3.4 用 DeepSeek 优化新媒体文案的结构，使其更易于理解和记忆

DeepSeek 具备强大的自然语言处理能力和文本生成能力，可以辅助优化新媒体文案的结构，使其更加易于读者理解和记忆。

以下是使用 DeepSeek 优化文案结构的具体方法。

（1）明确文案目标：首先，确定文案的主要目标，如吸引点击、传递信息、促进互动或销售等。这将指导后续文案内容的组织和表达。

（2）输入原始文案：将待优化的新媒体文案输入到 DeepSeek 的输入框中。确保文案内容完整，以便 DeepSeek 能够全面理解并进行分析。

（3）设置优化指令：向 DeepSeek 发出明确的优化指令，如"请优化这篇文案的结构，使其更加清晰、简洁，并突出关键信息"。同时，可以根据需要设置具体的优化方向，如增强可读性、提升吸引力等。

（4）获取优化建议：DeepSeek 将基于其强大的自然语言处理能力和深度学习算法，对原始文案进行分析，并给出优化建议。这些建议可能包括调整段落顺序、精简句子、增加过渡句、使用更生动的词汇等。

（5）整合优化建议：根据 DeepSeek 给出的优化建议，对原始文案进行修改和完善。在整合过程中，注意保持文案的连贯性和一致性，确保优化后的文案能够准确传达原始意图。

（6）测试与调整：将优化后的文案进行小范围测试，收集反馈意见。根据测试结果和反馈意见，对文案进行进一步的调整和优化，以确保其最终效果符合预期。

**【案例】** **使用 DeepSeek 优化以下文案结构**

**原始文案**

"探索未知，发现美好！加入我们，一起踏上旅程，感受世界的多彩与奇妙。无论你是热爱冒险的探险家，还是渴望宁静的旅者，这里都有属于你的精彩。快来加入我们吧，开启你的专属旅程！"

**优化步骤**

（1）明确文案目标：该文案的目标是吸引潜在用户加入某个旅行组织或活动。

（2）输入原始文案：将上述文案输入到 DeepSeek 的输入框中。

（3）设置优化指令："请优化这篇文案的结构，使其更加吸引人，并突出旅行的独特魅力和加入的好处。"

（4）优化后的文案如下所示。

---

**逃离日常，拥抱世界！加入我们，开启你的专属冒险！**

你是否厌倦了日复一日的平淡？是否渴望打破常规，体验不一样的人生？

**加入我们，你将：**

解锁无限可能：从神秘莫测的原始森林，到热情似火的异域都市，我们带你探索世界的每一个角落，发现未知的精彩。

邂逅志同道合的伙伴：与来自五湖四海的旅行爱好者一起，分享故事，碰撞思想，收获珍贵的友谊。

体验独一无二的旅程：我们精心设计每一条路线，融入当地文化，带你深度体验，感受最纯粹的风土人情。

---

　　释放真我，找回激情：在旅途中挑战自我，突破极限，发现更强大的自己，重拾对生活的热爱。

　　无论你是渴望 adrenaline 飙升的冒险家，还是追求内心平静的旅者，这里都有属于你的精彩篇章。

　　别再犹豫，立即加入我们，开启你的专属旅程，书写属于你的精彩故事！

　　**世界那么大，你不想去看看吗？**

　　（5）测试与调整：将优化后的文案进行小范围测试，收集反馈意见。根据测试结果和反馈意见，对文案进行微调，以确保其最终效果最佳。

## 子任务 4.3.5　用 AI 在文案正文中融入更多互动元素，提升读者参与度

观看视频

　　AI 技术在新媒体文案正文写作中，能够显著协助创作者融入更多互动元素，从而提升读者的参与度。以下是 AI 如何在这一过程中发挥作用的几个关键点。

　　（1）智能分析受众偏好。

　　AI 通过大数据分析，能够深入理解目标受众的兴趣偏好、阅读习惯和互动行为。基于这些洞察，AI 可以为创作者提供个性化的建议，指导其在文案正文中融入哪些类型的互动元素能够更好地吸引读者注意并促使其参与。

　　（2）推荐互动元素类型。

　　AI 可以推荐多种类型的互动元素，如投票、问卷调查、评论区互动问题、小游戏或挑战等。这些元素不仅能够增加文案的趣味性，还能让读者更深入地参与到内容中来，提升他们的参与感和归属感。

　　具体互动元素示例如下。

▶ 投票与问卷调查：AI 可以根据文案主题和目标，设计并嵌入投票或问卷调查环节，让读者对特定问题发表意见或选择偏好。

▶ 评论区互动问题：在文案中直接提出与主题相关的问题，鼓励读者在评论区留言回答或分享看法。AI 可以协助创作者构思这些问题，确保其既有趣又具有启发性。

▶ 小游戏或挑战：针对特定受众群体，AI 可以设计简单有趣的小游戏或挑战任务，让读者在享受乐趣的同时加深对文案内容的理解和记忆。

　　（3）实时反馈与调整。

　　AI 能够实时监测文案的互动情况，包括阅读量、点赞数、评论数等关键指标。基于这些数据，AI 可以为创作者提供实时反馈，帮助其了解哪些互动元素更受欢迎，哪些需要改进。创作者可以根据 AI 的反馈对文案进行调整和优化，以进一步提升读者的参与度。

　　（4）个性化推荐与推送。

　　除了在文案正文中融入互动元素外，AI 还可以根据读者的阅读行为和偏好，为他们推荐相关的内容或活动。这种个性化推荐不仅能够增加读者的黏性，还能提升他们对文案的满意度和参与度。

　　（5）情感分析与智能回复。

　　AI 还具备情感分析的能力，能够识别读者在评论中表达的情绪和态度。基于这些分析结果，AI 可以自动生成智能化的回复，与读者进行更加深入和有意义的互动。这种即时且个性化的回复能够增强读者的参与感，并提升他们的忠诚度。

【案例】　　　　　使用 DeepSeek 在文案中融入互动元素，提升读者参与度

（1）案例背景。

一家旅游品牌希望在其官方账号上发布一篇关于"梦想旅行地"的文案，旨在激发读者的想象力，同时增加互动性和读者参与度。利用 DeepSeek，可以设计出既富有创意又具备高度互动性的文案内容。

（2）文案目标。

▶ 引导读者想象并分享自己的梦想旅行地。

▶ 通过互动元素提高读者的参与感和归属感。

▶ 展示旅游品牌的独特魅力和服务。

（3）使用 DeepSeek 的详细步骤。

①明确文案主题与目的：确定文案的主题为"梦想中的旅行地"，并明确希望通过互动元素提升读者参与度的目的。

②构思互动形式：思考如何利用 DeepSeek 生成具有互动性的文案内容。可以设计一个问题或情境，让读者在评论区留言或参与投票。

③输入初始提示给 DeepSeek：在 DeepSeek 的输入框中，输入以下初始提示（或类似内容）作为引导，请为我创作一段关于"梦想中的旅行地"的文案，要求融入互动元素，如提问、选择题或邀请读者分享。文案需要激发读者的想象力，并鼓励他们积极参与。

④获取 DeepSeek 的初步文案：根据输入的提示，DeepSeek 会生成一段初步的文案。

---

**你梦想中的旅行地，是星辰大海，还是人间烟火？**

你是否也曾盯着世界地图发呆，幻想着踏上未知的土地？

是穿越撒哈拉的金色沙丘，感受生命的渺小与壮阔？

还是潜入大堡礁的蔚蓝深海，与五彩斑斓的鱼群共舞？

或许，你更向往漫步在京都的古朴街巷，感受时光倒流的静谧？

又或者，你渴望征服喜马拉雅的巍峨雪山，挑战自我，触摸天际？

每个人心中都藏着一个梦想中的旅行地，它或许遥远，或许触手可及，但都承载着我们对世界的无限向往。

**现在，让我们一起开启这场关于梦想的旅程吧！**

1. 闭上眼睛，想象你正站在梦想之地的中心，你看到了什么？听到了什么？闻到了什么？

2. 如果给你一个机会，立刻出发前往梦想之地，你会选择哪个季节？为什么？

3. 分享你梦想之地的图片或故事，让我们一起感受它的魅力！

旅行，不仅仅是身体的迁徙，更是心灵的放飞。

**让我们一起，用脚步丈量世界，用心灵感受美好，去追寻那个属于你的梦想之地吧！**

---

⑤优化与调整：根据实际需要，对 DeepSeek 生成的文案进行优化和调整。可以进一步细化互动环节，如设置具体的选择题选项，或者增加一些引导性的语言来鼓励读者参与。

⑥发布文案并引导互动：将优化后的文案发布在旅游品牌的官方账号上，并在文案中明确引导读者参与互动的方式（如留言分享、投票选择等）。

通过这样的文案设计，不仅展现了旅游品牌的创意和想象力，还成功地融入了互动元素，

激发了读者的参与热情。

## 项目小结

本项目聚焦于新媒体文案正文写作的精髓，从结构设计到基本原则，再到技巧实践，全方位剖析了正文创作的关键要素。通过学习结构组成与写作原则，深化了对文案逻辑与表达方式的把握。结合多样化风格的案例实践，提升了写作技能与创新能力。另外，本项目还探索了AI 在文案正文创作中的前沿应用，展示了其优化创作流程、提升内容质量的能力，为新媒体文案写作带来了革命性变革。本项目为从业者提供了系统而实用的正文写作指南与实战经验。

## 课后作业

1.请分析并阐述一篇成功的新媒体文案正文在结构设计上通常包含哪几部分，并举例说明每个部分的作用。

2.请为一家新开的咖啡馆撰写一段约150 字的文案正文，要求展现其独特的氛围和特色饮品，同时激发读者的探店欲望。

3.请为一款智能手表产品撰写一段 200 字左右的产品介绍文案，突出产品独特卖点。

# 项目 5　新媒体新闻写作

在新媒体时代，新闻写作不仅是信息传播的桥梁，更是塑造公众认知和引导舆论方向的重要工具。它要求创作者具备敏锐的新闻嗅觉和深刻的社会洞察力，能够迅速捕捉并传达时代脉搏。新媒体新闻写作，以其快速、互动和多媒体的特点，为新闻传播提供了全新的视角和平台。

在本项目中，将深入探讨新媒体新闻写作的关键要素。我们将从新媒体新闻的定义和特性出发，理解其与传统媒体的差异，探讨如何在快速变化的媒体环境中定位受众、制定内容策略。通过学习新闻写作的基本规范，掌握互动性和多媒体应用，我们将提升新闻报道的吸引力和传播力。此外，本项目还将分析成功案例，探索 AI 技术在新闻采集、写作以及效果评估中的应用。通过对本项目的学习与实践，读者能够提升在新媒体环境下的新闻采写能力，有效利用 AI 技术，创作出更符合时代需求、更具影响力的新闻作品。

## 任务 5.1　新媒体新闻的特点和要求

### 任务描述

在数字时代的背景下，新媒体新闻作为一种全新的信息传播形式，以其独特的传播速度、互动性质和跨媒体整合能力，对新闻从业者提出了更高的要求。本任务旨在深入解析新媒体新闻的核心特性，并指导学习者认识新媒体环境下的受众定位和内容策略。通过对新媒体新闻定义的理解和传播特性的掌握，学习者将能够有效地规划和创作适应现代传播趋势的新闻内容。

### 任务目标

▶ 了解新媒体新闻的定义和传播特性。
▶ 探讨新媒体新闻的受众定位和内容策略。

### 相关知识

#### 子任务 5.1.1　了解新媒体新闻的定义和传播特性

随着数字技术的飞速发展，新媒体新闻作为信息传播的新形态，已经深入人们的日常生活。它突破了传统媒体的局限，以其独特的传播特性迅速崛起。接下来，将揭开新媒体新闻的神秘面纱，深入理解其定义和传播特性，为后续的新闻写作打下坚实的基础。

### 1. 新媒体新闻的定义

新媒体新闻，作为信息时代的产物，其定义随着技术的演进而日益丰富。简而言之，新媒体新闻是在数字技术的强大支撑下，依托新兴的移动互联网络，实现信息记录与广泛传播的一种新闻形式。它打破了传统媒体的地域与时间限制，使得新闻内容的生产、传播与接收方式发生了根本性变革。

在新媒体时代，每个人都可以成为信息的发布者或见证者，新闻的来源更加多元化，传播速度更加迅捷，互动性也显著增强。今日头条、腾讯新闻、搜狐新闻等新媒体平台，以及人民日报、新华社等传统媒体的新闻客户端，共同构成了新媒体新闻传播的主要阵地，它们以多样化的形式展示着丰富多彩的新闻资讯，满足了公众对信息获取的多元化需求。例如，今日头条平台上发布的新闻资讯，如图 5-1 所示。

图 5-1　今日头条平台上发布的新闻资讯

### 2. 新媒体新闻的传播特性

新媒体新闻的传播特性在当今数字化时代中愈发凸显，其独特的优势不仅重塑了新闻传播的格局，也深刻影响了人们获取信息的方式和习惯。以下是对新媒体新闻主要传播特性的深入剖析。

#### 1）即时性

新媒体新闻的传播速度极快，具有高度的即时性。这得益于互联网技术的快速发展和智能手机的普及。当新闻事件发生时，现场人员可以立即通过手机拍摄视频或照片，并借助社交媒体、新闻 App 等平台迅速发布。这种即时性使得新媒体新闻能够在第一时间将信息传递给受众，满足了现代人对新闻时效性的高要求。例如，在自然灾害发生时，社交媒体上往往能第一时间出现现场照片和视频，让全球观众迅速了解灾情，为救援行动争取宝贵时间，如图 5-2 所示。

#### 2）互动性

新媒体新闻的传播过程中，互动性是其显著特点之一。与传统媒体的单向传播不同，新媒体新闻允许受众在接收信息的同时进行评论、点赞、分享等操作，甚至可以与新闻发布者或其他受众进行实时交流。这种互动性不仅增强了受众的参与感，也促进了新闻信息的传播和扩散。

图 5-2　某新媒体新闻平台第一时间报道的灾情情况

　　例如，今日头条平台上一篇标题为"国家强则体育强 总书记强调弘扬中华体育精神"的热点新闻，评论区热闹非凡，网友们积极互动，纷纷留言点赞，表达对弘扬中华体育精神的认同与期待，极大地提升了新闻的传播力和影响力，如图 5-3 所示。

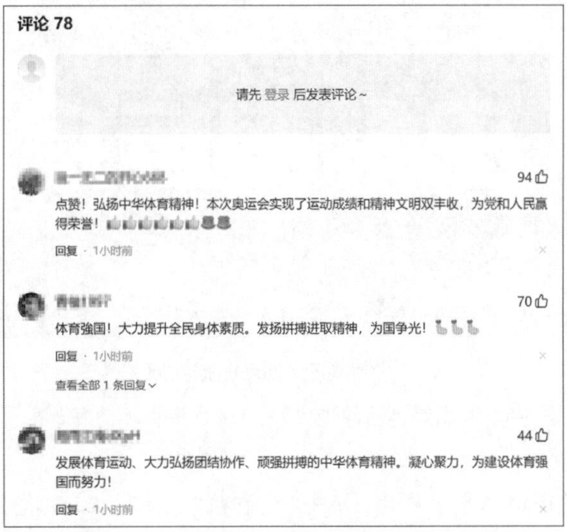

图 5-3　今日头条平台某热点新闻的评论区

3）多媒体融合

　　新媒体新闻在传播过程中，充分利用了文字、图片、音频、视频等多种媒体形式，实现了多媒体融合。这种融合使得新闻内容更加丰富多样，能够更好地满足受众的多元化需求。同时，多媒体融合也提高了新闻信息的可读性和可理解性，使得受众能够更加直观地了解新闻事件的全貌。

　　例如，在某新闻类微信公众号上，一篇引人入胜的新媒体报道横空出世，聚焦于近期一款非常火爆的网络游戏。该报道巧妙地融合了文字叙述的细腻、高清图片的视觉冲击、生动 GIF 动图的趣味互动，以及精心剪辑的短视频，全方位揭秘了游戏中人气角色的"现实"面貌及其

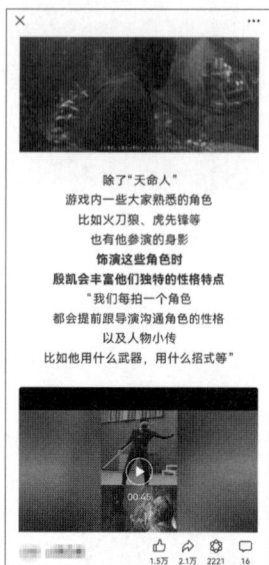

背后的设计故事，如图 5-4 所示。通过这一多媒体融合的呈现方式，读者不仅能深入了解角色背后的创意与心血，还能直观感受到游戏中每一个动作设计背后的精彩与不易，极大地丰富了阅读体验，让新闻内容跃然"屏"上，满足了广大游戏爱好者和新闻受众的多元化需求。

4）传播范围广

新媒体新闻的传播范围非常广泛，几乎覆盖了全球所有角落。只要有互联网连接，人们就可以通过智能手机、计算机等设备随时随地接收新闻信息。这种广泛的传播范围使得新媒体新闻成为现代社会中不可或缺的信息来源之一。

例如，奥运会期间，各大新媒体平台纷纷直播赛事盛况，并实时发布赛事新闻、运动员访谈、幕后花絮等内容。全球观众，无论是运动狂热者还是时事关注者，都能跨越地理限制，第一时间感受到比赛的激情与魅力，共同分享这份全球性的喜悦与期待。这样的传播效果，不仅极大地提升了新闻的时效性和影响力，也彰显了新媒体新闻在全球化时代中的独特价值。某新媒体新闻平台的"2024巴黎奥运会"专题栏目如图 5-5 所示。

图 5-4 多媒体融合的新媒体新闻示例

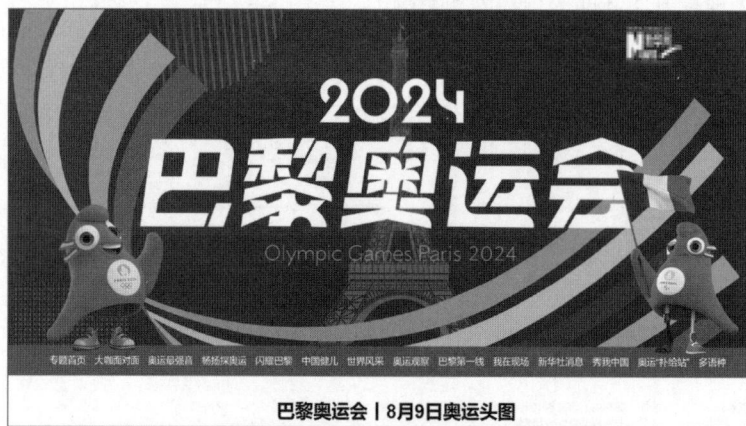

图 5-5 某新媒体新闻平台的 2024 巴黎奥运会专题栏目

5）传播渠道多样化

新媒体新闻的传播渠道非常多样化，包括社交媒体、新闻 App、短视频平台等。这些渠道各具特色，能够覆盖不同的人群和场景，使得新闻信息能够更加广泛地传播。社交媒体如微博、微信等拥有庞大的用户基础，适合快速传播和分享新闻；新闻 App 则提供了更加专业和深入的新闻内容，满足用户对深度报道的需求；抖音、快手等短视频平台则以短小精悍的视频形式吸引年轻用户的关注。这些多样化的传播渠道共同构成了新媒体新闻的传播网络，使得新闻信息能够迅速覆盖全球范围内的受众。

6）个性化推荐

随着大数据和人工智能技术的不断发展，新媒体新闻平台能够根据用户的浏览历史、兴趣偏好等信息，为用户提供个性化的新闻推荐。这种个性化推荐不仅提高了新闻的分发效率，也使得用户能够更加方便地获取到自己感兴趣的新闻内容。用户不再需要花费大量时间在海量的新闻信息中筛选自己感兴趣的内容，而是可以直接在推荐列表中找到符合自己口味的新闻。这种精准推送不仅提升了用户体验，也增强了用户对新闻平台的黏性和忠诚度。

### 子任务 5.1.2 探讨新媒体新闻的受众定位和内容策略

新媒体时代，新闻传播模式发生巨大变革，要求新闻从业者精准把握受众定位，精心策划新闻内容。通过深入分析受众需求，定制个性化内容，新闻写作者能够显著提升传播效能，精准对接公众信息渴求，实现新闻价值的最大化。

#### 1. 新媒体新闻的受众定位

受众定位是新媒体新闻制作的首要任务，它决定了新闻内容的方向、传播渠道和效果。受众定位主要包括以下几个方面。

1）受众区域定位

地域是受众定位的重要因素之一。不同的地域有不同的文化、习惯和需求，新闻写作者需要了解并关注目标受众所在区域的特点，以提供更加贴近当地需求的新闻内容。

例如，一家地方新闻网站在凉山彝族火把节的报道中，深度挖掘节日底蕴，图文并茂地展现了节日的历史风采与现场热烈氛围，如图 5-6 所示。此举不仅激发了本地居民的文化共鸣，还成功吸引了外地游客的目光，促进了地域文化的广泛传播与深度认同。这样的案例生动展示了地域定位的重要性，它要求新闻写作者深入了解并尊重地域文化差异，以地域特色为纽带，拉近与受众的距离。

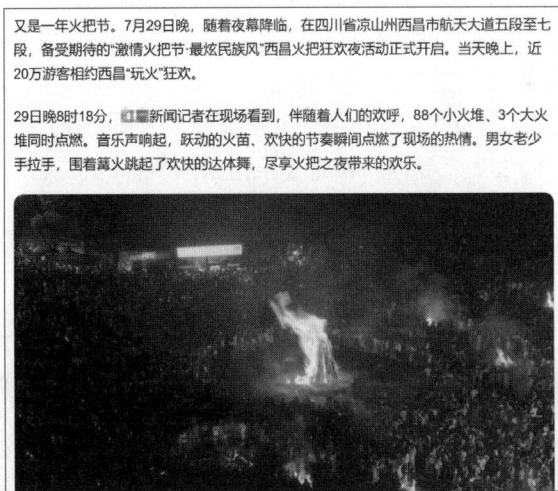

又是一年火把节。7月29日晚，随着夜幕降临，在四川省凉山州西昌市航天大道五段至七段，备受期待的"激情火把节·最炫民族风"西昌火把狂欢夜活动正式开启。当天晚上，近20万游客相约西昌"玩火"狂欢。

29日晚8时18分，■■新闻记者在现场看到，伴随着人们的欢呼，88个小火堆、3个大火堆同时点燃。音乐声响起，跃动的火苗、欢快的节奏瞬间点燃了现场的热情。男女老少手拉手，围着篝火跳起了欢快的达体舞，尽享火把之夜带来的欢乐。

图 5-6 凉山彝族火把节的报道

2）受众年龄定位

年龄层次不同，受众的兴趣点和阅读习惯也不同。在年龄定位上，新媒体新闻通过多样化的内容形式与语言风格，努力搭建起跨代沟通的桥梁。针对年轻受众，某新闻 App 推出了"短视频新闻"板块，以轻松幽默的方式解读时事热点，吸引了大量年轻用户的关注；而对于中老年群体，则推出"大字版"界面与"语音播报"功能，确保信息的无障碍获取，同时增设养生、健康等专栏，满足其特定需求。这样的差异化策略，让不同年龄段的受众都能在新媒体平台上找到属于自己的"新闻乐园"。

3）受众职业和身份定位

不同职业和身份的受众对新闻内容的需求不同。例如，科技新闻更适合对科技感兴趣的读者，而财经新闻则更受投资者和商界人士的青睐。

针对职业与身份的差异，新媒体新闻展现出了前所未有的灵活性。以某财经新闻平台为例，其"全球市场"板块依托大数据分析，即时推送全球股市与汇率动态，满足投资者需求，如图5-7所示。同时，增设"企业者专栏"，讲述企业成长故事，精准对接不同职业群体的兴趣点。此策略有效增强了用户黏性，加速了信息的精准传递与价值深化。

图5-7　某财经新闻平台的"全球市场"板块

### 2. 新媒体新闻的内容策略

在数字化浪潮的推动下，新媒体新闻已成为信息传播的重要渠道，其内容策略的制定与执行直接关系到媒体品牌的竞争力和受众的忠诚度。面对多元化、碎片化的信息环境，新闻写作者需采取一系列创新且高效的内容策略，以精准触达并深度服务目标受众。

1）内容形式的多元化

新媒体新闻的内容形式不再局限于传统的文字报道，而是向图片、视频、直播、H5页面、VR/AR体验等多元化方向发展。新闻写作者需根据新闻事件的性质、受众的偏好以及平台的特性，灵活选择并融合多种内容形式，打造沉浸式、互动式的新闻体验。

例如，某新闻网站的"直播中国"栏目创新性地融合新媒体技术，以实景直播形式展现中国山川之美，让观众身临其境般领略祖国美景，如图5-8所示。这一多元化内容形式，不仅丰富了新闻报道的层次，更通过视觉盛宴，极大地增强了新闻的吸引力和传播效果。

图5-8　某新闻网站的"直播中国"栏目

2）关注热点话题

热点话题是新媒体新闻不可或缺的组成部分。新闻写作者须具备敏锐的洞察力，及时捕捉社交媒体上的热门话题和潜在热点事件，迅速响应并发布相关新闻。同时，通过深度挖掘和独特视角，引领话题讨论，形成媒体自身的声音和影响力。

例如，某新媒体新闻平台紧盯热点，针对近期成都出现的持续高温天气，迅速捕捉并深入报道，如图 5-9 所示。通过专访气象专家，及时回应市民关切，不仅传递了精准天气信息，还展现了媒体对公众需求的敏锐洞察与深度解读能力，有效引导社会话题讨论，增强媒体影响力。

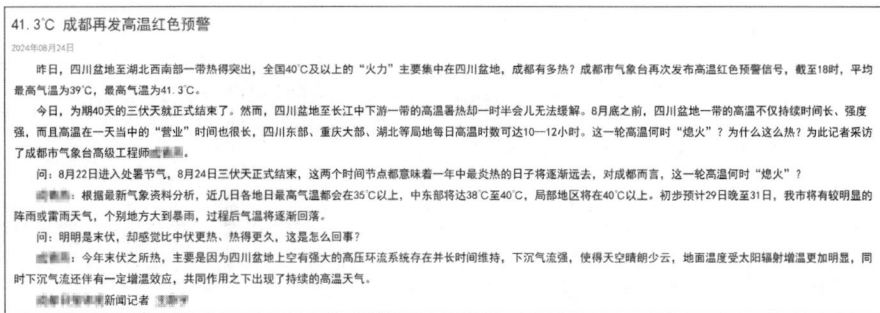

图 5-9　某新媒体新闻平台关于高温天气的报道

3）提供有用的信息

在信息爆炸的时代，受众更渴望获取有价值的信息和深刻的见解。新闻写作者需深入挖掘新闻背后的故事，提供解决问题的建议、技巧、行业洞见、趋势预测等实用信息。这不仅能够提高品牌的专业度，还能增加受众的忠诚度和黏性。

例如，某财经新闻网站开设"意见领袖"板块，特邀行业专家深入分析和解读最新财经政策，提供专业投资建议。这一板块因其高度的专业性和实用性，受到了广大投资者和财经爱好者的欢迎，成为他们获取高质量财经信息的重要渠道，如图 5-10 所示。

4）强化互动与社群建设

新媒体新闻强调与受众的互动和连接。新闻写作者需积极回复受众评论，开展问答、投票等互动活动，增强受众的参与感和归属感。同时，通过建立或参与相关社群，如读者群、行业交流群等，促进受众之间的交流和合作，形成稳定的受众群体和品牌影响力。

例如，某新媒体新闻网站特别设置了"读者来信"栏目，邀请受众分享自己的看法和经历，如图 5-11 所示。这一举措不仅丰富了新闻内容，还激发了受众的参与热情，形成了良好的互动氛围。

图 5-10　某财经新闻网站开设"意见领袖"板块

图 5-11　某新媒体新闻网站设置的"读者来信"栏目

## 任务 5.2　新媒体新闻写作的要点与案例分析

### 任务描述

新媒体新闻写作需融合传统新闻的优势与新媒体环境的特点，紧跟时代步伐。写作者需遵循新媒体传播逻辑，精准把握撰写精髓，既要保持新闻的真实性与时效性，又要注重内容的创新性与互动性。同时，应规避新媒体写作误区，确保报道规范化、高质量，以适应快速变化的新媒体环境，有效吸引并引导受众。

### 任务目标

▶ 学习新媒体新闻写作的基本原则。
▶ 掌握新媒体新闻的互动和多媒体应用。
▶ 成功新媒体新闻案例分析。

### 相关知识

#### 子任务 5.2.1　学习新媒体新闻写作的基本原则

在新媒体环境下学习并严格遵循新媒体新闻写作的基本原则，不仅是提升新闻质量、确保信息准确传递的必要条件，更是维护媒体公信力、构建健康舆论环境的重要基石。新媒体新闻写作的 5 大基本原则，如图 5-12 所示。

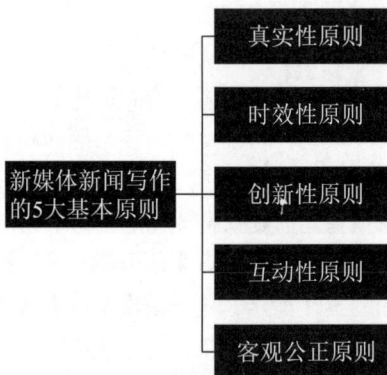

图 5-12　新媒体新闻写作的 5 大基本原则

**1. 真实性原则**

真实性是新闻的生命线，也是新媒体新闻写作的核心要求。在信息爆炸的时代，确保每一条新闻都基于事实，不夸大、不歪曲、不捏造，是赢得公众信任的基础。新闻写作者需深入调查，多方求证，以严谨的态度对待每一条信息，确保报道的真实可靠。

**2. 时效性原则**

新媒体环境下，速度成为新闻竞争的重要因素。时效性要求新闻写作者具备高度的敏锐性和快速反应能力，能够在第一时间捕捉新闻线索，迅速整理并发布报道。这不仅满足了受众对即时信息的需求，也增强了新闻的传播力和影响力。

### 3. 创新性原则

新媒体为新闻写作提供了更广阔的空间和更多元化的手段。创新性原则鼓励新闻写作者勇于尝试新的报道形式、新的叙事手法和新的传播渠道，以更加生动、直观、有趣的方式呈现新闻内容。通过不断创新，可以提升新闻的吸引力和感染力，增强受众的阅读体验和参与感。

### 4. 互动性原则

新媒体的互动性特点要求新闻写作者与受众建立更加紧密的联系。新闻写作者应积极利用社交媒体等平台，与受众进行互动交流，了解受众的需求和反馈，并根据这些反馈调整报道内容和策略。通过互动，可以增强新闻与受众之间的连接，提高新闻的传播效果和影响力。

### 5. 客观公正原则

在报道新闻时，新闻写作者应保持客观公正的态度，不偏袒任何一方，全面、准确地呈现事实真相。这要求新闻写作者具备扎实的专业素养和敏锐的判断力，能够深入分析事件背景、原因和影响，为受众提供公正、权威的新闻报道。

此外，新媒体新闻写作还需注意语言的规范性和准确性，避免使用模糊、歧义或夸张的表达方式。同时，注重保护个人隐私和信息安全，避免在报道中泄露敏感信息或侵犯他人权益。

## 子任务 5.2.2 掌握新媒体新闻的互动和多媒体应用

在新媒体时代，新闻不再仅仅是文字与图片的简单组合，而是融合了视频、音频、数据可视化等多种媒体元素，并通过丰富的互动机制与受众建立更加紧密的联系。掌握新媒体新闻的互动和多媒体应用，对于提升新闻的传播效率、增强受众的参与感和满意度，以及扩大新闻的影响力具有重要意义。

### 1. 新媒体新闻的互动策略

新媒体的崛起彻底改变了新闻的传播模式，其中，互动策略成为连接新闻机构与受众的桥梁。通过精心设计的互动环节，不仅能够增强新闻内容的吸引力，还能有效提升受众的参与度和忠诚度。以下将详细探讨新媒体新闻的几种关键互动策略。

1）社交媒体互动

新媒体时代，社交媒体成为新闻传播的重要阵地。通过微博、微信公众号、抖音、快手等平台，新闻机构可以迅速发布新闻内容，并借助这些平台的互动功能，鼓励受众积极参与。设立热门话题标签，引导受众参与讨论，不仅能够形成话题热度，还能增强受众的参与感和归属感。此外，定期举办线上问答、投票、直播等活动，也是提升受众参与感的有效手段。

例如，某新闻机构通过微博平台发布新闻时，巧妙设置 #峨眉山发现失踪半个多世纪的神秘物种 ## 峨眉山发现极危峰斑林蛙 # 等话题标签，迅速吸引众多网友关注和讨论，如图 5-13 所示。

2）用户生成内容

UGC 是新媒体互动的重要组成部分。通过鼓励受众提供新闻线索、现场照片或视频，新闻机构可以获取第一手资料，丰富报道内容。同时，设立用户投稿专区，展示优秀 UGC，不仅

图 5-13 微博平台上带话题标签的新闻

能够增强受众的参与动力，还能提升新闻机构的亲和力和公信力。

例如，某一时期高温天气成为社会关注的焦点。抖音平台上有很多用户拍摄并上传了地铁站开放纳凉区域让市民乘凉的短视频作品，如图 5-14 所示。这些真实的画面为新闻报道提供了生动的素材，也让观众感受到了社会的力量和温暖。

图 5-14　用户生成内容（UGC）

**3）个性化推荐**

利用大数据和算法技术，新闻机构可以分析受众的兴趣偏好，推送个性化的新闻内容。例如，一位长期关注科技领域的用户，可能会频繁收到关于最新科技产品发布、行业趋势分析等内容的推送。这种精准推送的方式，能够显著提升用户的阅读体验和满意度。同时，根据受众的反馈和行为数据，不断优化推荐算法，也是提升用户体验的关键。

**4）即时反馈机制**

建立高效的新闻评论区管理和回复机制，及时回应受众的疑问和反馈，是提升服务质量的重要举措。设立专门的客服团队或引入 AI 助手，能够更快速地处理受众的投诉和建议，增强受众的满意度和忠诚度。

**2. 新媒体新闻的多媒体应用**

随着科技的飞速发展，新媒体新闻已不再局限于单一的文字或图片形式。多媒体技术的广泛应用，为新闻报道注入了新的活力与深度。通过融合视频、音频、动画等多种元素，新媒体新闻能够更加生动、直观地展现新闻现场，提升受众的沉浸感和理解力。

**1）图片与视频**

在新媒体新闻报道中，高清图片和短视频已成为不可或缺的视觉元素。通过运用无人机拍摄、VR 全景等先进技术，新闻机构可以为受众提供更加震撼和沉浸式的视觉体验。这些视觉元素不仅能够增强新闻的吸引力和可读性，还能帮助受众更好地理解新闻内容。

例如，微博平台上某新闻机构通过短视频的方式报道大熊猫们的可爱戏水瞬间，如图 5-15 所示。视频中，圆滚滚的大熊猫们或悠闲地泡澡，或顽皮地和同伴"打水仗"，憨态可掬，引得网友纷纷点赞评论。

**2）音频与播客**

音频和播客作为新媒体新闻的重要补充形式，满足了受众在不同场景下的收听需求。通过

图 5-15　某新闻机构通过短视频的方式报道新闻

制作高质量的新闻音频节目或邀请专家、学者进行访谈，新闻机构可以增加新闻的深度和权威性。同时，这种形式的新闻报道也便于受众在碎片时间内获取信息。

例如，中央广播电视总台音频客户端云听，通过云听可以听精品、听资讯、听广播、听电视，不仅丰富了新闻呈现形式，还提升了信息获取的便捷性与深度，满足用户多元化、碎片化的收听需求，如图 5-16 所示。

图 5-16　云听网页版首页

### 3）数据可视化

数据可视化是新媒体新闻报道中不可或缺的一部分。通过图表、动画、信息图等形式，将复杂的数据和信息转换为直观易懂的视觉内容，能够帮助受众更好地理解新闻背景和趋势。这种数据驱动的新闻报道方式，不仅能够提升新闻的权威性，还能增强受众的阅读体验。

例如，某主流新闻平台推出的"图解新闻"板块，通过生动的图形、精练的文字以及精心设计的动画效果，简单明了地展示新闻内容，让读者一目了然，不仅提高了新闻的可读性，也加深了受众对新闻事件的理解与记忆，如图 5-17 所示。

图 5-17 "图解新闻"板块的某篇报道截图

### 4）H5 互动页面

H5 互动页面是新媒体新闻报道中的创新形式。通过设计游戏、测试、问卷等形式的 H5 页面，新闻机构可以将新闻内容以更加生动和有趣的方式呈现给受众。这种互动式的报道方式，不仅能够增加受众的参与度和趣味性，还能通过收集受众的反馈和数据，为后续的新闻报道提供参考和依据。

例如，某新闻机构在其微信公众号中设计了一个关于"七夕"的 H5 小游戏，用户可以通过游戏了解七夕节的传统习俗和浪漫诗意的表达方式，同时参与互动问答，赢取节日祝福和礼物，如图 5-18 所示。这一创意不仅吸引了大量用户参与，还通过游戏数据洞察了受众对于节日文化的兴趣与偏好，为后续的节日报道提供了宝贵素材和灵感。

图 5-18 某新闻机构设计的 H5 小游戏

## 子任务 5.2.3　成功新媒体新闻案例分析

通过具体案例的学习，可以深入理解新媒体新闻写作的成功要素。接下来，将分析三篇成功的新媒体新闻案例。这些案例将帮助读者更好地把握新媒体环境下的新闻传播策略，提升新闻写作和报道的质量。

【案例】　　　　新浪新闻《元宇宙风光不再，它却悄然崛起……》

**案例背景**

元宇宙热潮虽在公众视野中有所降温，但其在工业领域的探索与应用却如春笋般悄然生长。新浪新闻发布标题为"元宇宙风光不再，它却悄然崛起……"的这篇报道，聚焦于工业元宇宙的崛起，揭示了科技与工业深度融合的新趋势，如图 5-19 所示。

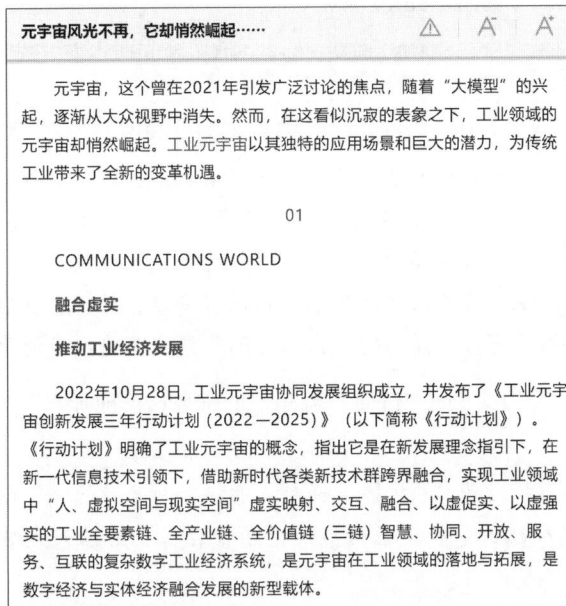

图 5-19　新浪新闻《元宇宙风光不再，它却悄然崛起……》深度报道

**案例分析**

该报道深入剖析了工业元宇宙如何以"虚实融合"为核心，为传统工业注入新活力。通过强化算力建设，特别是边缘端算力部署，解决了工业元宇宙大规模应用的关键技术瓶颈。同时，指出中国在工业元宇宙领域的进展与挑战并存，强调数据安全、算力支撑及政策支持的重要性。尽管面临诸多难题，但工业元宇宙凭借其巨大的变革潜力，仍被寄予厚望成为推动工业高质量发展的新引擎。

【案例】　　　新华网《共绘美丽中国新画卷——写在 2024 年全国生态日到来之际》

**案例背景**

值此 2024 年全国生态日到来之际，新华网精心策划并推出了一篇标题为"共绘美丽中国新画卷——写在 2024 年全国生态日到来之际"的深度报道，回顾并展望我国在环境保护领域的辉煌成就与未来蓝图，如图 5-20 所示。

**案例分析**

该报道紧扣时代脉搏，聚焦于我国生态文明建设的新征程，全面展现了国家在推动绿色

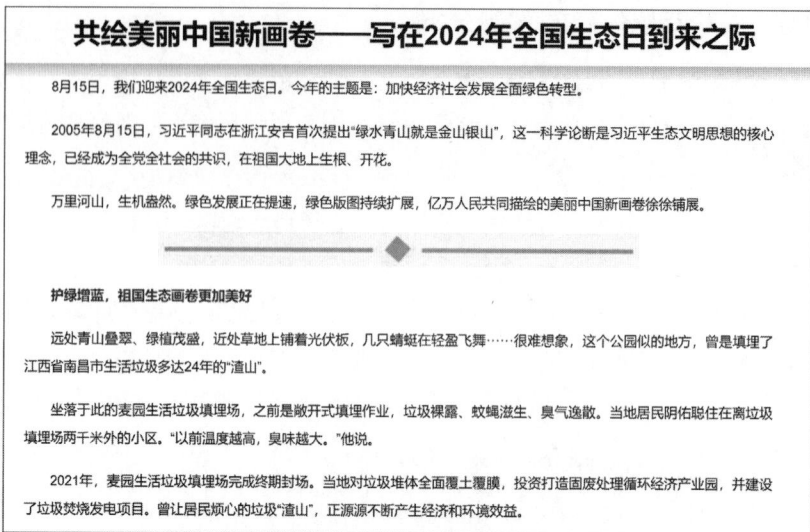

图 5-20　新华网《共绘美丽中国新画卷——写在 2024 年全国生态日到来之际》深度报道

发展，促进人与自然和谐共生方面的坚定步伐与辉煌成就。报道融合航拍、实地探访等多重视角，生动展现我国生态修复成果。文章不仅细数绿色发展的显著成效，更深刻剖析了政策引导、科技创新与全民参与等核心驱动力。通过"护绿增蓝"的生动实践，展现了祖国生态画卷的日益美好。同时，强调深化改革与制度体系建设的重要性，为"加快转型，建设人与自然和谐共生的美丽中国"提供了有力支撑，传递出强烈的生态文明建设正能量。

【案例】　　　　　今日头条《"村播"崛起，助推乡村产业振兴》

**案例背景**

今日头条发布了一篇标题为"'村播'崛起，助推乡村产业振兴"的文章，以用户生成内容（UGC）的形式，深入剖析了农村电商与短视频平台在乡村振兴战略中的核心作用与显著成果，如图 5-21 所示。

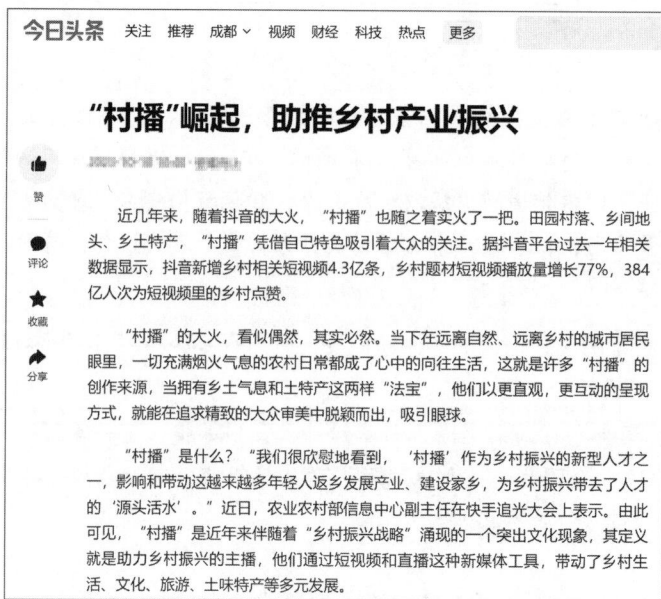

图 5-21　今日头条《"村播"崛起，助推乡村产业振兴》的文章

**案例分析**

"村播"文化借抖音等短视频平台迅速崛起，成为城乡间的数字纽带。其独特乡土韵味与高度互动性，吸引了众多城市用户关注，助力乡村产业全面振兴。抖音上乡村短视频数量与播放量激增，彰显了"村播"的广泛影响力。

"村播"不仅是乡村展示者，更是振兴推手。他们利用短视频直播，展现乡村美景、文化及农产品，促进农产品线上销售与品牌营销。同时，引领乡村旅游新风尚，最大化利用乡村资源。

更重要的是，"村播"激发青年人才返乡热情，为乡村注入新活力。这些新农人通过平台实现自我价值，助力乡村经济繁荣，形成人才与产业良性互动的局面。

综上，今日头条的这篇文章揭示了"村播"在乡村振兴中的独特价值，展现了新媒体时代的新路径。随着"村播"壮大，乡村振兴未来可期。

## 任务 5.3  AI 技术在新媒体新闻写作中的应用实践

### ─◦ 任务描述 ◦─

随着科技的飞速发展，AI 技术正逐步渗透到新闻传播的各个领域，尤其是在新媒体新闻写作中展现出巨大潜力。智能算法不仅能够高效生成海量报道，还能通过数据分析提供个性化内容推荐，极大地提升了新闻创作的效率与精准度。本任务将深入探索 AI 技术在新媒体新闻写作中的最新应用，展现其如何重塑新闻生产与传播的未来图景。

### ─◦ 任务目标 ◦─

▶ 探索 AI 在新媒体新闻采集和写作中的应用。

▶ 评估 AI 新媒体新闻写作的效果和挑战。

▶ 利用 AI 工具提升新媒体新闻标题的吸引力。

▶ 利用 AI 在海量信息中筛选和整合有价值的新闻素材。

### ─◦ 相关知识 ◦─

### 子任务 5.3.1  探索 AI 在新媒体新闻采集和写作中的应用

观看视频

在新媒体技术日新月异的今天，AI 以其卓越的数据处理与智能分析能力，正悄然改变着新闻采集与写作的生态格局。这一变革不仅加速了新闻生产的流程，提升了内容的质量与多样性，还为用户带来了更加个性化、即时化的阅读体验。以下是对 AI 在新媒体新闻采集与写作中应用的全面探索。

**1. 新闻采集：从海量数据中精准捕捞**

随着信息时代的来临，新闻采集面临着前所未有的挑战和机遇。AI 技术的运用使得新闻写作者能从海量数据中精准捕捞所需信息，极大地提高了采集的效率和质量。

（1）自动化信息收集：AI 技术通过爬虫技术、自然语言处理（NLP）和机器学习算法，能够自动从互联网、社交媒体、政府公告等多种渠道收集海量信息。这些技术不仅提高了信息收集的速度，还拓宽了信息来源的广度，使得新闻工作者能够更全面地掌握新闻事件的发展动态。

（2）智能筛选与分类：面对海量的信息，AI能够基于预设的关键词、主题或情感倾向，对收集到的信息进行智能筛选和分类。这种自动化的处理方式，极大地减轻了新闻工作者在信息处理上的负担，使他们能够更专注于新闻内容的深度挖掘和解读。

（3）实时监测与预警：AI技术还能实时监测新闻事件的发展变化，对突发事件进行快速响应和预警。通过数据分析，AI能够预测新闻事件的发展趋势，为新闻工作者提供有价值的参考信息，帮助他们及时调整报道方向和策略。

**【案例】** **使用文心一言辅助采集科技新闻**

利用文心一言辅助采集科技新闻，可高效整合信息源。通过设定关键词和筛选条件，文心一言能自动搜索、分析并汇总最新科技动态，快速识别有价值的新闻内容。用户不仅能节省时间，还能获得全面且精准的新闻摘要，助力紧跟科技前沿，洞察行业趋势。

利用文心一言辅助采集科技新闻的具体操作步骤如下。

**第❶步** 确定新闻主题与关键词。

（1）确定本次新闻采集的主题为"人工智能技术在医疗领域的应用"。

（2）在文心一言中输入相关关键词，如"人工智能""医疗""技术革新"等，给文心一言以获取更多相关的搜索建议和线索。

**第❷步** 新闻搜索与筛选。

（1）使用搜索引擎（如百度新闻），输入从文心一言获取的关键词或搜索建议，进行新闻搜索。

（2）将搜索到的新闻链接或摘要输入给文心一言，利用其文本分类能力筛选出与"人工智能技术在医疗领域的应用"紧密相关的新闻。

**第❸步** 内容提取与整理。

（1）对于筛选出的新闻，使用文心一言的文本抽取功能，提取每篇新闻中的关键信息，如新闻标题、发布时间、来源、主要内容概述等。

（2）将提取的信息整理成结构化的数据格式，如Excel表格或数据库记录，便于后续的分析和存储。

**第❹步** 自动化采集与监控（可选）。

（1）如果需要持续监控该主题的新闻动态，可以结合爬虫技术设置定时任务，自动从指定的新闻源（如科技类网站、专业媒体等）采集新闻。

（2）将采集到的新闻数据实时或定期输入给文心一言进行处理，确保及时获取并整理最新的新闻信息。

**【注意】** 由于文心一言本身并不直接提供新闻采集的功能，因此在实际操作中需要结合其他技术手段（如搜索引擎、爬虫技术等）来实现新闻采集的目的。同时，在采集新闻时也需要遵守相关法律法规和道德规范，确保采集的新闻信息真实、准确、合法。

**2. 新闻写作：从人机协作到智能创作**

在新闻写作领域，AI技术正从辅助工具逐渐演变为创意伙伴，与新闻工作者共同探索新闻内容的新边界。通过智能生成与个性化推荐，AI不仅提高了新闻写作的效率，还赋予了新闻内容更多的可能性与吸引力。

（1）写作机器人：写作机器人是 AI 技术在新闻写作中最直接的应用之一。这些机器人能够基于收集到的信息和预设的模板，自动生成新闻报道、稿件和新闻摘要等。它们不仅能够快速完成简单的新闻撰写任务，还能在特定领域（如财经、体育等）中展现出较高的专业水平。

（2）内容创作辅助：AI 技术还能作为新闻工作者的创作辅助工具。通过自然语言生成（NLG）技术，AI 能够辅助新闻工作者完成文章框架的搭建、内容的填充和语言的润色等工作。这种辅助方式不仅提高了新闻写作的效率，还使得新闻内容更加准确、生动和具有吸引力。

（3）个性化内容推荐：在新闻分发环节，AI 技术通过大数据分析和个性化推荐算法，能够根据用户的阅读习惯和兴趣偏好，为他们推荐个性化的新闻内容。这种精准推送的方式不仅提高了用户的阅读体验，还增强了新闻内容的传播效果。

【案例】　　　　　　　　**使用文心一言写作一则财经新闻**

使用文心一言写作一则财经新闻的详细步骤如下。

**第①步** 登录文心一言平台。

首先，确保拥有文心一言平台的访问权限。打开浏览器，输入文心一言的官方网站地址，然后输入用户名和密码进行登录。如果是首次使用，可能需要进行注册并获取账号。

**第②步** 明确新闻主题与框架。

在开始写作之前，明确要撰写的财经新闻主题，比如是关于某个公司的财报解读、行业趋势分析、政策变动影响等。同时，在脑海中或纸上简单勾勒出新闻的大致框架，包括引言、主体内容、数据支持、专家观点及结论等部分。

**第③步** 输入关键词与指令。

进入文心一言的输入界面，根据新闻主题，输入相关的关键词和具体的写作指令。例如，可以写下"请撰写一篇关于 ×× 公司最新财报的财经新闻，重点分析营收增长、利润情况及市场反应，并引用至少两位行业分析师的观点。"

**第④步** 生成初稿并审阅。

提交指令后，文心一言会根据其强大的自然语言处理能力和知识库，快速生成如下所示的新闻初稿。此时，需要仔细审阅初稿，检查内容是否准确、逻辑是否清晰、语言是否流畅，以及是否符合预期。

---

**×× 公司最新财报揭晓：营收稳健增长，利润超预期，市场反应热烈**

近日，×× 公司发布了其最新一季度的财务报告，数据显示公司在全球经济复苏的大背景下，实现了营收与利润的双重增长，远超市场预期，引发了业界的广泛关注与热烈讨论。

根据财报显示，本季度 ×× 公司总营收达到了 ×× 亿元人民币，同比增长 ××%，环比增长 ××%，这一成绩不仅彰显了公司在市场中的强劲竞争力，也进一步巩固了其行业领先地位。营收的增长主要得益于公司核心业务板块的持续拓展以及新产品的成功推出，有效满足了市场需求，提升了市场份额。

在利润方面，×× 公司同样交出了一份亮眼的答卷。本季度净利润达到 ×× 亿元人民币，同比增长 ××%，环比增长 ××%，远超市场预期。公司表示，利润的增长主要得益于成本控制的有效实施、运营效率的提升以及产品结构的优化。这些举措不仅提高了公司的营利能力，也为未来的持续发展奠定了坚实的基础。

---

市场对于××公司最新财报的反应异常热烈。股价在财报发布后迅速上涨，创下了近期新高。多位行业分析师对××公司的表现给予了高度评价。

知名分析师李明表示："××公司本季度的业绩表现非常出色，营收和利润均实现了大幅增长，这充分说明了公司在市场中的竞争力和执行力。特别是公司在产品创新和市场拓展方面的努力，为未来的持续增长奠定了坚实基础。我们非常看好××公司的发展前景。"

另一位资深分析师张华也持相同观点："××公司在全球经济复苏的浪潮中，凭借自身的实力和优势，实现了营收和利润的快速增长。这种增长态势不仅体现了公司的经营能力和管理水平，也反映了行业发展的良好趋势。我们相信，随着公司战略的不断推进和市场环境的持续优化，××公司的未来发展将更加值得期待。"

综上所述，××公司最新财报的发布无疑为市场注入了一剂强心针。公司在营收增长、利润提升以及市场反应等方面均取得了显著成效，赢得了业界和市场的广泛认可。未来，随着公司战略的深入实施和市场环境的不断变化，我们有理由相信××公司将继续保持强劲的增长势头，为投资者创造更多的价值。

**第❺步** 修改与完善。

根据审阅结果，对初稿进行必要的修改和完善。这可能包括调整句子结构、增减内容细节、替换不准确的数据或引用，以及优化标题和导语等。确保新闻内容真实可靠，观点鲜明，能够吸引读者的注意力。

**第❻步** 添加图片与图表（可选）。

如果新闻内容需要辅助说明，可以考虑添加相关的图片、图表或视频链接。这些视觉元素可以增强新闻的可读性和吸引力，帮助读者更好地理解新闻内容。

**第❼步** 最终审核与发布。

在完成所有修改和完善后，进行最终的审核工作，确保新闻内容无误、格式规范、符合相关法律法规和平台要求。然后，根据需要将新闻发布到相应的媒体平台或渠道上，与读者分享财经见解和分析。

### 3. AI技术在新闻领域的实践探索

（1）新华社的AI写作机器人"快笔小新"。新华社引领新闻业AI潮流，其AI写作机器人"快笔小新"成为行业焦点。依托先进的大数据算法与自然语言处理能力，"快笔小新"敏捷捕捉全球资讯，精准生成财经、科技及突发事件的新闻报道。其高效产出不仅大幅提升了新闻时效性，还拓宽了报道边界，为公众提供了更迅速、全面的信息服务，树立了新闻自动化生产的新标杆。

（2）今日头条的智能推荐系统。今日头条的智能推荐系统则是AI技术在新闻分发领域的典范之作。该系统通过深度学习与大数据分析技术，实现了对用户阅读行为的精准洞察与预测。它能够根据用户的兴趣偏好与阅读习惯，为用户推荐个性化的新闻内容列表，极大地提升了用户的阅读体验与黏性。

## 子任务 5.3.2　评估AI新媒体新闻写作的效果和挑战

AI新媒体新闻写作在提高新闻生产效率、增强数据支持等方面具有显著效果，但同时也面临着准确性、隐私保护、深度报道等挑战。通过技术辅助、加强专业素养、优化算法与模型以及加强伦理规范等策略，可以有效应对这些挑战，推动 AI 新媒体新闻写作的健康发展。

### 1. AI 新媒体新闻写作的效果

随着科技的飞速发展，AI 在新闻产业中的应用日益广泛，其新媒体新闻写作的效果更是显著，不仅重塑了新闻生产的流程，还深刻影响了新闻传播的效率和质量。

（1）提高新闻生产效率。AI 新媒体新闻写作技术的引入，无疑是新闻生产效率的一次飞跃。通过复杂的算法和大数据分析，AI 能够在极短的时间内生成大量新闻稿件，覆盖从突发事件到日常资讯的广泛领域。这种高效的生产模式，使得新闻机构能够迅速响应社会热点，及时传递信息，满足了公众对于新闻时效性的高要求。

（2）增强数据支撑。在数据为王的时代，AI 新媒体新闻写作凭借其强大的数据处理能力，为新闻内容提供了坚实的数据支撑。通过深入挖掘和分析各类数据源，AI 能够生成包含精确数据、图表和趋势分析的新闻稿件，使新闻内容更加客观、全面，有助于读者更准确地理解新闻事件的全貌。

（3）优化语言准确性和流畅性。AI 在写作语言上的表现同样令人瞩目。通过自然语言处理技术的不断优化，AI 能够生成语法正确、拼写无误、表达流畅的新闻稿件。这种高度的语言准确性，不仅提升了新闻的整体质量，还增强了读者的阅读体验，使得新闻信息更加易于理解和接受。

（4）个性化推荐。AI 新媒体新闻写作还具备强大的个性化推荐功能。基于用户的浏览历史、兴趣爱好等数据，AI 能够精准地为用户推送符合其个性化需求的新闻内容。这种个性化的服务，不仅提高了用户的阅读满意度和黏性，还帮助新闻机构更好地了解用户需求，优化内容策略，提升品牌价值。

### 2. AI 新媒体新闻写作的挑战

在探讨 AI 新媒体新闻写作的广阔前景时，我们不得不正视其背后所伴随的一系列挑战与难题。这些挑战不仅关乎技术的精进，更触及信息伦理、隐私保护、内容质量等多个维度，为新闻行业的未来发展铺设了既充满机遇又布满荆棘的道路。

（1）准确性和可信性。尽管 AI 在新闻写作中展现出强大的能力，但其准确性和可信性仍面临严峻挑战。由于新闻信息的复杂性和多样性，AI 往往难以完全区分真实信息和虚假信息，容易受到人工制造的假新闻的影响。因此，如何确保 AI 生成的新闻内容的准确性和可信性，成为一个亟待解决的问题。

（2）隐私和信息安全。AI 新媒体新闻写作所需的数据往往涉及用户的个人信息和浏览记录等敏感数据。如何合法合规地收集和使用这些数据，避免侵犯用户隐私和信息安全，是新闻机构在使用 AI 技术时必须面对的重要问题。

（3）缺乏深度与创意。与人类记者相比，AI 在新闻写作中往往缺乏深度和创意。面对复杂多变的新闻事件，AI 往往难以提供独特的视角和深入的分析，生成的新闻稿件往往显得单调乏味。因此，如何提升 AI 在新闻写作中的深度和创意，成为了一个亟待攻克的难题。

（4）语境理解能力不足。AI 在理解人类语言和情感方面仍存在不足。由于语言的复杂性和多样性，AI 往往难以准确理解新闻事件中的语境和情感色彩，导致生成的新闻内容可能存在误解或偏差。因此，如何提升 AI 的语境理解能力，使其能够更准确地把握新闻事件的全貌和内涵，成为一个重要的研究方向。

（5）技术依赖于数据质量。AI 新媒体新闻写作高度依赖于大数据和算法技术。然而，数据质量的不稳定性和算法的局限性往往会影响新闻内容的准确性和可信度。因此，如何加强对数据质量的控制和管理，优化算法模型，提高 AI 写作的准确性和可靠性，成为新闻机构在使用 AI 技术时必须关注的重要问题。

（6）伦理难题。AI 新媒体新闻写作还涉及一系列伦理问题。例如，智能分发可能加速反转新闻的传播，导致公众对新闻真实性的信任度下降。此外，AI 在新闻写作中的决策过程是否透明、公正，也引发了广泛的关注和讨论。因此，如何建立完善的伦理规范体系，加强对 AI 写作的监管和审核，确保新闻内容的真实、公正、客观，成为新闻行业必须面对的重要课题。

面对 AI 新媒体新闻写作中的重重挑战，我们可以采取一系列切实可行的应对策略，以推动新闻行业的健康发展与技术创新。

（1）技术辅助与人机协作。首要策略是明确 AI 作为辅助工具的角色，促进人机协同工作。通过人类记者的深度洞察与 AI 的高效生产相结合，既能保持新闻内容的深度与创意，又能确保信息的及时性与广泛性。

（2）加强专业素养。新闻写作者应不断提升自身专业素养和综合能力，加强对复杂新闻事件的分析和报道能力。同时，新闻机构也应加强对记者的培训和引导，帮助他们更好地适应 AI 技术带来的变革和挑战。

（3）持续优化算法与技术创新。技术研发团队应致力于 AI 算法和模型的持续优化与创新，提升其在处理复杂信息、理解语境、保障数据质量等方面的能力。通过引入最新的人工智能技术，不断推动 AI 写作向更加智能化、精准化的方向发展。

（4）建立健全伦理监管机制。针对 AI 写作可能引发的伦理问题，新闻行业应主动建立健全的伦理监管机制。这包括制定明确的伦理准则、加强内容审核与监督、提高公众对 AI 新闻的认知与信任度等。同时，鼓励行业内外对话与合作，共同探索 AI 新闻写作的伦理边界与发展方向。

### 子任务 5.3.3　利用 AI 工具提升新媒体新闻标题的吸引力

在进行新媒体新闻写作时，利用 AI 工具提升标题的吸引力是一个高效且创新的做法。以下是一些具体的策略。

（1）智能关键词提取。AI 能够分析新闻内容，自动提取出最相关的关键词或短语。这些关键词往往能够直接反映新闻的核心信息，同时也是吸引读者点击的关键。通过将这些关键词巧妙地融入标题中，可以显著提高标题的吸引力和点击率。

（2）情感分析。AI 能够分析新闻内容的情感倾向，并据此生成具有情感色彩的标题。例如，对于积极正面的新闻，可以生成乐观、鼓舞人心的标题；而对于负面新闻，则可以采用引人深思或警示性的标题。这种情感化的标题能够更有效地触动读者的情感共鸣，从而增加点击率。

（3）趋势预测与热点追踪。AI 能够实时追踪网络热点和流行趋势，预测哪些话题最可能吸引读者的关注。基于这些预测，AI 可以生成与当前热点紧密相关的标题，从而提高新闻内容的时效性和吸引力。

（4）A/B 测试与优化。AI 还能进行 A/B 测试，即同时展示多个版本的标题给不同读者群体，并收集点击率、停留时间等数据进行分析。基于这些数据，AI 能够自动优化标题，选择表现最佳的版本进行推广。这种持续优化的过程能够确保标题始终保持在最佳状态，吸引更多读者的关注。

（5）个性化推荐。虽然这更多是在内容分发层面的应用，但 AI 的个性化推荐技术也能间接提升标题的吸引力。通过分析读者的兴趣偏好和历史行为数据，AI 能够为他们推荐更符合个人喜好的新闻标题和内容。这种个性化的推荐方式能够增加读者对新闻内容的期待感和满意度，从而提高整体的点击率和阅读体验。

综上所述，利用 AI 工具提升新媒体新闻标题的吸引力是一个综合性的过程，需要充分利用 AI 的智能化、数据化优势，不断优化和创新标题的生成和展示方式。

**【案例】**            **使用讯飞星火提升新闻标题的吸引力**

使用讯飞星火提升新闻标题的吸引力，可以通过其自然语言处理技术优化标题的语言表达，使其更具力量和感染力。通过分析目标受众及测试不同标题版本，讯飞星火帮助创造出既简洁明了又情感共鸣的标题，有效提高新闻文章的点击率和阅读量。

假设有一篇新闻报道了一项新的科研成果，原文标题为"最新研究发现新型抗癌药物"。这个标题虽然传达了基本信息，但缺乏吸引力。下面使用讯飞星火对其标题进行提升，使其更具吸引力，具体方法与步骤如下。

（1）确定新闻核心内容。

研究团队在癌症治疗领域取得了突破，发现了新型抗癌药物。

（2）分析目标受众。

目标受众可能是关心健康信息的普通大众、医疗专业人士，或是癌症患者的家属。

（3）提炼关键信息。

新型抗癌药物、最新研究、癌症治疗突破。

（4）使用讯飞星火进行语言优化。

将"最新研究发现新型抗癌药物"转换为更具吸引力的标题。

（5）应用数字和数据。

如果研究中有具体数据，如"生存率提高 30%"，可以加入标题中。

（6）利用情感和好奇心。

使用能引起情感共鸣的词汇，如"希望""突破"。

（7）保持简洁明了。

确保标题不超过 10 个字，便于理解和记忆。

（8）测试和修改。

通过讯飞星火的自然语言处理功能，测试不同标题的吸引力，并根据反馈进行修改。

（9）适应不同平台。

如果是在社交媒体上发布，可以添加一些相关的标签，如 # 癌症治疗新突破 #。

最终的标题可能是"新抗癌药物研发成功，生存率提高 30%！"，这个标题简洁明了，传递了新闻的核心内容，并激发了读者的情感和好奇心。

## 子任务 5.3.4   利用 AI 在海量信息中筛选和整合有价值的新闻素材

面对海量信息，AI 通过其强大的数据处理和分析能力，能够显著帮助新闻编辑筛选和整合有价值的新闻素材。具体来说，AI 在这一过程中的作用主要体现在以下几方面。

### 1. 智能筛选

（1）关键词匹配：AI 可以根据新闻编辑设定的关键词或主题，自动在海量信息中搜索和匹配相关的新闻素材。这一过程快速且高效，能够迅速缩小素材范围，降低人工筛选的时间成本。

（2）来源可信度评估：AI 能够分析新闻素材的来源，评估其可信度和权威性。通过对比多个信息源，AI 能够筛选出最可靠、最有价值的新闻素材，提高新闻内容的真实性和准确性。

（3）内容相关性分析：AI 还能够分析新闻素材与当前新闻事件或主题的关联度，进一步筛选出与报道需求高度相关的素材。这有助于新闻编辑快速定位到最重要的信息点，为后续的整合工作打下基础。

### 2. 自动整合

（1）信息聚合：AI 能够将多个来源的新闻素材进行聚合，提取关键信息点，形成一篇结构清晰、内容丰富的新闻稿。这一过程不仅提高了新闻编辑的工作效率，还确保了新闻内容的全面性和深度。

（2）智能摘要：对于较长的新闻素材，AI 能够自动生成摘要，帮助新闻编辑快速了解素材的主要内容。这有助于新闻编辑在有限的时间内做出更准确的判断，选择最适合的报道角度和重点。

（3）语义分析：AI 通过语义分析技术，能够深入理解新闻素材中的语义关系，识别出关键信息和观点。这有助于新闻编辑在整合素材时更加准确地把握新闻事件的本质和核心，提升新闻内容的深度和洞察力。

### 3. 个性化推荐

虽然这更多是在内容分发层面的应用，但 AI 的个性化推荐技术也能间接帮助新闻编辑筛选和整合有价值的新闻素材。通过分析读者的兴趣偏好和历史行为数据，AI 能够为新闻编辑提供关于哪些类型的新闻素材更可能吸引读者关注的建议。这有助于新闻编辑在筛选和整合素材时更加精准地定位目标受众，提升新闻内容的针对性和吸引力。

综上所述，AI 通过智能筛选、自动整合和个性化推荐等功能，能够显著帮助新闻编辑在海量信息中筛选出有价值的新闻素材，并高效地整合成高质量的新闻内容。随着人工智能技术的不断发展，AI 在新闻编辑领域的应用前景将更加广阔。

使用讯飞星火在海量信息中筛选和整合有价值的新闻素材，可以通过以下详细的操作步骤进行。

**第 1 步** 准备阶段。

（1）明确目标：首先，明确需要筛选和整合的新闻素材的主题、领域或关键词，如"新能源汽车市场趋势""人工智能最新进展"等。

（2）连接互联网：确保计算机可以稳定连接到互联网，以便讯飞星火能够访问并处理海量信息。

【提示】也可以在手机或平板计算机上下载并安装讯飞星火认知智能大模型的官方应用程序。

**第 2 步** 输入与搜索。

（1）文字输入：打开讯飞星火 App，单击"输入框"按钮，在键盘上输入明确的搜索指令或问题，如"搜索最近一周内关于新能源汽车市场趋势的新闻素材"。

（2）自然语言交互：讯飞星火支持自然语言理解，因此可以像与人交流一样输入问题，提出具体需求。

**第 3 步** 筛选与整合。

（1）初步筛选。

①讯飞星火会根据指令，在海量信息中初步筛选出与新能源汽车市场趋势相关的新闻素材。

②可以进一步通过语音或文字输入，对筛选结果进行细化，如"只显示来源为权威媒体的文章"。

（2）内容分析。

①利用讯飞星火的多模态能力，如文本分析、情感分析等，对筛选出的新闻素材进行深入分析。

②通过询问"这些文章中哪些提到了新能源汽车销量增长的具体数据？"等问题，让讯飞星火帮助快速定位到关键信息。

（3）整合与呈现。

①将筛选出的有价值的新闻素材进行整合，可以请求讯飞星火按照时间顺序、重要性或相关性进行排序。

②如果需要，还可以请求讯飞星火生成一份简洁的摘要或报告，以便于后续的阅读和使用。

【案例】　　使用讯飞星火在海量信息中筛选和整合有价值的新闻素材

假设你是一名汽车行业的记者，需要撰写一篇关于新能源汽车市场趋势的深度报道。可以按照以下步骤使用讯飞星火。

（1）登录讯飞星火网站（https://xinghuo.xfyun.cn/desk）。

（2）输入指令"搜索并整理最近三个月内关于新能源汽车市场趋势的新闻素材，特别关注销量增长、技术创新和政策支持等方面的内容"。

（3）讯飞星火回复如下。

> 我无法直接搜索互联网或提供实时新闻素材。不过，我可以提供一些一般性的信息和分析框架，帮助您了解新能源汽车市场趋势，包括销量增长、技术创新和政策支持等方面的信息。
>
> **销量增长**
>
> 新能源汽车的销量在全球范围内持续增长，特别是在中国、欧洲和美国等地区。这一增长受到多种因素的推动，包括但不限于：
>
> ▶ 政府对传统燃油车的限制措施和对新能源汽车的补贴政策；
>
> ▶ 消费者对环保意识的提升和对新能源汽车技术的接受度增加；
>
> ▶ 新能源汽车技术的进步，如电池续航能力的提高和充电设施的完善。
>
> **技术创新**
>
> 技术创新是推动新能源汽车发展的关键因素之一。主要的技术进展包括：
>
> ▶ 电池技术。固态电池的研发进展，有望提高能量密度和安全性，同时降低成本。
>
> ▶ 驱动系统。高效率电机和电力电子器件的发展，提高了车辆的性能和能效。
>
> ▶ 自动驾驶和车联网技术。这些技术的结合为新能源汽车提供了新的功能和增值服务，增强了用户体验。
>
> **政策支持**
>
> 各国政府通过一系列政策措施支持新能源汽车的发展，主要包括：

> ▶ 财政补贴。对购买新能源汽车的消费者提供直接的经济补贴。

> ▶ 税收优惠。减免新能源汽车购置税、使用税等，降低消费者的购车成本。

> ▶ 基础设施建设。投资建设充电站和换电站，解决充电不便的问题。

> ▶ 限制燃油车使用。在一些城市实施燃油车限行政策，鼓励市民选择新能源汽车。

> 综上所述，新能源汽车市场的增长受到销量上升、技术进步和政策支持的共同推动。未来，随着技术的不断进步和政策的进一步优化，新能源汽车的市场潜力巨大。希望这些信息能够帮助您更好地理解新能源汽车市场的最新趋势。如果您需要最新的具体数据和新闻报道，建议查阅权威的行业分析报告和新闻网站获取。

（4）筛选关键信息。

①通过讯飞星火筛选出的新闻素材中，你发现了几篇报道提到了新能源汽车销量的大幅增长。

②询问讯飞星火"这些文章中，哪些详细描述了新能源汽车销量增长的具体数据和背后的原因？"以获取更深入的信息。

③讯飞星火回复如下。

> 在提供的文本片段中，以下两段内容详细描述了新能源汽车销量增长的具体数据和背后的原因。
>
> **1. 中国新能源汽车行业研究报告的节选**
>
> **销量增长的数据：** 2023年中国新能源汽车产量为958.7万辆，销量达到949.5万辆，同比分别增长35.8%和37.9%。2024年1~5月，新能源汽车累计销量达到389万辆，同比增长32.5%。2024年5月，新能源汽车销量为96万辆，同比增长33.3%，环比增长12.4%。
>
> **增长原因：** 首先，政府出台了一系列支持新能源汽车发展的政策，例如提供购车补贴、税收减免和建设充电基础设施等措施。其次，消费者环保意识的提升和对节能出行的需求也进一步推动了新能源汽车市场的扩展。再次，电池技术的不断突破，如锂离子电池能量密度的提升、成本的降低，以及充电速度的加快，都为新能源汽车的性能提升和市场接受度提供了坚实保障。
>
> **2. 中国汽车工业协会发布的汽车产销数据的节选**
>
> **销量增长的数据：** 2023年，汽车产销分别累计完成3016.1万辆和3009.4万辆，同比分别增长11.6%和12%。其中，新能源汽车继续保持快速增长，产销突破900万辆，市场占有率超过30%。12月，新能源汽车保持快速增长，产销量再创历史新高，当月新能源汽车产销分别达到117.2万辆和119.1万辆，同比分别增长47.5%和46.4%，市场占有率达到37.7%。
>
> **增长原因：** 一是国家政策的持续支持，包括购车补贴、税收优惠、充电基础设施建设等；二是技术进步，尤其是电池技术的进步，提高了新能源汽车的性能和市场接受度；三是市场需求的增长和消费者环保意识的提升。此外，中国品牌新能源汽车在国内外市场的占有率不断提升，也是推动销量增长的重要原因之一。
>
> 综上所述，这两段文本不仅提供了新能源汽车销量增长的具体数据，还深入分析了背后的多重原因，包括政策支持、技术进步和市场需求的增长。这些信息有助于全面了解新能源汽车市场的发展态势。

（5）整合素材。

①将筛选出的关键素材按照时间顺序或重要性进行排序。

②请求讯飞星火生成一份包含主要观点、数据和结论的摘要或报告初稿。

③讯飞星火回复如下。

---

明白，以下是根据您的要求，按照时间顺序和重要性排序的关键素材摘要报告初稿。

**标题：新能源汽车市场销量增长分析**

**一、摘要**

本报告基于中国新能源汽车行业的官方数据和市场研究，详细分析了新能源汽车市场销量增长的具体数据和背后的原因。通过对 2023 年及 2024 年年初的数据进行总结，我们发现新能源汽车市场呈现出强劲的增长态势，主要受到政策支持、技术进步和市场需求增长的推动。

**二、主要观点与数据**

1. 销量增长数据

▶ 2023 年：全年新能源汽车产量为 958.7 万辆，销量达到 949.5 万辆，同比分别增长 35.8% 和 37.9%。

▶ 2024 年 1~5 月：新能源汽车累计销量达到 389 万辆，同比增长 32.5%。

▶ 2024 年 5 月：单月销量为 96 万辆，同比增长 33.3%，环比增长 12.4%。

2. 增长原因分析

▶ 政策支持：政府推出了一系列支持政策，包括购车补贴、税收减免和充电基础设施建设，这些措施显著降低了消费者的购车成本并提高了购车意愿。

▶ 技术进步：尤其是电池技术的突破，如锂离子电池能量密度的提升和成本的降低，提高了新能源汽车的性能和市场接受度。

▶ 市场需求增长：随着环保意识的提升和节能出行需求的增加，消费者对新能源汽车的需求持续增长。

3. 市场占有率

▶ 2023 年 12 月：新能源汽车市场占有率达到 37.7%，显示出新能源汽车在汽车市场中的重要地位和快速增长趋势。

**三、结论**

新能源汽车市场在 2023 年和 2024 年年初展现出了显著的增长，这主要得益于政府政策的持续支持、关键技术的突破和市场需求的快速增长。未来，随着技术的进一步进步和更多优惠政策的实施，新能源汽车市场预计将继续保持高速增长态势。此外，中国品牌新能源汽车在国内外市场的占有率不断提升，表明中国新能源汽车产业的国际竞争力不断增强。

---

（6）完善报道。

①根据讯飞星火提供的素材和摘要，开始撰写报道的初稿。

②在撰写过程中，可以随时向讯飞星火提问以获取更多细节或验证某些信息。

通过以上步骤，可以高效地利用讯飞星火在海量信息中筛选和整合有价值的新闻素材，为新闻报道提供有力支持。

## 项目小结

本项目深入探讨了新媒体新闻的特点、要求及写作要点。通过理解其定义、传播特性及受众定位，我们掌握了新媒体新闻内容策略的核心。结合案例分析，学习了基本规范，强化了互动与多媒体应用能力。尤为重要的是，项目探索了 AI 技术在新闻采集与写作中的前沿应用，评估了其效果并直面挑战。本项目为从业者提供了全面的新媒体新闻写作指南与 AI 融合实践的宝贵经验。

## 课后作业

1. 请阐述新媒体新闻相较于传统媒体新闻的主要特点和传播特性，并举例说明这些特点如何影响新闻的传播效果。

2. 在新媒体环境下，如何准确定位新媒体新闻的受众群体？

3. 新媒体新闻写作有哪些基本规范需要遵循？

# 项目 6　新媒体广告写作

在数字化浪潮中，新媒体广告文案已成为品牌与用户沟通的关键工具。它不仅是传递品牌理念、产品信息和活动详情的桥梁，更是激发用户需求、增强品牌认知，并促进销售转化的有效手段。随着新媒体广告文案的不断发展，已形成了一套固定的写作规律，并积累了众多宝贵的写作技巧。本项目将深入剖析这些写作规律和技巧，旨在帮助新媒体写作者掌握科学的写作方法，提升广告效果，实现理想的市场反响。

在本项目中，将深入分析新媒体广告文案的特点与写作要点，从广告文案的独特性出发，探讨如何制定创意策略，学习广告文案写作方法与技巧。同时，通过对成功案例的分析，掌握广告文案的营销策略和创意精髓。此外，还将探索 AI 在广告创意和文案生成中的应用，评估其效果及面临的挑战。通过理论学习与实践案例操作的结合，本项目旨在提升学习者在新媒体环境下的广告文案创作能力，有效运用 AI 技术，创作出更具创新性和影响力的广告作品。

## 任务 6.1　新媒体广告文案的特点与分类

### 任务描述

新媒体广告文案是新媒体运营者营销宣传、发布信息的关键工具。有效的文案能促进产品销售，增强品牌影响力。本任务将分析新媒体广告文案的独特性；探讨其创意策略及有效表达技巧；学习如何打造具有吸引力和说服力的文案，以提升品牌价值和市场竞争力。

### 任务目标

- ▶ 了解新媒体广告文案的特点。
- ▶ 了解新媒体广告文案的分类。

### 相关知识

#### 子任务 6.1.1　了解新媒体广告文案的特点

新媒体广告文案以其多样化的呈现方式和广阔的创意空间，展现出独特的特点，这些特点彰显了其在现代营销中的重要性和优势。新媒体广告文案的主要特点包括灵活性、互动性、精

图 6-1 新媒体广告文案的特点

准性、透明性和可追踪性，如图 6-1 所示。

### 1. 灵活性

新媒体广告文案的灵活性表现在两个关键方面。首先，它允许多样化的广告展示形式，包括文字、图片、音频和视频等，使创作者可以根据需求灵活选择最适合的展示方式。其次，新媒体平台使得在广告投放后更改信息变得可能，解决了传统媒体一旦投放就无法更改的问题。如果广告内容出现错误，可以通过新媒体平台迅速更正，如删除错误广告并重新发布，或者在评论区提供正确信息，大幅减少了潜在的损失。

### 2. 互动性

新媒体的兴起改变了传统媒体单向传播的局限，使每个人既是信息的接收者也是传播者。在新媒体环境下，广告的传播方式实现了与受众的双向互动。受众不仅能选择接收或拒绝信息，还可以通过评论、点赞或转发等方式参与互动，甚至自行发布信息，加深了品牌与用户之间的联系。

例如，知名运动品牌安踏在微博上发布的品牌广告文案，邀请用户参与话题讨论，如图 6-2 所示。该新媒体广告文案收获 1.6 万条评论（称为"深互动"）和 4.9 万个点赞（称为"浅互动"），显示出用户积极参与讨论。此外，广告的转发量高达 6.4 万次，极大地扩展了广告的触达和影响力。

图 6-2 知名运动品牌安踏在微博上发布的品牌广告文案

### 3. 精准性

新媒体平台能够基于用户的地域、兴趣、点击习惯等数据进行精细划分，实现广告的精准投放。这种针对性的广告推送不仅节省了广告预算，还提升了用户的品牌好感度，增加了购买转化率。

新媒体平台上，用户的浏览痕迹被记录并分析，以便向他们推送他们感兴趣的内容。例如，某用户近期在手机淘宝上浏览过金饰类产品之后，手机淘宝后台就会给该用户打上相应的需求标签，此后该用户再次浏览手机淘宝时，会发现淘宝平台向其推荐了大量金饰类产品，如图 6-3 所示。这种方式不仅提升了用户体验，也增加了广告效果。

### 4. 透明性

在传统媒体时代，技术限制往往导致广告信息不对称，使得受众容易对广告内容产生怀疑或误解，难以理解其真实含义。然而，随着新媒体广告的兴起，这一状况得到了显著改善。新媒体平台的广告信息更加透明，用户可以从多个渠道了解和验证产品信息，有效减少了买卖双方之间的信息差距。这种透明性不仅增强了广告的可信度，还提升了用户对品牌的信任度，为品牌与用户之间建立了更加稳固的沟通桥梁。

### 5. 可追踪性

新媒体平台通过技术手段追踪和记录用户在平台上的行为，如浏览、评论、点赞和转发等，为品牌提供了宝贵的数据。这些数据帮助品牌及时了解用户对新媒体广告的反应，从而有

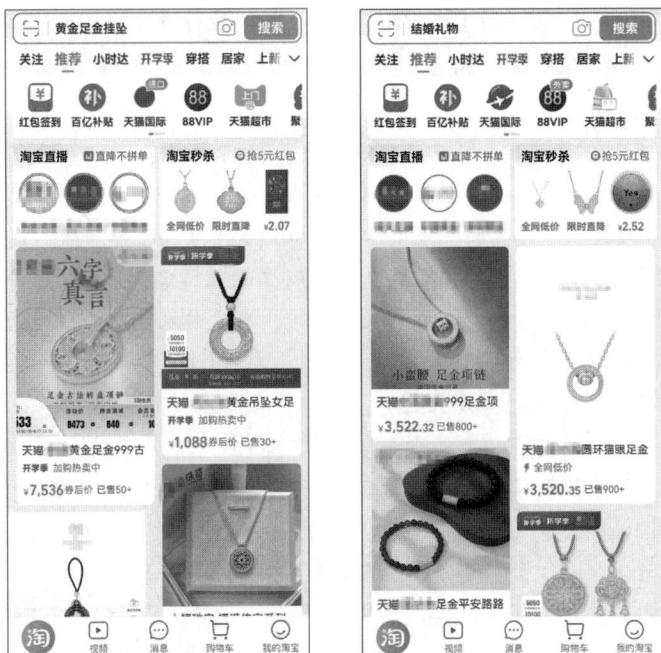

图 6-3　淘宝平台向某用户推送的金饰类产品信息

针对性地调整营销策略，提升老客户留存率，促进新产品的销售。新媒体平台的可追踪性为品牌带来了更多的市场机会和竞争优势。

## 子任务 6.1.2　了解新媒体广告文案的分类

新媒体广告依托新媒体平台，传播品牌、促销产品及提供客户服务信息。因此，新媒体广告文案可以分为三类：品牌传播类，强化品牌形象；产品促销类，推动销售增长；客户服务类，优化用户体验。

### 1. 品牌传播类广告文案

品牌传播类广告文案旨在强化品牌形象与价值观，通过故事叙述、情感共鸣或独特卖点展现，塑造品牌个性与记忆点，吸引并维持目标受众的认同与偏好。

品牌传播类广告文案的特点主要体现在以下几个方面。

（1）深度传达品牌理念。品牌传播类广告文案不仅是信息的传递，更是品牌理念的深度阐述。它通过文字的力量，将品牌的核心价值观、使命和愿景传递给目标受众，加深消费者对品牌的认知与理解。

（2）情感共鸣与连接。这类文案擅长运用情感元素，通过讲述故事、描绘场景或触动人心的话语，与消费者建立情感上的联系。它让品牌不再是一个冷冰冰的商标，而是成为消费者生活中的一部分，具有温度和情感。

（3）独特性与差异化。在竞争激烈的市场中，品牌传播类广告文案强调品牌的独特性和差异化。它通过独特的视角、创意的表达或新颖的观点，使品牌在众多竞争者中脱颖而出，吸引消费者的注意力和兴趣。

（4）长期效应。品牌传播类广告文案注重长期品牌建设，而非短期的销售促进。它致力于在消费者心中树立品牌形象，培养品牌忠诚度，为品牌的长期发展奠定坚实基础。

【案例】　　　　　　华为手机广告"未来已来，触手可及"

这句广告文案不仅简洁有力，而且深刻传达了华为品牌在科技创新和用户体验方面的领先地位。

华为手机的"未来已来，触手可及"广告文案，精准捕捉了品牌的核心竞争力——科技创新与用户体验的完美融合。它不仅彰显了华为前瞻性的技术视野，更以情感共鸣的方式，让消费者感受到科技进步带来的触手可及的未来生活。这句文案简洁而富有力量，成功地将华为品牌与"引领未来"的形象紧密相连，塑造了其在智能手机领域的独特地位。在消费者心中，华为不再是单纯的科技产品提供者，而是连接现在与未来的桥梁，激发着人们对美好生活的无限向往。

### 2. 产品促销类广告文案

产品促销类广告文案旨在迅速吸引消费者注意，激发购买欲望，并促使立即行动。

产品促销类广告文案的特点主要体现在以下几方面。

（1）直接明了，突出优惠信息。产品促销类广告文案的首要任务是迅速吸引消费者的注意力，并明确传达促销活动的核心信息，如折扣、赠品、限时优惠等。文案语言通常直接明了，避免冗长和复杂的表述，确保消费者一眼就能捕捉到关键优惠信息。

（2）紧迫感与稀缺性。为了促使消费者尽快行动，产品促销类广告文案常常营造出一种紧迫感或稀缺性的氛围。例如，通过强调"限时抢购""限量发售""最后几天"等字眼，激发消费者的购买欲望，促使他们立即下单或前往店铺购买。

（3）明确的目标受众。促销文案往往针对特定的目标受众进行设计，以确保信息的有效传达。这要求文案创作者深入了解目标消费者的需求和偏好，采用符合他们语言和风格的方式撰写文案，从而提高广告的吸引力和转化率。

（4）强调产品价值与优势。虽然促销文案主要围绕优惠信息展开，但也会适当强调产品的独特价值和优势。通过突出产品的特点、功能或品质，增强消费者的购买信心和满意度，进一步提升促销效果。

（5）呼吁行动。产品促销类广告文案的最终目的是促使消费者采取行动。因此，文案中通常会包含明确的行动号召（CTA），如"立即购买""点击领取优惠券""进店咨询"等，引导消费者按照预期路径进行下一步操作。

综上所述，产品促销类广告文案具有直接明了、营造紧迫感与稀缺性、明确目标受众、强调产品价值与优势以及呼吁行动等特点。这些特点共同作用于消费者，激发他们的购买欲望并促使他们采取行动。

【案例】　　　　　　淘宝"双十一全球狂欢节"广告文案

文案描述："双十一来了！一年一度的购物狂欢节，全网最低价，错过等一年！海量商品，五折起售，更有亿万红包、优惠券等你来抢！从凌晨开始，与你一起嗨翻天，让购物成为一种享受！"

分析：

▶ 品牌效应：淘宝作为国内电商巨头，其"双十一"活动已经形成了强大的品牌效应，文案中直接提及"双十一来了"，就能迅速引起消费者的共鸣和关注。

▶ 价格优势：文案中明确提到"全网最低价"和"五折起售"，直接击中了消费者对于价格的敏感度，增强了购物的吸引力。

▶ 互动性强：通过提及"亿万红包、优惠券等你来抢"，增加了活动的互动性和趣味性，让消费者在购物的同时也能享受到抢红包的乐趣。

▶ 时间紧迫感：文案中的"错过等一年"和"从凌晨开始"等表述，强调了活动的限时性和紧迫性，促使消费者提前做好准备，及时参与抢购。

这个案例充分展示了产品促销类广告文案的特点：明确的优惠信息、丰富的商品种类、强烈的紧迫感营造以及品牌效应的利用。这些元素共同作用，使得广告文案具有强大的吸引力和说服力，能够有效地促进产品的销售。

### 3. 客户服务类广告文案

客户服务类广告文案旨在展现企业对于客户服务的重视和承诺，通过温馨、专业且富有吸引力的语言，增强客户对企业的信任和好感。

客户服务类广告文案的特点主要体现在以下几方面。

（1）情感化表达：客户服务类广告文案往往注重情感共鸣，通过温馨、关怀的语言触动客户的心弦，让客户感受到企业的真诚和关怀。这种情感化的表达有助于建立企业与客户之间的情感联系，增强客户的归属感和忠诚度。

（2）明确的服务承诺：文案中通常会明确列出企业的服务承诺，如快速响应、专业解答、个性化服务等，以展现企业对客户服务的重视和承诺。这些承诺不仅让客户对服务有明确的预期，也增强了客户对企业的信任感。

（3）强调专业性：客户服务类广告文案会突出企业的专业性，强调客服团队的专业素养和服务能力。通过展示企业在客户服务方面的专业优势，提升客户对服务的认可度和满意度。

（4）突出以客户为中心：文案中常常强调"客户至上""以客户为中心"的理念，表明企业始终将客户需求放在首位，致力于提供满足甚至超越客户期望的服务。这种以客户为中心的理念有助于建立企业的良好口碑和品牌形象。

（5）提供便利性和价值感：客户服务类广告文案还会强调服务的便利性和为客户带来的价值。例如，提供 24 小时客服在线、一键咨询、专属优惠等，让客户感受到服务的便捷和实惠，从而增加客户的满意度和忠诚度。

（6）积极倡导互动与反馈：为了更好地了解客户需求和提升服务质量，客户服务类广告文案还会积极倡导客户与企业之间的互动与反馈。例如，鼓励客户提出宝贵意见、参与服务评价等，以便企业及时调整和优化服务策略，更好地满足客户需求。

综上所述，客户服务类广告文案的特点在于情感化表达、明确的服务承诺、强调专业性、突出以客户为中心、提供便利性和价值感以及积极倡导互动与反馈等方面。这些特点共同作用于客户，增强了客户对企业的信任和好感，提升了企业的品牌形象和客户忠诚度。

**【案例】**               **京东的客户服务广告文案**

文案内容："京东客服，您的购物守护者！全天候在线，为您解答每一个疑问。从选购到售后，全程无忧。我们用心倾听，快速响应，只为给您带来更舒心的购物体验。在京东，服务不止于商品，更在于那份贴心与关怀。"

分析：

▶ 情感共鸣与品牌形象：文案通过"您的购物守护者"这一表述，迅速建立了京东客服与客户之间的情感联系，让客户感受到京东作为购物平台的可靠性和贴心服务。这种情感化的表达有助于塑造京东积极、负责的品牌形象。

▶ 明确的服务承诺：文案中明确提到了"全天候在线""为您解答每一个疑问"以及"全程无忧"等承诺，这些承诺具体而明确，让客户对京东的客户服务有了清晰的预期和信任感。同时，也体现了京东对客户服务的高度重视和承诺。

- ▶ 强调专业性和及时性："用心倾听，快速响应"是文案中强调的另一点。这体现了京东客服团队的专业素养和服务能力，以及他们对客户需求的敏锐洞察和快速响应能力。这种专业性和及时性能够提升客户对服务的满意度与信任度。

- ▶ 全面覆盖购物流程：文案中提到"从选购到售后，全程无忧"，这展示了京东客户服务的全面性。无论是购物前的咨询、购物过程中的问题还是购物后的售后服务，京东都能够提供全方位的支持和保障，让客户在整个购物流程中都感受到安心和便捷。

- ▶ 强化服务价值："在京东，服务不止于商品，更在于那份贴心与关怀"这一表述强调了京东客户服务的价值所在。它不仅关注商品的交付和交易的完成，更注重在交易过程中为客户提供贴心、周到的服务体验。这种服务价值的强化有助于提升客户对京东的忠诚度和复购率。

综上所述，京东的客户服务广告文案通过情感共鸣、明确的服务承诺、强调专业性和及时性、全面覆盖购物流程以及强化服务价值等方面成功地展现了其优质的客户服务理念和实践。这种文案不仅提升了客户对京东的信任感和满意度，也进一步巩固了京东在电商行业的领先地位。

## 任务 6.2　新媒体广告文案的创意与营销策略

### ——◦ 任务描述 ◦——

撰写新媒体广告文案，需融合创意策略与精准写作要点。创意上，追求新颖独特，紧贴热点趋势，运用故事化、情感共鸣或幽默诙谐手法吸引眼球；写作时，注重简洁明了，直击痛点或利益点，采用用户视角构建对话感，同时确保信息准确，语言风格与目标受众契合。通过精准定位与创意表达，有效提升广告传播力与转化率。本任务将分析新媒体广告文案的创意策略，掌握新媒体广告文案的写作要点，从而写作出吸引眼球的爆款广告文案。

### ——◦ 任务目标 ◦——

- ▶ 掌握新媒体广告文案的创意策略。
- ▶ 掌握新媒体广告文案的营销策略。

### ——◦ 相关知识 ◦——

### 子任务 6.2.1　掌握新媒体广告文案的创意策略

在新媒体时代，广告文案的创意性不仅是吸引用户注意力的关键，更是塑造品牌形象、促进销售转化的重要手段。以下是一些新媒体广告文案的创意策略，旨在帮助广告创作者突破传统框架，实现更有效的营销沟通。

1. 情感共鸣，触动人心

情感共鸣是连接品牌与消费者最深层次的纽带。优秀的广告文案能够精准捕捉目标受众的情感需求，通过真实、感人的故事或积极向上的价值观，触动人心，激发共鸣。

例如，华为智能门锁在母亲节推出的"时间向前，唯爱不变"视频广告，该广告通过讲述一位母亲与女儿之间关于岁月与爱的故事，配以温馨感人的画面，不仅展现了产品的功能，更传递了母爱的伟大与无私，深深触动了广大受众的心弦，如图 6-4 所示。这样的文案不仅增强了品牌记忆点，还提升了广告的口碑传播效应。

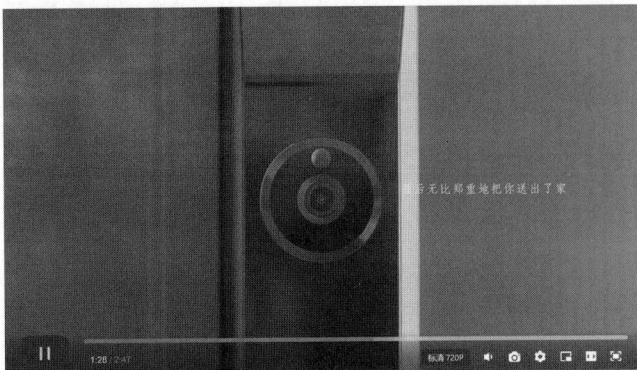

图 6-4　华为智能门锁"时间向前，唯爱不变"视频广告

### 2. 独特视角，颠覆常规

在新媒体时代，信息爆炸使得受众对常规内容产生审美疲劳。因此，独特视角和颠覆性的创意成为吸引眼球的关键。创作者应勇于打破常规思维，从意想不到的角度解读产品或服务，利用反讽、夸张、隐喻等手法，创造出令人耳目一新的广告内容。这种创新不仅能让广告在众多信息中脱颖而出，还能引领行业潮流，塑造品牌的独特个性。

例如，拼多多通过其独特的"百亿补贴"策略，以颠覆传统电商价格体系的视角，吸引了大量消费者的关注。其广告文案"官方补贴 正品低价"，直接挑战了消费者对电商价格的固有认知，展现了平台对性价比的极致追求。这种独特视角不仅提升了广告的吸引力，也有效塑造了拼多多"实惠好物"的品牌形象。拼多多"百亿补贴"页面如图 6-5 所示。

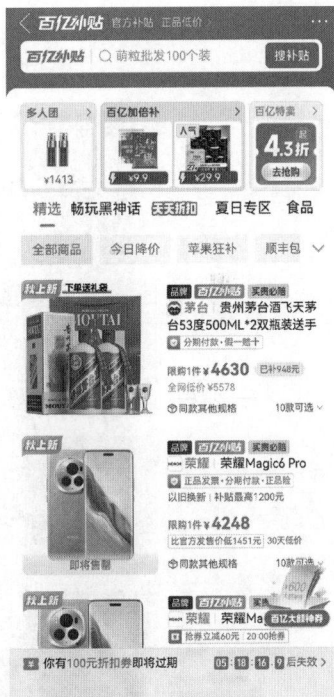

图 6-5　拼多多"百亿补贴"页面

### 3. 互动参与，增强黏性

新媒体平台的互动功能为广告创作提供了丰富可能性。通过设计有趣的互动环节或挑战，鼓励受众积极参与，这不仅增强了受众的参与感和黏性，还能收集到宝贵的用户反馈。

例如，一家科技产品品牌在微博上发起"# 运动打卡挑战 #"活动，邀请用户分享运动瞬间或挑战视频，并设置丰厚奖品激励参与，如图 6-6 所示。这种互动不仅提升了用户的参与度，也增强了品牌与受众之间的连接。

### 4. 幽默风趣，轻松传播

幽默是拉近品牌与受众距离的神奇武器。在文案中融入幽默元素，以轻松诙谐的方式传达品牌信息，能够迅速降低受众的抵触心理，提高广告的接受度和传播效率。

例如，麦当劳在其抖音官方账号上发布了一段短视频，通过趣味十足的整蛊风格，介绍一款新上市的玩具，如图 6-7 所示。这种富有创意的幽默手法，不仅成功吸引了年轻群体的目光，还能在社交媒体上引发广泛的传播。

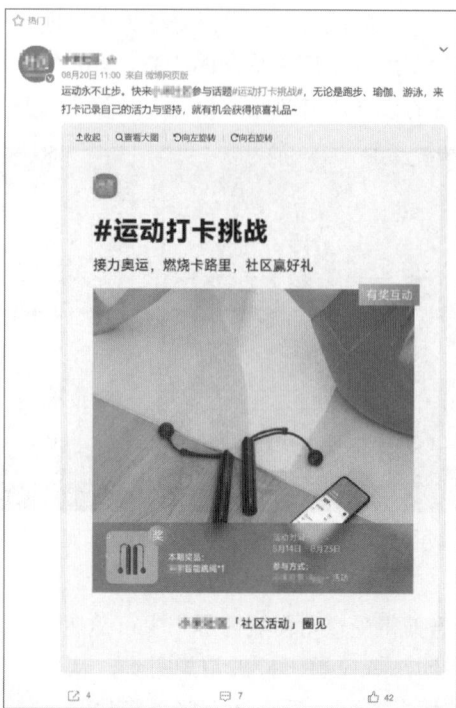

图 6-6　一家科技产品品牌在微博上发起的挑战活动

图 6-7　幽默风趣的短视频广告

**5. 数据支撑，理性说服**

在文案中巧妙运用数据、事实等客观信息来支撑品牌观点或产品优势。通过数据展示产品的实际效果或品牌的行业地位，增强文案的说服力，让受众更加信服并产生购买欲望。

例如，某销售空气净化器产品的商家在其产品文案中展示加入了权威机构的检测数据，通过具体的数据支撑，增强了文案的说服力，让消费者更加信服并愿意为之买单，如图 6-8 所示。

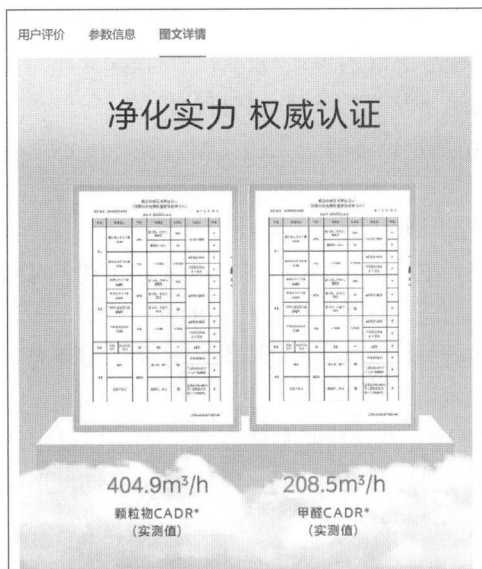

图 6-8　加入了数据的产品文案

#### 6. 视觉辅助，强化印象

在新媒体平台上，视觉元素往往比文字更能吸引受众的注意力。因此，在创作广告文案时，应充分利用图片、视频等视觉元素来辅助表达。通过精美的视觉设计和高质量的视觉内容，可以吸引受众的眼球并加深他们对广告内容的印象。

例如，某珠宝品牌在其广告文案中嵌入精美的产品细节图，同时搭配简洁有力的文字描述，让受众在享受视觉盛宴的同时，也能深入了解产品特点，如图 6-9 所示。

#### 7. 个性化定制，精准触达

大数据和 AI 技术的发展为个性化定制广告提供了可能。利用大数据和 AI 技术对目标受众进行精准画像和个性化推荐，根据受众的兴趣、行为等特征定制专属的广告文案。这种个性化定制不仅能让广告内容更加贴近受众的需求和喜好，还能提高广告的点击率和转化率。同时，通过不断优化算法和模型提升个性化推荐的精准度，实现广告效果的持续提升。

### 子任务 6.2.2　掌握新媒体广告文案的营销策略

在新媒体广告文案的创作中，掌握营销策略是至关重要的一环。有效的广告文案营销策略不仅能够精准触达目标受众，还能有效传递品牌价值，激发消费者的购买欲望，最终实现营销目标。下面将深度剖析新媒体广告文案的 4 大营销策略。

图 6-9　精美的产品细节图

#### 1. 精准定位，关联目标用户

精准定位，是新媒体广告文案的起点，也是其成功的基石。它要求品牌通过详尽的市场调研与数据分析，精准描绘出目标消费群体的画像，包括他们的年龄、性别、地域、兴趣爱好、消费习惯乃至深层的心理需求。在此基础上，文案创作需紧扣目标用户的痛点与需求，构建高度关联性的信息框架，使内容既具针对性又充满温度。

为了实现精准定位，品牌应充分利用大数据与 AI 技术，对用户行为进行深入挖掘与分析，形成精细化的用户画像。这不仅有助于文案在内容上实现精准匹配，还能通过情感共鸣的营造，让用户在阅读过程中感受到品牌的关怀与理解，从而建立起深厚的品牌忠诚度。

例如，某手机品牌针对追求时尚的年轻消费群体，推出了一个专门介绍手机外观的系列合集，如图 6-10 所示。通过精准定位和吸引人的文案内容，该品牌不仅成功吸引了目标用户的关注，也在无形中拉近了品牌与消费者之间的距离。

### 2. 激发参与感，提升互动体验

新媒体平台的强互动性为广告文案的创作提供了无限可能。品牌应充分利用这一特性，设计一系列富有创意和吸引力的互动环节，激发用户的参与热情。无论是发起话题挑战、举办线上抽奖还是征集用户生成内容（UGC），都能有效提升文案的曝光率与传播力，同时在用户之间形成口碑效应，进一步扩大品牌影响力。

例如，某火锅品牌通过社交媒体发起抽奖活动，吸引了众多用户参与，如图 6-11 所示。这个活动不仅提高了品牌的曝光度，还促进了用户之间的互动，形成了口碑传播效应。

图 6-10　某手机品牌的系列广告　　图 6-11　某火锅品牌发起的抽奖活动

另外，在互动过程中，品牌应注重用户反馈的收集与分析，及时调整策略以优化文案效果。

### 3. 制造紧迫感，促进即时转化

在促销活动中，营造紧迫感是促使消费者快速做出购买决策的有效手段。新媒体广告文案应巧妙运用时间限制、数量限制等策略，营造出一种"机不可失，时不再来"的购物氛围。通过明确标注活动截止时间、优惠名额有限等关键信息，并结合倒计时、库存告急等视觉元素，进一步强化紧迫感的表现力。

这种策略能够有效激发消费者的购买冲动，促使他们尽快下单购买。例如，淘宝平台上某箱包店铺推出了一个"特价行李箱专区"，并通过"限时福利／数量有限／赶快抢购"的营销文案制造紧迫感，进而促进消费者尽快下单购买产品，如图 6-12 所示。

同时，品牌还需注意保持信息的真实性与透明度，避免因虚假宣传而损害品牌形象。

### 4. 差异化策略，突出品牌特色

在激烈的市场竞争中，差异化策略是品牌脱颖而出的关键。新媒体广告文案应深入挖掘品牌的核心价值与独特优势，通过内容、形式、语言风格等方面的创新来彰显品牌特色。在内容

图 6-12　制造紧迫感的营销文案示例

方面，品牌应讲述具有感染力的品牌故事、传递积极向上的价值观；在形式方面，勇于尝试新颖独特的表达方式如短视频、H5 互动页面等；在语言风格上，则需紧密贴合目标用户的口味与习惯，用他们熟悉的语言进行沟通。通过这一系列差异化策略的实施，品牌能够在众多竞争对手中脱颖而出，成为消费者心中的首选品牌。

## 任务 6.3　新媒体广告文案的写作要点与技巧

### ○ 任务描述 ○

广告文案，作为品牌与消费者沟通的桥梁，其技巧与创意直接关乎营销成效。本任务将深入剖析广告文案的写作技巧，通过案例分析揭示成功文案背后的创意策略与心理洞察，帮助新媒体写作者创作出直击人心的广告文案，有效提升品牌影响力与产品销售力。

### ○ 任务目标 ○

▶ 掌握新媒体广告文案的写作要点。
▶ 掌握新媒体广告文案的写作技巧。

### ○ 相关知识 ○

#### 子任务 6.3.1　掌握新媒体广告文案的写作要点

新媒体广告文案写作至关重要，需紧跟时代脉搏，精准定位受众。新媒体写作，是连接品牌与用户的桥梁，需匠心独运，方能脱颖而出。新媒体广告文案的写作要点可以归纳为以下几方面：创新吸引，简洁有力传达信息；情感共鸣，增强用户黏性；互动设计，促进传播分享。同时，遵守法律法规，确保内容真实可信，维护品牌形象。

**1. 明确目标受众与广告目的**

首先，需要明确广告的目标受众是谁，以及广告的目的（如提升品牌知名度、促进产品销售、增加用户互动等）。这有助于在写作过程中更准确地把握文案的语言风格、信息重点和情感色彩。

**2. 吸引注意，激发兴趣**

（1）标题创意：标题是吸引读者点击的第一道关卡，因此必须具有创意和吸引力。可以采用直宣效果式、提问式、热点式、悬念式等多种方式，确保标题能够迅速抓住读者的眼球。

（2）开头引人入胜：文案的开头部分同样重要，需要快速吸引读者的注意力。可以采用故事式、情感式、反转式、幽默式等多种开头方式，让读者对文案内容产生浓厚的兴趣。

【案例】"昨晚，我梦见自己站在了巴黎的埃菲尔铁塔下，但当我醒来，却发现肌肤状态比梦里的我还要光彩照人。这一切，都归功于我最近发现的一款神奇面霜。"——采用故事式开头，结合情感元素，迅速吸引读者兴趣。

### 3. 精准传达信息，突出产品优势

（1）简洁明了：新媒体广告文案要求言简意赅，能够在短时间内传达出关键信息。避免冗长复杂的句子和段落，用简洁有力的语言直接传达产品或品牌的核心优势。

（2）强调特点：在文案中突出产品或服务的独特性，让读者了解它的价值和优势。通过对比、举例等方式，让读者更直观地感受到产品的不同之处。

【案例】"相比传统耳机，我们的无线蓝牙耳机采用最新降噪技术，即使在嘈杂的地铁中也能享受如临现场的音乐盛宴。"——通过对比传统产品，强调自身产品的独特优势。

### 4. 情感共鸣，增强信任

（1）情感化表达：通过情感化的表达方式，触动读者的共鸣。可以讲述品牌故事、用户故事等，让读者在情感上与品牌或产品产生共鸣。

（2）权威性和专业性：通过引用专家意见、行业研究等方式，展示文案的权威性和专业性。这有助于增强读者对品牌或产品的信任感。

【案例】"每一口都是家的味道，这款速食面让你在忙碌之余也能感受到家的温暖。"——通过讲述情感故事，触动读者内心，增强品牌认同感。

### 5. 引导互动，促进传播

（1）互动性设计：新媒体广告文案应具有互动性，可以通过提问、引导等方式鼓励读者参与互动。例如，在文案中设置话题讨论、有奖问答等环节，提高读者的参与度和传播效果。

（2）社交化分享：鼓励读者将文案分享到社交媒体等平台上，扩大传播范围。可以通过设置分享按钮、提供分享语等方式，方便读者进行分享。

【案例】"你最喜欢的夏日饮品是什么？快来留言分享，有机会获得我们精心准备的夏日清凉礼包！"——通过设置话题讨论，鼓励读者参与互动。

### 6. 创意与个性化

（1）创意突破：在文案写作中需要不断地创新和突破，通过独特的视角和表达方式，让文案在众多广告中脱颖而出。

（2）个性化语言：使用贴近读者口味的语言风格，增加阅读的亲近感和共鸣。根据目标受众的特点和喜好，选择合适的语言风格和表达方式。

【案例】"不是所有的咖啡都叫'猫屎咖啡'，但这款咖啡却能让你品尝到前所未有的独特风味。"——采用独特的命名和描述方式，突破传统咖啡广告的框架。

### 7. 注意文案的合法性和道德性

在文案写作过程中，需要遵守相关法律法规和道德规范，确保文案内容的真实性和合法性。避免使用虚假宣传、夸大其词等不当手段，以免损害品牌声誉和消费者权益。

综上所述，新媒体广告文案的写作要点包括明确目标受众与广告目的、吸引注意激发兴趣、精准传达信息突出产品优势、情感共鸣增强信任、引导互动促进传播、创意与个性化以及注意文案的合法性和道德性等方面。只有掌握了这些要点，才能写出优秀的新媒体广告文案，

实现广告效果的最大化。

## 子任务 6.3.2　掌握新媒体广告文案的写作技巧

在新媒体广告文案的创作过程中，有效表达是连接品牌与消费者情感、传递产品价值、激发购买欲望的关键环节。一篇优秀的广告文案，不仅能够迅速吸引目标受众的注意力，还能在他们心中留下深刻印象，最终促成销售转化。下面将分享新媒体广告文案写作的一些常用技巧。

### 1. 精准定位

广告文案必须精准定位目标受众。这意味着在撰写之前，文案写作者需要对目标群体的需求、兴趣、价值观有深入的了解。通过精准定位，文案能够直接击中消费者的痛点或痒点，让信息更加具有针对性和说服力。

例如，针对注重健康的年轻人群，某品牌推出了一款 100% 椰子水产品，其广告文案巧妙地指出"每瓶热量不到半个苹果的热量"，如图 6-13 所示。这种简洁而直观的表述，不仅凸显了产品的健康属性，也精准地触及了年轻消费者对低热量饮食的偏好，有效提升了产品的吸引力。

图 6-13　某椰子水产品的文案内容

### 2. 价值传递

广告文案的核心任务是传递产品价值。这不仅是对产品功能的简单描述，更是要深入挖掘并展现产品如何改善消费者的生活品质、提升他们的幸福感。文案需要清晰明了地阐述产品的独特卖点，让消费者一眼就能看出产品的价值所在。同时，通过生动的语言和形象的比喻，将产品价值具象化，使消费者能够感同身受。

例如，某护肤品品牌的广告文案宣称"57 年钻研珍珠，为国人美白而来！"该文案不仅明确传达了产品的独特卖点——长期研究珍珠的美白效果，同时也凸显了品牌对这个领域的专注和承诺，如图 6-14 所示。通过这种表达，消费者能够立刻理解到产品的特殊价值和品牌的专业性。

### 3. 语言魅力

语言是广告文案的灵魂。优秀的广告文案往往能够运用精炼而富有感染力的语言，吸引消费者的注意力并引导他们深入阅读。在语言的运用上，要注重节奏感、韵律感和画面感，让文案读起来朗朗上口、易于记忆。同时，适当运用修辞手法如排比、对比、夸张等，可以增强文案的表现力和感染力，使消费者在阅读过程中产生共鸣。

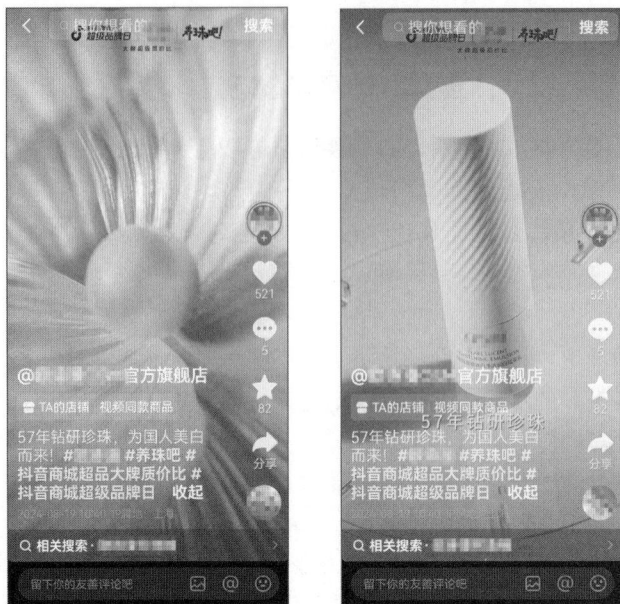

图 6-14　某护肤品品牌的广告文案

例如，某香水产品的广告文案"下过雨之后坐在山里看书，闻着泥土花叶和风，既有一种山林原野的生命力，又有一种被大自然环抱治愈的感觉，像是逃离城市，用自然之味奔赴夏天，让人感觉内容很平静"，如图 6-15 所示。这段文案以其丰富的想象力和细腻的情感，唤起消费者对自然的向往和夏日的憧憬，使人感到内心的平静与满足，从而激发了他们对这款香水的兴趣与购买欲。

图 6-15　某香水产品的广告文案

### 4. 创意独特

在遵循品牌定位和产品特性的基础上，文案创作者需要发挥想象力，寻找独特的切入点或表达方式，使文案在众多广告中脱颖而出。这种创意可以体现在文案的构思、结构、语言风格等多个方面，让消费者在阅读过程中感受到新鲜感和惊喜。

例如，一款蓝莓饮料产品的广告文案："经常被各种科普，看手机看电脑过多的朋友要多吃蓝莓。但蓝莓不耐放，一旦忘了吃就会软掉，怎么轻轻松松地补充到蓝莓的营养呢？喝它，就够了。"如图 6-16 所示。这样的文案以轻松幽默的方式，巧妙地突出了产品便捷补充营养的特点，同时也激发了消费者的兴趣。

### 5. 行动号召

广告文案需要包含明确的行动号召（CTA），以引导消费者采取下一步行动。行动号召应该简洁明了、易于理解，并放置在文案的显眼位置。同时，要确保行动号召与文案的整体风格和品牌调性保持一致，以增强其说服力和可信度。通过有效的行动号召，广告文案能够促使消费者从认知到行动的转变，最终实现销售转化。

例如，一款茶叶产品在其广告文案的结尾处，发出行动号召："预售满减倒计时 买多件，分开下单更划算"，并附上了购买链接，如图 6-17 所示。这样的行动号召，既强调了购买的紧迫性，又简化了购买流程，有效促进了消费者的购买行为。

图 6-16　一款蓝莓饮料产品的广告文案　　图 6-17　带有行动号召的广告文案

### 6. 利用社交媒体特性

根据不同社交媒体平台的特点（如微博的热点话题、抖音的短视频等），定制适合的文案形式。

例如，在抖音上，一段短视频的文案可能是"挑战 #×× 天变美计划 #，第一天，×× 面膜让我告别暗沉，你准备好了吗？快来加入我们一起变美吧！"，这样的文案结合了抖音的热门话题和挑战赛功能，鼓励用户参与并分享自己的体验，增强了内容的传播力。

## 任务 6.4　AI 技术在广告文案创作中的应用实践

### ━━◦ 任务描述 ◦━━

随着科技的飞速发展，AI 不仅能够收集并分析海量数据，精准定位目标受众，还能自动化生成高度个性化的广告文案。从数据收集到文案生成，再到实时优化，AI 技术为广告文案创作带来了前所未有的效率与创意。本文将深入探讨 AI 在广告文案创作中的实际应用，揭示其如何助力广告行业实现精准营销与高效传播。

## ─◦ 任务目标 ◦─

▶ 探索 AI 在广告创意和文案生成中的应用。
▶ 评估 AI 广告文案的效果和挑战。
▶ 使用 AI 创作新媒体广告标题，有效提升点击率。
▶ 使用 AI 优化新媒体广告内容的故事性和情感共鸣。

## ─◦ 相关知识 ◦─

### 子任务 6.4.1　探索 AI 在广告创意和文案生成中的应用

探索 AI 在广告创意和文案生成中的应用，是提升广告效果、降低成本、实现个性化营销的重要途径。通过充分利用 AI 技术，广告主可以更加高效地创作出具有吸引力的广告内容，更好地满足消费者的需求。

**1. AI 在广告创意中的应用**

在深入探讨 AI 如何重塑广告创意领域的过程中，不难发现，AI 技术的应用已经远远超出了传统的自动化范畴，它正逐步成为广告创意过程中不可或缺的一部分。通过整合大数据分析与先进的 AI 算法，广告创意不仅变得更加高效，而且更加精准和富有创意。接下来，将从创意概念的生成到视觉创意设计两个维度，详细剖析 AI 在广告创意中的具体应用。

1）创意概念生成

（1）趋势分析：AI 凭借其强大的数据处理能力，能够深入挖掘市场数据、社交媒体趋势和用户行为，精准预测热门话题和受众兴趣，为广告创意的构思提供坚实的数据支撑和前瞻性的方向指引。

（2）情感分析：在情感日益成为影响消费决策重要因素的今天，AI 利用 NLP 技术，能够细腻地识别并分析文本中的情感倾向，帮助广告策划人员深入理解目标受众的情感需求，从而设计出更能触动人心、引发共鸣的广告内容。

（3）内容推荐：AI 还能够根据用户画像和历史行为数据，实现广告内容的个性化推荐，确保每一条广告都能精准地触达其潜在受众，提高广告的有效性和转化率。

2）视觉创意设计

（1）图像生成：在视觉创意设计方面，AI 技术同样展现出了惊人的创造力。通过生成对抗网络（GANs）等深度学习模型，AI 能够自动生成高质量的图像，包括广告所需的各类设计元素，如产品渲染图、背景图等，为广告创意提供丰富的视觉素材。

（2）视频剪辑：此外，AI 还能在视频剪辑领域大显身手。它能够根据给定的脚本或主题，自动选择素材、剪辑视频，并巧妙地添加过渡效果和背景音乐，极大地提高了视频广告的制作效率和专业度。这种能力不仅减轻了广告制作人员的负担，还为他们提供了更多创新的空间。

**【案例】**　　　　　　　**使用文心一言生成抖音创意广告标题文案**

使用文心一言生成抖音创意广告标题文案的操作步骤如下。

（1）明确广告目标与受众。

首先，清晰定义广告目标（如提升品牌知名度、促进产品销售等）以及目标受众（如年轻女性、科技爱好者等），这有助于你构思出更贴合需求的广告标题。

假设广告目标是推广一款面向年轻女性的时尚美妆产品，目标受众为 18～30 岁的年轻女性。

（2）思创意点。

思考一个能够吸引目标受众注意力的创意点。例如，这款美妆产品具有独特的"持久不脱妆"特性，且包装时尚，适合日常及特殊场合使用。

（3）打开文心一言平台。

登录百度文心一言的官方网站或相关应用界面。

（4）输入引导语。

在文心一言的输入框中，输入一段引导语来激发模型的创作灵感。引导语应简洁明了，同时包含广告的核心信息和期望的创意方向。这里输入内容如下。

> 请为我生成三个抖音广告标题，针对 18～30 岁年轻女性，宣传一款具有持久不脱妆特性的时尚美妆产品，要求标题新颖有趣，能迅速吸引目标受众的注意。

**文心一言回复如下。**

> 当然可以，以下是三个针对 18～30 岁年轻女性，宣传具有持久不脱妆特性的时尚美妆产品的抖音广告标题，每个都力求新颖有趣且能迅速吸引目标受众的注意。
>
> "持久战妆，从早到晚！这款美妆神器，让你的妆容比爱情还坚挺"
>
> 这个标题通过比喻的方式，将持久不脱妆的特性与"持久战"和"比爱情还坚挺"相结合，既新颖又有趣，能够迅速引起年轻女性的共鸣和兴趣。
>
> "告别午后脱妆尴尬，这款美妆神器让你自信满满一整天"
>
> 此标题直接针对午后脱妆这一常见痛点，提出解决方案，并强调使用产品后的自信感，简洁明了且直击需求。
>
> "美妆界的新晋网红，持久不脱妆的秘密武器，你 get 了吗？"
>
> 利用"新晋网红"和"秘密武器"等热门词汇，营造产品的时尚感和神秘感，激发年轻女性的好奇心和探索欲。

（5）筛选与优化。

从生成的多个标题中，选择最符合广告目标和受众喜好的一个或多个。如果需要对标题进行微调或优化，可以在此基础上进行修改，确保标题既有趣又准确传达了产品卖点。

向文心一言提问：从上面生成的三个标题文案中选择一个最优的文案，确保标题既有趣又准确传达了产品卖点。

文心一言回复如下。

> 从上述三个标题文案中，我认为最优的选择是第二个标题："告别午后脱妆尴尬，这款美妆神器让你自信满满一整天"。
>
> 这个标题既有趣又准确地传达了产品的核心卖点——持久不脱妆。它直接针对了年轻女性在日常妆容中可能遇到的午后脱妆尴尬问题，并提出了解决方案，即使用这款美妆产品可以保持一整天的妆容完美。同时，"自信满满一整天"的表述也很好地体现了产品带来的积极效果，能够吸引目标受众的注意并激发他们的购买欲望。

## 2. AI在文案生成中的应用

在广告创作的核心——文案生成领域，AI的介入同样带来了革命性的变革。从基础的自动撰写到高级的文案优化，AI以其独特的优势正逐步成为广告文案创作的重要辅助工具。接下来，我们将深入探讨AI在文案生成中的具体应用，包括自动文案撰写、文案优化、实际应用案例以及面临的挑战与未来展望。

（1）自动文案撰写。

▶ 关键词扩展：AI可以根据创作者给定的关键词或主题，自动扩展成完整的句子或段落，生成符合语法和语境的文案。

▶ 风格模仿：通过学习特定品牌或作家的写作风格，AI能够生成具有特定风格的文案，保持品牌一致性的同时，增加文案的吸引力。

▶ 个性化文案：结合用户画像信息，AI能够生成个性化的广告文案，使每个用户看到的广告都更加贴近其兴趣和需求。

（2）文案优化。

▶ 语言质量检测：AI可以检查文案中的语法错误、拼写错误和表达不清的问题，提升文案的质量。

▶ 效果预测：通过分析历史数据和用户反馈，AI能够预测不同文案的潜在效果，帮助创作者选择最优的文案方案。

（3）实际应用案例。

▶ Google Ads的智能创意：Google Ads利用AI技术为创作者自动生成广告标题和描述，同时提供多种创意组合，以测试哪种组合最能吸引用户点击。

▶ Adobe Sensei：Adobe的AI平台Sensei，为设计师和营销人员提供了多种工具，包括自动图像优化、视频剪辑建议和智能文案建议等，极大地提高了广告创作的效率和质量。

（4）面临的挑战与未来展望。

尽管AI在广告创意和文案生成中展现出了巨大的潜力，但仍面临一些挑战，如创意的原创性、文化敏感性的把握以及情感表达的细腻度等。未来，随着技术的不断进步和算法的优化，AI有望在广告创意领域发挥更加重要的作用，成为广告行业不可或缺的一部分。

【案例】 **使用DeepSeek生成小红书创意广告文案**

本例是为一款新上市的保湿面膜产品做推广，主题是"夏日水润肌，一贴即享"。了解产品的核心卖点（如长效保湿、温和配方、适合敏感肌等）、目标受众（年轻女性，追求自然美肌）以及市场竞争情况。

使用DeepSeek生成创意广告文案的操作步骤如下。

①登录DeepSeek网站：在电脑上登录DeepSeek的官网。

②输入指令与引导。

在DeepSeek的输入框中，开始构建创作请求。由于是在为小红书设计广告文案，所以需要让AI理解这一场景。

输入指令："请为小红书平台生成一篇关于'夏日水润肌，一贴即享'保湿面膜的创意广告文案。文案需体现产品的长效保湿特点，吸引年轻女性用户，风格需轻松、活泼，带有一定的互动性。"

DeepSeek回复如下。

---

**一贴即享！夏日水润肌的秘密武器来啦！**

姐妹们！夏天真的来了

每天出门感觉皮肤都在尖叫

干到起皮 油到脱妆

我真的会谢

但是！最近挖到一款神仙面膜

敷完皮肤直接喝饱水

水润到能掐出水来

连男朋友都夸我皮肤变好了

重点来咯

这款面膜含有 8 重玻尿酸

敷一片 = 喝 8 杯水

长效保湿 12 小时不是梦

早上敷一片 一整天都水嫩嫩

最爱的就是它的膜布

薄到隐形精华多到滴下来

敷上脸冰冰凉凉超舒服

夏天用简直不要太爽

姐妹们冲就完事了

趁着 618 赶紧囤货

我已经回购 3 次了

真的绝绝子！

#夏日护肤 #保湿面膜 #平价好物 #护肤必备 #一贴即享

---

③调整与优化。

▶ 提交指令后，等待 DeepSeek 生成文案。初次生成的文案可能需要根据实际情况进行调整。

▶ 检查文案是否符合产品调性、受众喜好及小红书平台规范。例如，确保文案中没有使用违规词汇，且语言风格贴近小红书用户群体。

▶ 如果发现需要改进的地方，可以在 DeepSeek 的输入框中继续给出更具体的优化指令，如"请增加一些趣味性的描述，让文案更加吸引眼球"或"调整语言风格，使其更加贴近年轻女性的口吻"。

调整优化后的文案如下所示。

---

**救命！这款面膜也太顶了吧！夏天必囤！**

姐妹们听我说！最近挖到的这款面膜真的绝了

---

夏天一到，我的脸就像沙漠一样干到裂开

但自从用了它，皮肤直接水润到发光 ✨

男朋友都忍不住想捏我的脸（虽然我拒绝了哈哈哈）

🌟 重点来了！

这款面膜含有 8 重玻尿酸

敷一片 = 给皮肤灌了 8 杯水 💧

长效保湿 12 小时，早上敷一片

到晚上皮肤还是 QQ 弹弹的

简直像开了挂一样！

💗最爱的就是它的膜布

薄到像隐形了一样，精华多到能涂全身

敷上脸冰冰凉凉的，夏天用简直爽到飞起

感觉整个人都在冒仙气🧖

👀姐妹们别犹豫了！

趁着 618 赶紧囤货，我已经回购 3 次了

真的不骗你，谁用谁知道！

快来和我一起变水嫩嫩的小仙女吧～

#夏日护肤 #保湿面膜 #平价好物 #护肤必备 #一贴即享 #变美计划

## 子任务 6.4.2 评估 AI 广告文案的效果和挑战

评估 AI 广告文案的效果和挑战是多维度的任务，它不仅关乎文案的创意与质量，还涉及受众反应、技术应用的可行性，以及必须考虑的伦理和法律问题。这一评估过程对于确保 AI 文案既能吸引目标受众，又能在法律和道德框架内发挥作用至关重要。

### 1. AI 广告文案的效果

随着人工智能技术的不断进步，AI 在广告文案创作中的应用已经展现出其巨大的潜力和价值。接下来，将具体探讨 AI 技术在广告文案效果提升方面的贡献，包括效率提升、精准定位、创意多样性以及成本节约等关键优势。

（1）效率提升：AI 技术的引入，使得广告文案的生成速度得到了质的飞跃。通过自动化流程，AI 能够迅速处理海量数据，分析市场趋势，并据此生成符合品牌调性和目标受众需求的文案。这种高效的创作模式，极大地缩短了广告制作周期，为广告主赢得了宝贵的时间和市场先机。

（2）精准定位：在个性化消费时代，精准定位成为广告成功的关键。AI 广告文案利用大数据和机器学习技术，深入挖掘用户行为偏好和消费需求，为每位潜在用户量身定制广告信息。这种个性化的传播方式，不仅提高了广告的曝光率和点击率，还增强了用户的参与感和认同感。

（3）创意多样性：AI 文案工具不仅擅长模仿人类写作风格，还能在创意上不断突破。通过学习和分析市场上的成功案例和流行趋势，AI 能够生成多样化的文案方案，为广告主提供更

多选择。这种创意的多样性，有助于品牌形象的塑造和广告效果的提升。

（4）成本节约：相比传统的人工创作方式，AI 文案工具在成本上具有显著优势。它降低了对人力资源的依赖，减少了人力成本支出，同时提高了创作效率和质量。这对于预算有限的广告主来说，无疑是一个巨大的福音。

**2. AI 广告文案的挑战**

在 AI 技术为广告文案创作带来诸多便利与创新的同时，也必须正视其面临的挑战与困境，这些挑战不仅关乎技术本身，还涉及伦理、法律、创意等多个层面。

（1）数据隐私保护：AI 广告文案的生成离不开大数据的支持。然而，如何合法合规地收集和使用用户数据，确保用户隐私权不受侵犯，是广告主必须面对的问题。数据泄露和滥用等风险的存在，要求广告主在享受 AI 带来的便利的同时，必须严格遵守相关法律法规和数据保护政策。

（2）伦理道德问题：广告投放中涉及的伦理道德问题不容忽视。AI 文案工具虽然提高了创作效率，但也可能加剧过度诱导、虚假宣传等问题的发生。因此，广告主需要建立健全的伦理道德准则和监管机制，确保广告投放的合法性和公正性。同时，加强对 AI 文案内容的审核和把关，防止不良信息的传播和扩散。

（3）创意局限性：尽管 AI 在数据分析和文案生成方面具有显著优势，但在创意方面仍存在一定的局限性。广告文案需要针对不同的目标受众和场景进行创新，而 AI 在这方面可能无法完全替代人类的创造力和想象力。因此，广告主需要将 AI 作为辅助工具而非替代品，结合人类的智慧和创意进行广告文案的创作和优化。

（4）技术透明度：AI 算法的黑盒性质使得其输出结果的原因和推理不够清晰和透明。这可能导致广告主对 AI 文案的信任度降低，进而影响其使用意愿。为了提高算法的透明度和可解释性，广告企业需要加强技术研发和创新，采用数据可视化、模型解释等方法来揭示算法的内部机制和决策过程。

（5）情感表达不足：广告文案的情感表达对于广告效果的影响至关重要。然而，AI 在情感表达方面仍存在不足，难以准确捕捉和传达复杂的人类情感。为了弥补这一缺陷，广告主可以加强 AI 与人类的合作与互动，通过人类的指导和干预来提升 AI 文案的情感表达能力。同时，也可以探索更加先进的自然语言处理技术和情感计算模型来改进 AI 的情感理解和生成能力。

为了应对上述挑战并充分发挥 AI 广告文案的优势，广告主可以采取以下策略。

（1）加强数据保护：制定严格的数据保护政策和管理制度，确保用户数据的安全性和合规性。

（2）建立伦理准则：建立健全的伦理道德准则和监管机制，加强对广告投放的监管和管理力度。

（3）提升创意能力：将 AI 作为辅助工具而非替代品，结合人类的创造力和想象力进行广告文案的创作和优化。

（4）提高技术透明度：通过数据可视化、模型解释等方法来揭示 AI 算法的内部机制和决策过程，提高算法的透明度和可解释性。

（5）持续优化文案：对 AI 生成的文案进行人工审核和修改，确保其符合广告主的形象和营销策略要求。同时，根据市场反馈和数据分析结果不断优化和调整文案内容以提升广告效果。

### 子任务 6.4.3　使用 AI 创作新媒体广告标题，有效提升点击率

AI 在创作新媒体广告标题时，采用了多种创新策略以有效提升点击率。这些策略结合了大数据分析、自然语言处理以及深度学习的能力，使广告标题更加吸引人、更具针对性。以下是 AI 在创作广告标题时的一些主要创新策略。

（1）个性化定制。

AI 通过分析用户的搜索历史、浏览行为和兴趣偏好，能够生成个性化的广告标题。这种定制化的标题更能引起用户的共鸣和兴趣，从而提高点击率。例如，通过分析用户的购物历史，AI 可以创作出与用户最近关注的商品相关的广告标题。

（2）关键词优化。

AI 利用大数据分析识别出高点击率的关键词和短语，并将这些元素融入广告标题中。这些关键词往往与用户的搜索意图和兴趣紧密相关，因此能够吸引更多用户的点击。同时，AI 还能根据市场趋势和热门话题动态调整关键词，保持广告标题的新鲜度和时效性。

（3）情感共鸣。

AI 通过学习大量成功广告案例和情感分析技术，能够创作出触动人心的广告标题。这些标题通过情感共鸣的方式与用户建立联系，激发他们的兴趣和购买欲望。例如，AI 可以创作出带有幽默、温情或紧迫感的标题，以吸引不同类型用户的注意。

（4）视觉元素融合。

虽然 AI 直接生成的是文字标题，但它也能指导标题的视觉呈现方式。例如，AI 可以建议在标题中加入特定的符号、颜色或字体来增强视觉效果，吸引用户的眼球。这种视觉与文字的融合策略能够进一步提升广告标题的吸引力。

（5）实时动态调整。

AI 具有实时分析和学习的能力，能够根据用户的反馈和广告效果动态调整广告标题。通过 A/B 测试等方法，AI 可以比较不同标题的点击率、转化率等关键指标，并自动选择表现更佳的标题进行展示。这种实时动态调整的策略有助于优化广告效果，提高点击率。

（6）利用自然语言处理技术。

AI 通过自然语言处理技术能够模拟人类的写作风格，创作出流畅、自然的广告标题。这些标题不仅符合语法规范，还能准确传达广告信息，同时保持一定的创意性和吸引力。自然语言处理技术的应用使得 AI 在广告标题创作方面更加智能化和高效化。

综上所述，AI 在创作新媒体广告标题时采用了个性化定制、关键词优化、情感共鸣、视觉元素融合、实时动态调整以及自然语言处理技术等创新策略。这些策略的综合运用能够显著提升广告标题的吸引力和点击率，为广告主带来更好的广告效果。

【案例】　　　　　　　**使用 DeepSeek 生成美妆广告标题**

这个快节奏的时代，每一个广告标题都需要精准捕捉目标受众的眼球，激发他们的兴趣。而今天，我要向你展示的是如何借助 DeepSeek 这一智能工具，轻松打造出既吸引人又富有创意的广告标题。与 DeepSeek 共创广告标题的过程就像是一场灵感的碰撞与融合。它让创意的火花在智能与人类的智慧之间自由飞舞，最终绽放出耀眼的光芒。现在，就让我们一起踏上这段创意无限的旅程吧！

①明确广告目标与受众。首先，你需要清晰地定义你的广告目标（如提升品牌知名度、促进产品销售等）以及目标受众（如年龄、性别、兴趣爱好等）。这些信息将作为你与 DeepSeek

交流的基石。

②构思广告核心信息。在脑海中或纸上勾勒出你希望广告传达的核心信息。这可以是产品的独特卖点、品牌的价值主张，或者是你想要激发的某种情感共鸣。

③登录 DeepSeek 网站并输入指令。打开 DeepSeek 的平台或应用，通过语音或文字输入的方式，向它发出你的指令。比如，你可以说："DeepSeek，我需要一个针对年轻女性，宣传时尚美妆产品持久不脱妆特性的广告标题，要求新颖有趣，能迅速吸引目标受众的注意。"

④生成内容。DeepSeek 将根据你的指令和之前提供的信息，开始生成可能的广告标题。DeepSeek 回复如下。

---

**年轻女性美妆产品持久不脱妆广告标题。**

**1. 突出持久力，用夸张手法吸引眼球**

24 小时持妆？弱爆了！我们挑战 48 小时！（强调超长待机，引发好奇）

蹦迪、火锅、马拉松…你的妆，稳如泰山！（场景化描述，突出产品抗造）

别让你的眼泪，毁了你的美！（情感共鸣，突出防水防汗）

**2. 用年轻化语言，拉近距离**

从此告别补妆尴尬，做个精致的懒女孩！（击中痛点，突出便捷）

持妆力 MAX，颜值在线一整天！（网络用语，简洁有力）

你的美丽，无需暂停！（强调持久，引发共鸣）

**3. 突出产品特点，用比喻增强记忆点**

像 502 一样牢牢锁住你的美！（形象比喻，印象深刻）

你的第二层肌肤，24 小时不掉线！（突出服帖自然）

告别面具感，呼吸感持妆新体验！（强调轻薄透气）

**4. 制造悬念，引发好奇心**

你知道明星们拍戏一整天都不补妆的秘密吗？（引发好奇，吸引点击）

这款美妆产品，竟然可以…（悬念式标题，吸引阅读）

持妆黑科技，颠覆你的化妆认知！（突出科技感，吸引关注）

---

在这个过程中，你可以保持与它的互动，根据生成的标题进行微调或提出更具体的要求。比如，你可以说："这些标题很有创意，但能不能再增加一些趣味性元素？"

DeepSeek 回复如下。

---

**增加趣味性元素的时尚美妆产品持久不脱妆广告标题。**

**1. 玩梗式标题**

"老板，来份火锅，加辣！我的妆，不怕！"（结合美食，突出产品抗汗抗油）

"今天也是被自己美醒的一天，妆都没花！"（自恋式幽默，突出持久）

"男朋友问我为什么总是这么美？秘密就是…"（制造悬念，引发好奇）

**2. 拟人化标题**

"我的粉底液会轻功，出汗出油都不怕！"（拟人化描述，突出产品特点）

"睫毛膏：就算哭成狗，我也要美美的！"（情感共鸣，突出防水防汗）

"口红：亲亲抱抱举高高，我都不掉色！"（突出持久不脱妆）

---

**3. 夸张式标题**

"用了这款粉底液，我妈都认不出我！"（夸张手法，突出产品效果）

"持妆 24 小时？ 不，我要挑战 48 小时！"（强调超长待机，引发好奇）

"这款美妆产品，竟然可以防弹！"（夸张比喻，突出产品强大）

**4. 互动式标题**

"你敢挑战吗？ 24 小时不脱妆！"（激发挑战欲，吸引参与）

"这款美妆产品，竟然可以…你猜猜看！"（悬念式标题，吸引互动）

"#24 小时不脱妆挑战 # 你敢来吗？"（结合话题标签，扩大传播）

⑤精选与优化。从 DeepSeek 生成的多个标题中，挑选出最符合你广告目标和受众喜好的一个或多个。然后，根据需要进行进一步的优化和润色，确保标题既准确传达了产品卖点，又足够吸引人。

经过与 DeepSeek 的紧密合作，你成功打造出了一个既新颖有趣又精准有效的广告标题。这个标题不仅能够有效吸引目标受众的注意，还能为你的品牌或产品带来良好的宣传效果。

## 子任务 6.4.4　使用 AI 优化新媒体广告内容的故事性和情感共鸣

在新媒体广告写作中，利用 AI 优化内容的故事性和情感共鸣是提升广告效果的关键策略。以下是一些具体的方法和建议。

**1. 故事性优化**

1）情节构建

AI 可以通过分析大量成功广告案例中的叙事结构，学习如何构建引人入胜的故事框架。它可以根据广告目标和受众特点，自动生成具有连贯性和吸引力的故事情节。

在创作过程中，AI 可以辅助作者设定角色、冲突、高潮和结局，确保故事线清晰且富有张力。

2）场景描绘

利用 AI 的图像识别和生成能力，可以辅助创作出生动逼真的场景描绘。AI 可以根据文字描述生成相应的图像或视频片段，增强广告的视觉冲击力。

同时，AI 还能通过分析用户行为数据，预测哪些场景更可能吸引目标受众的注意，从而优化场景的选择和呈现方式。

3）细节丰富

AI 可以通过分析大量文本数据，为广告内容提供丰富的细节信息。这些细节可以包括人物性格、环境氛围、动作描写等，使故事更加饱满和真实。

在细节处理上，AI 能够保持高度的一致性和逻辑性，确保故事内容的连贯性和可信度。

**2. 情感共鸣优化**

1）情感分析

AI 具备情感分析的能力，可以识别文本中的情感倾向和强度。在广告写作中，AI 可以分析目标受众的情感需求和偏好，为广告内容注入恰当的情感元素。

通过情感分析，AI 可以确保广告内容能够触动受众的内心，引发他们的共鸣和认同感。

2）情感表达

AI 可以学习并模仿人类写作中的情感表达方式，如使用恰当的词汇、句式和修辞手法来传达特定的情感。在广告写作中，AI 可以根据广告目标和受众特点，选择合适的情感表达方式来增强广告的感染力。

同时，AI 还能根据受众的反馈和广告效果实时调整情感表达策略，确保广告内容始终能够保持对受众的吸引力。

3）个性化定制

针对不同受众群体的情感需求和偏好，AI 可以生成个性化的广告内容。通过分析受众的社交媒体行为、购买历史等数据，AI 可以了解他们的兴趣点、价值观和生活方式等信息。

基于这些信息，AI 可以创作出更符合受众情感需求的广告内容，增强广告的针对性和有效性。

### 3. 综合应用

在实际的新媒体广告写作中，可以将故事性优化和情感共鸣优化相结合。通过构建引人入胜的故事情节和生动逼真的场景描绘来增强广告的故事性；同时运用情感分析和个性化定制等策略来优化广告的情感表达。

此外，还可以利用 AI 的实时分析和学习能力对广告内容进行持续优化和改进。通过不断收集和分析用户反馈和广告效果数据，AI 可以识别出哪些元素更受受众欢迎并据此调整广告内容策略。

综上所述，利用 AI 优化新媒体广告内容的故事性和情感共鸣是提升广告效果的有效途径。通过 AI 的辅助和支持，广告创作者可以更加高效地创作出具有吸引力和感染力的广告内容从而实现更好的广告效果。

## 项目小结

本项目全面解析了新媒体环境下广告文案的独特魅力与写作精髓。深入探讨了文案的创意策略与有效表达，掌握了营销策略的精髓。通过丰富的案例分析，不仅学习了广告文案的写作技巧，还强化了理论与实践的结合。尤为关键的是，项目前瞻性地探索了 AI 在广告创意与文案生成中的创新应用，评估了其成效并理性审视了面临的挑战。本项目为广告创意人提供了新媒体广告写作的全面指南与 AI 技术融合的实战策略。

## 课后作业

1. 请阐述新媒体广告文案相比传统广告文案的独特性体现在哪些方面。并举例说明。

2. 在撰写新媒体广告文案时，如何有效运用创意策略来吸引目标受众的注意力？请提出至少三种创意策略，并简要说明每种策略的应用场景。

3. 分析有效表达在新媒体广告文案中的重要性及实现方法。

# 项目 7　新媒体文学创作

在互联网浪潮的推动下，新媒体文学以其多元的表现手法、无限的题材探索、即时的传播效率和增强的读者互动，成为连接品牌与受众的桥梁。本项目全面剖析新媒体文学精髓，传授实用写作技巧，助力新媒体写作者掌握时代笔触，创作出既具创意又贴近人心的优质作品，让文学在新媒体时代绽放异彩。

在本项目中，将深入剖析新媒体文学的特性、趋势与创作原则，构建坚实的理论基础。我们将探索其叙事技巧与创意表达，通过案例学习提升鉴赏与创作能力。同时，还将踏入 AI 技术在新媒体文学创作中的新领域，探索 AI 如何赋能文学创作，鼓励学习者在 AI 辅助下，创作出融合传统与现代的文学作品。

## 任务 7.1　认识新媒体文学

### ─○ 任务描述 ○─

本任务聚焦新媒体文学定义、特征、类型及发展趋势。通过对本任务的学习，读者将掌握新媒体文学的基本概念，理解其独特魅力，熟悉常见类型，并洞察其未来走向，为新媒体文学研究与创作奠定坚实基础。

### ─○ 任务目标 ○─

- ▶ 了解新媒体文学的定义。
- ▶ 了解新媒体文学的特征。
- ▶ 了解新媒体文学的常见类型。
- ▶ 了解新媒体文学的发展趋势。

### ─○ 相关知识 ○─

#### 子任务 7.1.1　了解新媒体文学的定义

新媒体文学，作为数字时代文学的新形态，依托互联网、移动设备等新媒体技术，在社交媒体、网络文学平台、短视频 App 等多元化渠道上蓬勃兴起。它超越了传统文学的纸质载体限制，实现了文学创作、编辑、发布与传播的即时互动与广泛覆盖。新媒体文学不仅是技术与艺术的融合体，更是大众文化需求与个性化表达的重要载体。

新媒体文学是指利用数字化技术，如互联网、移动通信技术等，进行创作、编辑、发布及传播的一种文学形态。这一形态彻底打破了传统文学对纸质载体的依赖，让文学作品得以跨越时空限制，迅速触达全球范围内的读者。在新媒体平台上，文学作品不再仅仅是文字的堆砌，而是融合了图片、音频、视频等多种媒介元素，形成了更加丰富多元的表达方式。

例如，某微信公众号发布的一篇标题为"辞掉工作去合唱的年轻人，后悔了吗？"的文章，以"辞工作合唱"青年的真实经历为引，探讨音乐生活的意义，通过平凡却深刻的叙述，触动读者心弦，阅读量飙升，展现了新媒体文学跨越界限、快速触达大众的独特魅力，如图 7-1 所示。

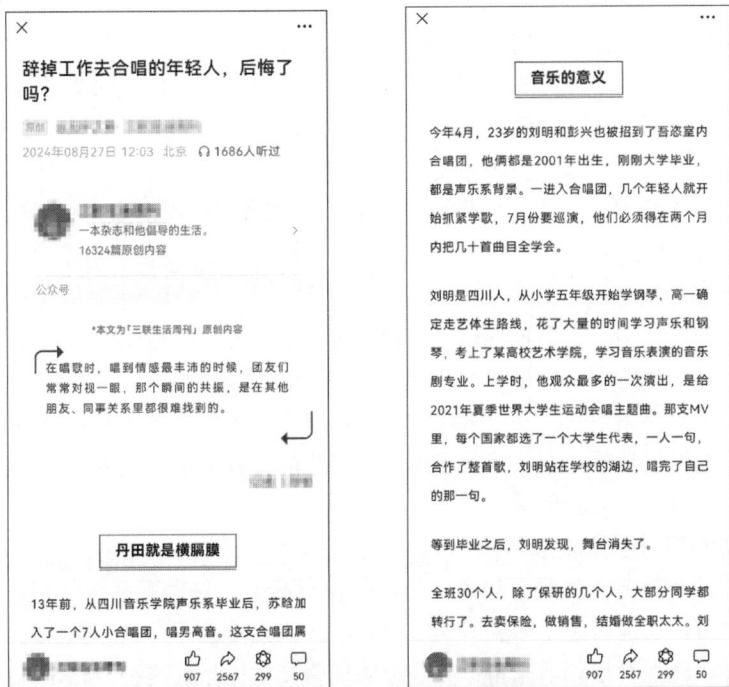

图 7-1　某微信公众号发布的新媒体文章

新媒体文学在形式上呈现出多样化的特点，包括但不限于网络小说、微博文学、微信公众号文章、短视频脚本、互动叙事作品等。这些作品不仅内容丰富多样，而且紧贴时代脉搏，反映了当代社会的热点和焦点问题。

此外，新媒体文学还在一定程度上重构了文学的审美样态，带来了审美意识、审美趣味乃至审美价值的转型。它打破了传统文学的审美标准和惯例，使得文学作品更加贴近大众生活，更加符合当代人的审美需求。

## 子任务 7.1.2　了解新媒体文学的特征

新媒体文学作为当代文学的一种重要表现形式，具有鲜明的特征。相较于传统文学，新媒体文学在表现形式、题材选择、传播方式及互动性等方面展现出了显著的特性，如图 7-2 所示，这些特性共同构成了新媒体文学独有的魅力。

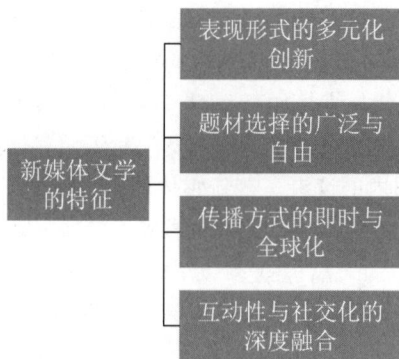

图 7-2　新媒体文学的特征

### 1. 表现形式的多元化创新

新媒体文学最为引人注目的特征之一，在于其表现形式的多元化与创新性。在互联网技术的赋能下，文学不再受限于纸张与印刷，而是跃然于屏幕之上，以网络文学、博客日志、微博短文、微信公众号推送，乃至短视频脚本等多种形式呈现。这种多元化不仅丰富了文学的表现形式，更打破了传统文学体裁的界限，使得文学创作更加灵活多变，能够满足不同读者的个性化需求。同时，创作门槛的降低也激发了全民创作的热情，让更多人有机会成为文学创作者，分享自己的故事与情感。

### 2. 题材选择的广泛与自由

新媒体文学在题材选择上同样展现出了前所未有的广泛性与自由度。在传统文学中，由于出版、审查等环节的制约，文学创作往往受到诸多限制。而新媒体文学则突破了这些束缚，题材范围从生活琐事到宇宙奥秘，从个人情感到社会热点，无所不包。穿搭时尚、美食烹饪、书评影评等多样化的题材选择，不仅满足了读者多样化的阅读需求，也为作者提供了广阔的创作空间，鼓励其自由表达、大胆创新。

### 3. 传播方式的即时与全球化

新媒体文学的传播方式实现了前所未有的便捷与高效。借助互联网这一强大的传播平台，新媒体文学作品可以迅速跨越地域和时间的限制，实现全球范围内的即时传播。读者只需轻点鼠标或滑动屏幕，就能轻松获取来自世界各地的优秀文学作品。这种即时化与全球化的传播方式，不仅提高了文学作品的传播效率，也极大地拓宽了文学作品的受众基础，促进了不同文化之间的交流与融合。

### 4. 互动性与社交化的深度融合

新媒体文学的另一个显著特征是其强大的互动性与社交化趋势。在传统文学中，作者与读者之间的交流往往受限于时空条件，难以形成有效的互动。而新媒体文学则打破了这一壁垒，通过评论区、私信、社交媒体互动等多种方式，实现了作者与读者之间的即时交流与反馈。这种互动性不仅增强了读者的参与感和归属感，也为作者提供了宝贵的创作灵感和动力。

同时，新媒体文学平台还利用大数据分析技术，对作品的阅读量、点赞数、评论内容等数据进行深入挖掘和分析，为作者提供更加精准的创作指导和市场定位。这种社交化的趋势不仅丰富了文学的传播方式，也促进了文学与社会的深度融合。

## 子任务 7.1.3　了解新媒体文学的常见类型

随着科技的发展和互联网的普及，新媒体文学已经成为当代文学创作与传播的重要形式。

以下是一些常见的新媒体文学类型。

## 1. 网络小说

这是最常见的新媒体文学形式，包括各种题材的长篇小说、短篇小说等。它们通常在专门的网络文学平台上连载，如起点中文网、红袖添香等。例如，天蚕土豆的《斗破苍穹》网络小说是一部在起点中文网连载的玄幻小说，以其宏大的世界观、精彩的打斗场面和引人入胜的情节深受读者喜爱。该小说不仅在网络上取得了巨大成功，还被改编为动画、电视剧等多种形式。

## 2. 微博文学

微博作为一种社交媒体平台，为文学创作提供了新的空间。许多作家和普通用户在微博上发表短篇作品，这些作品往往具有即时性、互动性和碎片化的特点。例如，@银教授的微博短文。银教授是一位知名微博博主，他经常在微博上发布短小精悍、幽默风趣的短文，内容涉及社会现象、生活琐事等，以其独特的视角和犀利的笔触吸引了大量粉丝。

## 3. 微信文学

微信公众号成为另一种流行的文学发布平台。许多作家和文学爱好者通过公众号分享自己的作品，读者可以在移动设备上随时阅读。例如，"十点读书"微信公众号是一个受欢迎的微信公众号，定期发布各类文学作品、书评、作者访谈等内容。其文章风格多样，既有深度思考的文章，也有温暖人心的故事，满足了不同读者的需求。

## 4. 博客文学

个人博客也是新媒体文学的一种形式。作者可以在自己的博客上发表文章，分享生活感悟、旅行见闻等。例如，韩寒的博客。韩寒作为知名作家和赛车手，其博客曾是许多人关注的焦点。他在博客上分享自己的创作心得、生活感悟以及对社会现象的评论，展现了其独特的思考和见解。

## 5. 电子杂志 / 电子书

随着数字出版的发展，越来越多的文学作品以电子杂志或电子书的形式出现。这些作品可以通过电子设备阅读，方便携带和分享。例如，由韩寒主编的《ONE·一个》电子杂志，每月推出一期，包含短篇小说、散文、访谈、漫画等内容。它以精美的设计和高质量的内容吸引了大量读者，成为电子杂志领域的佼佼者。

## 6. 音频文学

有声书、播客等音频形式的文学作品也越来越受欢迎。听众可以在通勤、休闲时收听这些作品，享受不同的文学体验。例如，喜马拉雅 FM 的《三体》有声书。刘慈欣的科幻小说《三体》被制作成有声书在喜马拉雅 FM 上播出，由专业配音演员演绎，为听众带来了全新的阅读体验。这部有声书以其精彩的演绎和精良的制作赢得了广泛好评。

## 7. 互动文学

这类作品通常结合了游戏元素，读者可以通过选择不同的情节分支来影响故事的发展。这种形式在网络文学中尤为流行。例如，《隐形守护者》，虽然严格意义上是一款游戏，但《隐形守护者》中的剧情分支和角色选择极大地增强了玩家的参与感和故事代入感，可以视为互动文学的典范。玩家通过选择不同的选项来推动故事发展，体验不同的结局。

## 8. 短视频文学

随着短视频平台的兴起，一些作家开始尝试将文学作品改编成短视频形式，以适应快节奏的现代生活和年轻观众的喜好。例如，抖音上的《红楼梦》短剧。一些抖音创作者将《红楼梦》等经典文学作品中的经典场景改编成短视频形式，通过简洁明快的叙事和生动的表演吸引了大量观众。这种形式使得经典文学作品更加贴近现代生活，更易于被年轻观众接受。

### 9. 直播文学

一些作家或表演者会在直播平台上朗诵诗歌、小说等文学作品，与观众实时互动。例如，某知名作家在 B 站直播朗诵诗歌。随着直播平台的兴起，一些作家开始在直播平台上朗诵自己的诗歌或小说片段，与观众实时互动。这种直播文学的形式不仅为作家提供了新的宣传渠道，也为观众带来了独特的文学享受。

### 10. 虚拟现实（VR）文学

这是一种新兴的文学形式，通过虚拟现实技术为读者提供沉浸式的阅读体验。例如，VR 版《诗云》。虽然目前 VR 文学仍处于探索阶段，但已有一些尝试将文学作品与 VR 技术结合的作品出现。例如，某公司可能尝试将刘慈欣的科幻小说《诗云》改编成 VR 作品，让读者通过 VR 设备进入小说中的世界，亲身体验故事的情节和场景。然而，需要注意的是，目前这样的案例可能还比较少见且不成熟。

总的来说，新媒体文学的形式多样，不断发展，为文学创作和传播提供了广阔的空间和无限的可能性。

## 子任务 7.1.4　了解新媒体文学的发展趋势

随着科技的不断进步和新媒体平台的不断发展，新媒体文学将继续保持其蓬勃发展的态势。未来，新媒体文学有望在内容创新、技术融合、传播方式等方面实现更加深入的探索和发展，为当代文学注入新的活力和动力。

### 1. 内容创新

新媒体文学的内容创新将是其持续发展的关键驱动力。随着读者审美需求的多样化和个性化，新媒体文学作品将更加注重内容的深度和广度。一方面，作品将深入挖掘社会现实，反映时代变迁和人性探索，以独特的视角和深刻的洞察力打动读者。另一方面，跨界融合将成为内容创新的重要趋势，文学作品将融合历史、哲学、心理学、社会学等多个学科的知识，形成多元文化的交融和碰撞，为读者提供更为丰富的阅读体验。

### 2. 技术融合

新媒体文学的技术融合将带来前所未有的创作和阅读体验。随着人工智能、大数据、云计算等技术的不断发展，这些技术将被广泛应用于新媒体文学的创作、编辑、发布和传播等各个环节。例如，AI 辅助创作将帮助作者突破创作瓶颈，提供灵感和素材；大数据分析将帮助平台精准推送符合读者兴趣的作品；云计算将提供强大的存储和计算能力，支持大规模的作品创作和分发。

此外，虚拟现实（VR）、增强现实（AR）等技术的应用也将为读者带来沉浸式的阅读体验，让读者仿佛置身于作品所描绘的世界中。

### 3. 传播方式

新媒体文学的传播方式将更加多样化和个性化。随着社交媒体、短视频平台等新兴传播渠道的兴起，新媒体文学作品将通过这些平台以更加灵活多样的方式呈现给读者。例如，作者可以通过微博、微信公众号等社交媒体平台发布作品片段、创作心得和读者互动；同时，短视频平台也将成为新媒体文学传播的重要阵地，通过短视频的形式展现文学作品中的精彩瞬间和故事情节。

此外，个性化推荐算法的应用也将使新媒体文学的传播更加精准有效，根据读者的阅读习惯和兴趣偏好推送符合其需求的作品。

## 任务 7.2 新媒体文学的创作原则与技巧

### 任务描述

本任务将引导读者掌握新媒体文学创作中的核心原则、叙事策略及创意表达方法。通过对本任务的学习，将理解新媒体文学的创作准则，掌握多样的叙事技巧，并能灵活运用创意表达方式，为文学创作增添新意与深度。

### 任务目标

- ▶ 掌握新媒体文学的创作原则。
- ▶ 掌握新媒体文学的叙事技巧。
- ▶ 掌握新媒体文学的创意表达。

### 相关知识

#### 子任务 7.2.1 掌握新媒体文学的创作原则

新媒体文学的创作原则，作为指导创作者在数字化时代进行文学创作的核心准则，涵盖了多个方面，具体如图 7-3 所示。掌握这些新媒体文学的创作原则，有助于创作者在创作过程中更加明确方向和目标，创作出既有艺术价值又符合时代需求的优秀作品。

**1. 原创性与创新性原则**

在信息的海洋中，原创性是新媒体文学作品的立身之本。它要求创作者坚守独立思考的底线，拒绝抄袭与模仿，确保每一部作品都是独一无二的心灵独白。例如，某微信公众号上带"原创"标识的文章，如图 7-4 所示。

创新性，则是在原创基础上的飞跃，它鼓励创作者勇于突破传统框架，以新颖的视角、独特的构思和鲜活的语言，为读者带来前所未有的阅读惊喜。题材的新颖、情节的反转、人物的立体塑造，

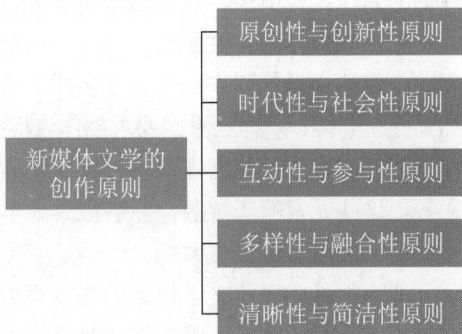

图 7-3 新媒体文学的创作原则

都是创新性的具体体现，它们共同构筑了新媒体文学的独特魅力。

**2. 时代性与社会性原则**

新媒体文学作为时代精神的载体，必须紧密贴合社会脉搏，反映时代变迁。时代性原则要求创作者具备敏锐的洞察力，能够捕捉到社会发展的细微变化，并将其融入作品之中，使作品成为时代的镜像。

同时，社会性原则强调作品的责任感与使命感，它要求作品不仅要反映社会热点，更要关注民生疾苦，传递积极向上的价值观，引导读者关注社会问题，促进社会和谐与进步。

图 7-4　某微信公众号上带"原创"标识的文章

### 3. 互动性与参与性原则

新媒体平台赋予了文学创作全新的互动方式。互动性原则鼓励创作者与读者之间建立起即时、有效的沟通桥梁,通过评论、私信、社交媒体等多种渠道,实现作者与读者的深度交流。这种互动不仅增强了读者的参与感和归属感,也为创作者提供了宝贵的反馈和灵感来源。

参与性原则倡导读者成为作品创作的一部分,通过征集意见、投票等方式,让读者参与到作品的创作过程中来,共同创造属于所有人的文学盛宴。

### 4. 多样性与融合性原则

新媒体文学的创作形式丰富多样,从网络小说到短视频脚本,每一种形式都有其独特的魅力和受众群体。多样性原则要求创作者根据作品内容和受众需求,灵活选择最适合的表现形式。

同时,融合性原则强调多种艺术元素的有机融合,如文字与图片的结合、音频与视频的嵌入等,这些元素的巧妙融合能够极大地丰富作品的表现力,提升读者的阅读体验。

### 5. 清晰性与简洁性原则

清晰性是新媒体文学作品的基本要求之一。它要求作品具有明确的逻辑结构和清晰的叙事线索,使读者能够轻松跟随作者的笔触走进故事的世界。

而简洁性则是对语言表达的高标准要求,它倡导用简洁明了的语言表达深刻的思想和情感,避免冗长和复杂的句子结构给读者带来阅读障碍。

清晰性与简洁性的结合,能够带给读者愉悦的阅读体验,让作品在读者心中留下深刻的印象。

## 子任务 7.2.2　掌握新媒体文学的叙事技巧

新媒体文学,作为数字时代文学的新篇章,其叙事技巧在传统文学的基础上进行了大胆的创新与拓展。这一文学形态充分利用了互联网、数字技术及多媒体平台的特点,为故事叙述带来了前所未有的多样性和互动性。

### 1. 非线性叙事

新媒体文学打破了传统文学线性的时间结构，允许读者在故事的多条时间线中自由穿梭，或是通过不同的选择影响故事的走向。这种叙事方式增加了故事的复杂性和吸引力，使读者更加沉浸其中。

例如，某影评类新媒体文学在评论电影《四海》时，描述说："《四海》的两个结局，一个是生死离别，另一个是看清现实"，如图 7-5 所示。这种非线性叙事的方式让读者在故事的多维时间线中自由探索，体验情节发展的多样可能，从而深化了故事的复杂性和吸引力。

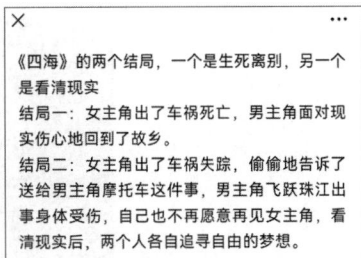

图 7-5　新媒体文学中的非线性叙事示例

### 2. 互动式叙事

通过在线平台，新媒体文学能够实现作者与读者之间的即时互动。读者不再只是被动地接受故事，而是可以通过投票、评论、选择情节等方式参与到故事的创作中，形成"共创"式的叙事体验。

例如，某大学在其官方微博账号上发起"用标点符号来诠释大学生活"的投票活动，如图 7-6 所示。读者通过投票选择"自己属于什么标点符号"，每个标点符号后面都附带一句祝福语，读者也可以共同参与创作，这种"共创"叙事模式不仅激发了广大学生的热情参与，还极大地丰富了文学表达，展现了新媒体文学互动叙事的独特魅力。

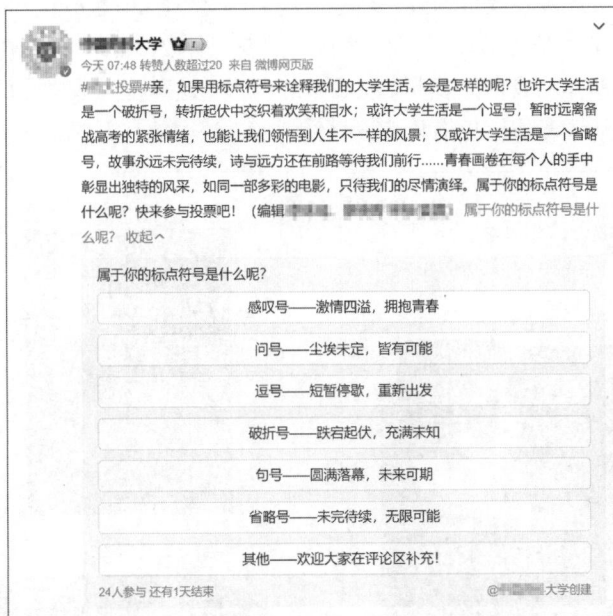

图 7-6　新媒体文学中的互动式叙事示例

### 3. 碎片化叙事

在信息爆炸的时代，新媒体文学往往采用碎片化的叙事方式，通过短小精悍的文章、微博体、段子、vlog 视频等形式来呈现故事。这种方式既适应了现代人快节奏的生活方式，也满足了他们在碎片时间里获取信息和娱乐的需求。

例如，一个孕妇的一日饮食被录制成 vlog 视频，以碎片化的形式呈现，如图 7-7 所示。这种简短的生活记录方式既符合现代快节奏的生活要求，也满足了人们在零散时间里寻求信息和娱乐的需求。

图 7-7　新媒体文学中的碎片化叙事示例

### 4. 多媒体融合

新媒体文学不仅是文字的艺术，还融合了图像、音频、视频等多种媒体形式。这种多媒体的叙事手法能够更直观地展现故事场景，增强读者的感官体验，使故事更加生动立体。

例如，一篇标题为"仿古游记｜深山故宫"的新媒体文章，内容中融合了详尽的文字叙述、高质量的图片和制作精良的短视频，如图 7-8 所示。这种多媒体融合的叙事手法不仅使文章更加生动立体，也让读者仿佛身临其境般感受到了"深山故宫"的庄严肃穆。

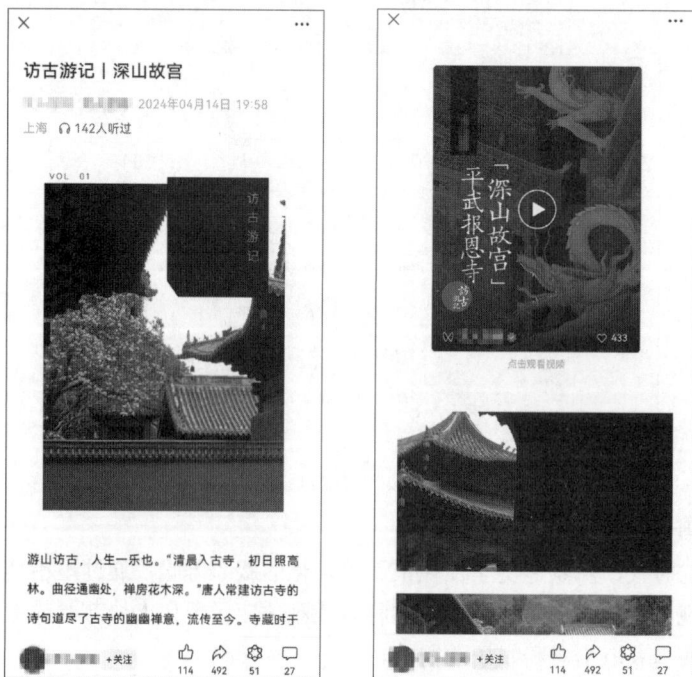

图 7-8　新媒体文学中的多媒体融合示例

### 5. 超文本链接

超文本链接是新媒体文学作品中不可或缺的一部分。通过点击链接，读者可以轻松跳转到相关章节、背景资料、评论或其他相关资源上，进行更深入的了解和探索。这种网状的信息结构不仅拓宽了读者的视野，也赋予了作品更加丰富的内涵和深度。

例如，在阅读一部历史主题的新媒体文学作品时，读者可以通过作者提供的拓展知识链接和平台推荐的相关搜索链接，轻松地获取更多有价值的信息和观点，如图 7-9 所示。这种超文本链接的方式丰富了读者的阅读体验，使他们能更全面地理解并欣赏该作品。

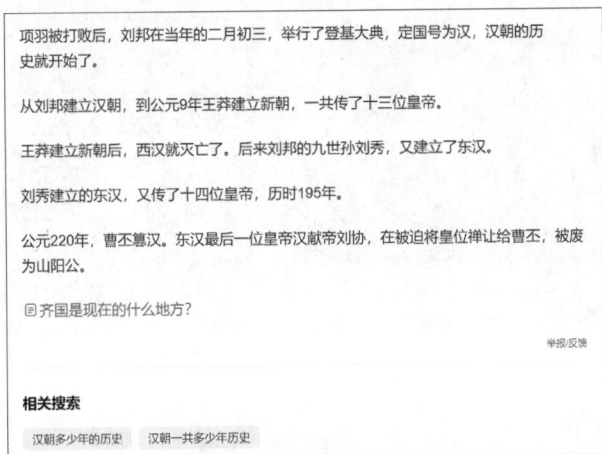

图 7-9　新媒体文学作品中的超文本链接

## 子任务 7.2.3　掌握新媒体文学的创意表达

新媒体文学的创意表达，是指在新媒体环境下，利用独特的想象力、创新思维和技术手段，将文学内容以新颖、独特且富有吸引力的方式呈现出来。这种表达方式超越了传统文学的界限，融合了艺术、科技、文化等多个领域的元素，为读者带来前所未有的阅读体验。

### 1. 沉浸式场景构建

新媒体文学充分利用虚拟现实（VR）和增强现实（AR）技术，将文学作品中的场景、人物乃至情感，以三维立体的形式呈现于读者眼前。这种沉浸式体验，不仅打破了传统文学二维平面的限制，更让读者仿佛穿越时空，亲历故事发生的每一个瞬间。

例如，《红楼梦》VR 旅游沉浸式体验馆，通过高度还原的大观园场景，让读者在虚拟世界中与贾宝玉、林黛玉等经典人物互动，体验古代贵族生活的细腻与复杂，从而深刻感受作品所蕴含的丰富文化内涵和情感深度，如图 7-10 所示。这种沉浸式体验，不仅增强了读者的代入感，也极大地拓宽了文学作品的传播渠道和影响力。

### 2. 情感共鸣的交互设计

在新媒体文学作品中加入互动元素，如情感选择、角色对话等，让读者在阅读过程中能够根据自己的喜好和判断，影响故事的发展走向和结局。这种交互设计旨在增强读者的参与感和代入感，使其与作品产生更深的情感共鸣。通过互动设计，将读者从被动接受者转变为故事的共同创作者，激发其创造力和想象力。

例如，国内交互小说的鼻祖"橙光阅读器"平台，该平台旗下有大量优秀的交互小说作品，读者在关键情节处可以做出选择，每个选择都将影响后续的故事发展和角色命运，最终导向不同的结局。"橙光阅读器"平台网页版首页如图 7-11 所示。

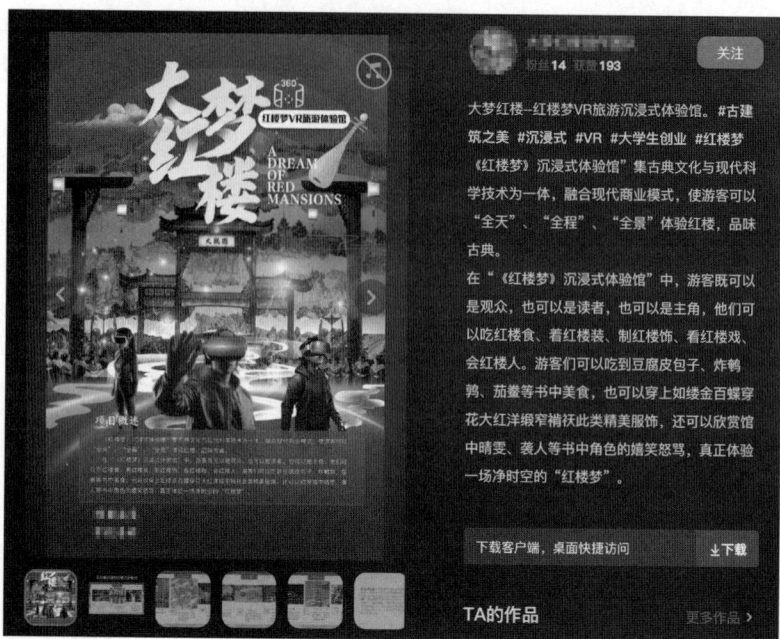

图 7-10 《红楼梦》VR 旅游沉浸式体验馆

图 7-11 "橙光阅读器"平台网页版首页

### 3. 跨媒介叙事整合

新媒体文学还积极探索跨媒介叙事的可能性，将文学作品与其他艺术形式（如音乐、绘画、电影等）进行跨界融合，通过多种媒介的相互补充和互动，共同构建一个多维度的叙事空间。这种跨媒介叙事不仅丰富了作品的表达层次和审美体验，也拓宽了读者的感知维度，为文学作品注入新的生命力和创造力。

例如，多媒体话剧《哈姆雷特》便是这一理念的生动实践，它巧妙地将莎士比亚的经典悲剧与现代舞蹈、音乐、视频投影等多种艺术形式融为一体，为观众带来了一场视听与心灵的双重震撼。如图 7-12 所示为话剧《哈姆雷特》的剧照截图。

### 4. 数据可视化叙事

在大数据和人工智能技术的推动下，数据可视化叙事成为新媒体文学领域的又一亮点。它利用数据分析和可视化技术，将文学作品中的复杂信息（如人物关系、时间线、数据统计等）以图表、图形等形式直观地展现出来，有助于读者更好地理解作品的内在逻辑和结构关系。数

图 7-12　话剧《哈姆雷特》的剧照截图

据可视化叙事将抽象的文字描述转换为直观的数据图像，为读者提供一种全新的解读文学作品的视角和方法。

例如，《红楼梦》人物关系数据可视化项目。《红楼梦》作为中国古典文学的巅峰之作，其人物众多、关系错综复杂，对于普通读者来说，全面理解和梳理这些人物关系是一大挑战。随着数据可视化技术的发展，一些研究者和文化爱好者开始尝试利用这一技术来解析《红楼梦》中的人物关系网络。

## 任务 7.3　AI 技术在新媒体文学创作中的应用实践

### ─○ 任务描述 ○─

本任务旨在深入探索 AI 在文学创作中的前沿应用。读者将学习如何利用 AI 工具辅助创作，评估其生成的文学作品质量，并实践将 AI 技术融入新媒体文学创作中，确保作品的独特性与原创性不受损。此外，通过 AI 技术分析读者反馈，将学会调整和优化创作策略，推动新媒体文学创作的创新与发展。

### ─○ 任务目标 ○─

- ▶ 探索 AI 在文学创作中的应用。
- ▶ 评估 AI 辅助创作的文学作品。
- ▶ 利用 AI 辅助新媒体文学创作，以保持作品的独特性和原创性。
- ▶ 利用 AI 技术分析读者反馈，以调整和优化后续创作策略。

### ─○ 相关知识 ○─

### 子任务 7.3.1　探索 AI 在文学创作中的应用

AI 技术在文学创作中的应用正日益广泛，为这一传统艺术领域注入了新的活力与可能性。

观看视频

以下是对 AI 在文学创作中核心应用的深入剖析，旨在展现其如何以独特的方式推动文学艺术的进步与发展。

### 1. 自动创作

AI 通过深度学习与自然语言处理技术的深度融合，实现了从数据到文学的创造性转换。它不仅能够模仿人类作家的笔触与风格，更能在理解文学精髓的基础上，自主创作出富有艺术感染力的作品。这一过程，如同一位无形的文学大师，在海量文学作品的滋养下，逐渐形成了自己独特的创作视角与语言风格。微软小冰等 AI 诗人的出现，正是这一技术应用的生动例证，它们所创作的诗歌，不仅韵律和谐、意境深远，更在情感表达上展现出令人惊叹的细腻与真挚。

### 2. 个性化推荐

在数字化时代，个性化推荐系统已成为连接读者与文学作品的重要桥梁。AI 通过收集并分析用户的阅读行为、偏好等数据，能够构建出精准的用户画像，并据此为用户推荐符合其个性化需求的文学作品。这种基于大数据与算法的推荐方式，不仅能够帮助读者快速发现心仪之作，提升阅读体验与满意度，更促进了文学作品的广泛传播与普及。

### 3. 文学分析与理解

AI 在文学分析方面也展现出巨大潜力。通过对文学作品进行深度挖掘与细致分析，AI 能够迅速捕捉并提炼出作品中的主题思想、情感脉络、语言特色等关键要素，为文学研究者提供了前所未有的便利与支持。这种高效、精准的分析能力，不仅极大地提升了文学研究的效率与质量，更为文学批评的深入发展提供了强有力的技术支持。

### 4. 创意激发与辅助创作

AI 在文学创作中的另一重要作用，在于其能够作为创意激发者与辅助创作者的角色出现。通过与人类作家的紧密合作，AI 能够提供新颖独特的创作灵感与思路，帮助作家突破创作瓶颈，拓展创作视野。同时，AI 还能在语法校对、拼写检查、风格调整等方面提供精准辅助，确保文学作品的品质与规范。这种人机协作的创作模式，不仅丰富了文学创作的手段与方式，更为文学艺术的繁荣发展注入了新的活力与可能性。

### 5. 跨文化交流与传播

在全球化的今天，文学作品的跨文化交流与传播显得尤为重要。AI 通过翻译技术、文化适应等先进手段，打破了语言与文化的界限，使文学作品得以在全球范围内自由流通与接受。这种跨越时空的文学交流，不仅丰富了全球文学的多样性与多元性，更为不同文化之间的理解与尊重搭建了坚实的桥梁。AI 技术的应用，让文学成为一种无国界的语言，促进了人类文明的共同进步与发展。

**【案例】**         **使用 Kimi 工具创作现代诗《时光之岸》**

使用 Kimi 工具创作现代诗的操作过程如下。

（1）打开 Kimi 工具。首先，在计算机上打开 Kimi 工具的网页或应用界面（https://kimi.moonshot.cn/）。

（2）设定主题。在"主题输入"框中，输入"时光与回忆"作为本次创作的主题。希望 Kimi 能围绕这个主题，生成一首充满情感与哲思的现代诗。

（3）选择风格。接着，从下拉菜单中选择"抒情与哲思"作为诗歌的风格。Kimi 工具提供了多种风格选项，以满足不同用户的创作需求。

（4）启动生成。确认好主题和风格后，单击"生成"按钮。Kimi 工具立刻开始工作，屏幕上显示着"正在生成中……"的提示信息。

（5）等待与观察。在等待的过程中，可以看到 Kimi 工具在后台进行复杂的计算与组合，将海量的词汇、句型和情感元素融合在一起，试图捕捉并表达出"时光与回忆"这一主题的核心。

（6）初步成果。几分钟后，Kimi 工具完成了创作，并在文本输入框中展示出了初步的诗稿。仔细阅读这首诗，发现它确实捕捉到了时光流逝与回忆涌现的微妙情感，语言优美且富有哲理。Kimi 生成内容如下所示。

---

时光之岸，潮水轻拍，
每一朵浪花，都是往昔的回响。
我漫步其间，拾起记忆的碎片，
在光影交错中，寻觅你的笑靥。
岁月如梭，织就一幅幅画卷，
你我曾共赏，那繁花似锦的春天。
如今，只剩我一人，独对寒秋，
心中那份温暖，却如初见时那般炽烈。
回忆如风，穿越万水千山，
带来你的低语，和那未了的情缘。
我试图抓住，却如握沙在手，
指缝间流逝的，是永恒的瞬间。
时光啊，你能否慢些走，
让我在这岸边，多停留片刻。
让我再次拥抱，那逝去的温柔，
让心灵得以栖息，在回忆的港湾。

---

（7）优化调整。虽然 Kimi 工具生成的诗稿已经相当不错，但还有进一步提升的空间。于是，利用 Kimi 提供的编辑功能，对部分词句进行了微调，使其更加符合个人风格和情感表达。

## 子任务 7.3.2 评估 AI 辅助创作的文学作品

评估 AI 辅助创作的文学作品是一个复杂而多维的过程，涉及作品的创新性、艺术价值、情感表达、语言运用等多方面。以下是对 AI 辅助创作文学作品的评估，旨在全面而客观地分析其特点与影响。

### 1. 创新性

AI 在文学创作中的创新性主要体现在其能够生成新颖独特的创意和情节。通过与人类作家的互动，AI 能够提供不同寻常的创作思路，帮助作家突破传统框架的束缚。然而，值得注意的是，AI 的创新性仍受到其算法和训练数据的限制。在某些情况下，AI 可能会生成重复或陈旧的创意，难以达到人类作家那种天马行空、自由驰骋的创造力。

### 2. 艺术价值

AI 辅助创作的文学作品在艺术价值上展现出一定的潜力，但仍有提升空间。一方面，AI

能够模仿人类作家的写作风格，创作出具有一定艺术感染力的文本。例如，微软小冰等 AI 诗人所创作的诗歌，在韵律、意境等方面都表现出较高的艺术水准。另一方面，由于 AI 缺乏人类的情感体验和创造力，其作品在情感深度和独特性上可能略显不足。

### 3. 情感表达

情感表达是文学作品的灵魂所在。然而，AI 在情感表达方面仍存在较大的局限性。由于 AI 缺乏人类的情感体验和共情能力，其作品在情感表达上往往显得生硬、刻板，难以像人类作家那样细腻地传达复杂的情感。尽管如此，随着技术的不断进步，AI 在情感表达方面的能力也在逐渐提升，未来有望创作出更加富有感染力的文学作品。

### 4. 语言运用

AI 在语言运用方面表现出较高的准确性和流畅性。通过深度学习和自然语言处理技术，AI 能够掌握多种语言风格和表达方式，创作出符合语法规范、语义清晰的文本。然而，AI 在语言运用上的不足也显而易见。由于 AI 缺乏人类的语境理解和文化背景知识，其作品在语言表达上可能缺乏多样性和个性化，难以达到人类作家那种丰富多彩、独具特色的语言风格。

## 子任务 7.3.3  利用 AI 辅助新媒体文学创作，以保持作品的独特性和原创性

在利用 AI 辅助进行新媒体文学创作时，保持作品的独特性和原创性是一个关键挑战，但也是可以通过一系列策略来实现的。以下是一些具体的方法和建议。

（1）明确创作主题与核心。

在开始创作之前，明确你想要表达的主题、情感或故事核心。这是作品的灵魂所在，也是保持独特性和原创性的基础。确保 AI 辅助生成的内容始终围绕这一核心展开。

（2）引导 AI 创作方向。

虽然 AI 能够自动生成文本，但你可以通过提供关键词、短语、情感标签或故事大纲等方式来引导其创作方向。这样，AI 生成的内容就会更加贴近你的创作意图，减少雷同和重复的可能性。

（3）个性化调整与编辑。

AI 生成的内容往往需要进行后期编辑和调整。在这个过程中，你可以根据自己的创作风格和需求，对 AI 生成的内容进行个性化修改，使其更加符合你的独特性和原创性要求。例如，调整语言风格、增删情节、修改角色设定等。

（4）融入个人经验和见解。

将个人的生活经历、情感体验和独特见解融入作品中，是保持作品独特性和原创性的重要手段。即使在使用 AI 辅助创作时，也应该注重在作品中表达自己的独特视角和思考。

（5）学习与创新。

持续学习 AI 技术和文学创作技巧，了解最新的创作趋势和风格。同时，勇于尝试新的创作方法和手段，不断创新自己的创作风格。这样不仅可以提升作品的独特性和原创性，还可以让自己在文学创作领域保持竞争力。

（6）版权意识与尊重原创。

在使用 AI 辅助创作时，要时刻保持版权意识，尊重他人的原创作品。避免直接复制或抄袭他人的内容，确保自己的作品是独立创作且具有原创性的。

（7）结合人工审核与评估。

在 AI 辅助创作完成后，可以通过人工审核和评估的方式来检查作品的独特性和原创性。

这有助于发现并纠正可能存在的雷同或侵权问题，确保作品的质量和价值。

综上所述，保持作品的独特性和原创性需要创作者在利用 AI 辅助创作时保持清醒的头脑和独特的视角，注重个性化调整与编辑，融入个人经验和见解，并持续学习与创新。同时，还需要保持版权意识并尊重原创作品。

**【案例】　　DeepSeek 辅助下的科幻小说《星际迷航：未知领域》创作**

**案例背景**

在科幻文学领域，保持作品的独特性和原创性尤为重要。为了探索 AI 在文学创作中的潜力，同时确保作品的独特性和原创性，作家李华决定使用先进的 AI 工具 DeepSeek 来辅助创作他的新科幻小说《星际迷航：未知领域》。

**实现过程**

**第①步**明确创作主题与核心。

▶ 主题：探索宇宙未知领域，揭示外星文明与地球人类的共存与冲突。

▶ 核心：强调勇气、智慧与人性在宇宙探索中的重要性，以及不同文明间理解和尊重的必要性。

**第②步**引导 AI 创作方向。

▶ 向 DeepSeek 输入详细的关键词列表，包括"星际旅行""外星文明""未知星球""科技冲突""人性光辉"等，以及一个初步的故事大纲。

▶ 然后设定情感标签，如"紧张刺激""深刻反思""温馨感人"，以引导 DeepSeek 生成符合这些情感色彩的内容。

**第③步**个性化调整与编辑。

▶ DeepSeek 生成初稿后，进行细致的编辑工作。调整部分段落的语言风格，使其更加符合科幻小说的叙事特点，同时增强了文字的表现力。

▶ 比如增删一些情节，确保故事发展既紧凑又富有逻辑，同时突出了核心主题。

▶ 对于角色设定，根据自己对人性的理解，对 AI 生成的角色进行了深度挖掘和个性化塑造。

**第④步**融入个人经验和见解。

在小说中融入了自己对宇宙、科技和人性的思考。通过角色的对话和内心独白，表达自己对于未知世界的敬畏、对于科技发展的双刃剑效应的担忧，以及对于人性光辉的坚定信念。另外，可以巧妙地融入自己的一些旅行经历，使得小说中的星际旅行场景更加生动真实。

**第⑤步**版权意识与尊重原创。

在创作过程中始终保持高度的版权意识。确保所有内容均为原创或已获得合法授权，避免任何形式的抄袭或侵权。同时，可以在小说中设置版权声明和致谢部分，对提供灵感和帮助的人表示感谢，并明确作品的版权归属。

**第⑥步**结合人工审核与评估。

在完成初稿后，可以邀请多位科幻文学领域的专家和读者进行试读和评估。让他们提供宝贵的意见和建议，以帮助进一步完善作品。最后，利用专业的版权检测工具对小说进行全面检查，确保没有侵犯他人的版权。

**第⑦步**成果展示。

经过一系列的努力和精心打磨，《星际迷航：未知领域》最终成为了一部既具有独特性和原创性又深受读者喜爱的科幻小说。它不仅在文学界获得了高度评价还成功吸引了影视制作公司的关注，有望被改编成影视作品进一步推广。这一案例充分展示了 AI 工具在文学创作中的巨大潜力和价值同时也为如何保持作品的独特性和原创性提供了有益的借鉴和启示。

### 子任务 7.3.4 利用 AI 技术分析读者反馈，以调整和优化后续创作策略

在新媒体文学作品中，运用 AI 技术分析读者反馈以调整和优化后续创作策略是一个高效且精准的方法。以下是一些具体步骤和策略。

（1）收集多样化的读者反馈。

首先，需要建立有效的反馈收集机制，包括在线问卷、评论区、社交媒体互动、读者访谈等多种形式。确保能够获取到来自不同背景、年龄、兴趣爱好的读者的广泛意见。

（2）数据清洗与整理。

收集到的反馈数据往往包含大量非结构化信息，如文本评论、情感标签等。利用 AI 的自然语言处理技术对这些数据进行清洗和整理，提取出关键信息，如情感倾向、主题分类、意见建议等。

（3）情感分析与主题提取。

通过 AI 的情感分析技术，可以准确判断读者对作品的情感态度（如喜欢、讨厌、中立等），并识别出具体的情感词汇和短语。同时，利用主题提取技术，可以归纳出读者反馈中的核心议题和关注点。

（4）读者画像构建。

基于收集到的反馈数据，运用 AI 的机器学习算法构建读者画像。这包括读者的年龄、性别、地域、兴趣偏好等基本信息，以及他们对作品的具体喜好和期望。通过读者画像，可以更深入地了解目标读者群体。

（5）创作策略调整与优化。

根据 AI 分析的结果，对后续的创作策略进行调整和优化。

▶ 如果发现读者对某一情节或角色特别感兴趣，可以在后续作品中增加相关内容和细节。

▶ 如果读者对作品的语言风格或叙事节奏有反馈，可以调整相应的创作手法。

▶ 根据读者的情感倾向和意见建议，改进作品的故事情节、人物设定或主题思想等。

（6）持续监测与迭代。

创作策略的调整和优化并非一蹴而就，需要持续监测读者反馈并根据新数据进行迭代。通过不断试错和改进，逐步提升作品的吸引力和满意度。

（7）注重个性化与差异化。

在利用 AI 技术分析读者反馈时，也要注重保持作品的个性化和差异化。避免过度迎合市场或读者喜好而失去作品的独特性和原创性。在调整创作策略时，要综合考虑市场需求、读者喜好和作者自身的创作理念。

综上所述，运用 AI 技术分析读者反馈是新媒体文学创作中不可或缺的一环。通过精准的数据分析和策略调整，可以不断优化作品质量并满足读者需求。

**【案例】** 　　　　　**DeepSeek 助力《星际迷航》系列小说创作优化**

**背景介绍**

《星际迷航》是一部深受全球读者喜爱的科幻小说系列，随着新媒体平台的兴起，其创作

团队决定利用 AI 工具 DeepSeek 来深入分析读者反馈，以调整和优化后续作品的创作策略，进一步提升读者满意度和作品影响力。

**实现过程**

第①步 收集多样化的读者反馈。

收集读者反馈的方法如下。

▶ 在线问卷：设计了一套包含开放性和封闭式问题的问卷，通过小说官网、社交媒体和邮件列表发送给读者，收集他们对最新章节的反馈。

▶ 评论区分析：利用 DeepSeek 工具自动抓取并分析各大阅读平台上的读者评论，特别是高赞和热门讨论内容。

▶ 社交媒体互动：通过社交媒体（如微博、推特）举办话题讨论活动，鼓励读者分享阅读体验和期待点。

▶ 读者访谈：选取代表性读者进行一对一访谈，深入了解他们的阅读偏好和具体建议。

第②步 数据清洗与整理。

▶ 使用 DeepSeek 的自然语言处理模块对收集到的文本数据进行清洗，去除无关词汇、标点符号和重复内容。

▶ 对清洗后的数据进行结构化处理，提取出情感倾向（正面、负面、中性）、主题分类（如角色发展、情节设计、科技设定等）和具体意见建议。

（1）使用 DeepSeek 的自然语言处理模块进行数据清洗。

① 数据导入。首先，将收集到的文本数据（如读者评论、反馈邮件等）导入到 DeepSeek 的数据处理系统中。这通常可以通过上传文件、API 接口或直接从数据库连接等方式实现。

② 预处理。

▶ 分词：DeepSeek 的 NLP 模块会自动对文本进行分词处理，将句子拆分成独立的词汇或短语。

▶ 去除无关词汇：利用预定义的停用词列表（如常见的标点符号、助词、连接词等），DeepSeek 会识别并去除这些对分析无意义的词汇。

▶ 去除标点符号：进一步处理文本，移除所有标点符号，以便后续分析更加准确。

▶ 去重：通过比对文本内容，DeepSeek 能够识别并删除重复的数据行或段落，确保分析的样本具有多样性。

③ 清洗结果输出。清洗后的文本数据将被保存为新的数据集，供后续结构化处理使用。

（2）对清洗后的数据进行结构化处理。

① 情感倾向分析。

▶ 情感词典匹配：DeepSeek 利用内置的情感词典，将清洗后的文本与词典中的词汇进行匹配，根据词汇的情感极性（正面、负面、中性）计算整体情感倾向。

▶ 情感模型预测：对于复杂或难以直接匹配的文本，DeepSeek 可能采用机器学习模型（如情感分类器）进行情感倾向的预测。

▶ 结果输出：将每段文本的情感倾向（正面、负面、中性）作为结构化数据的一部分输出。

② 主题分类。

▶ 主题模型训练：DeepSeek 可能使用 LDA（潜在狄利克雷分配）、BERT 等主题模型对清洗后的文本进行训练，以识别文本中的主题。

▶ 主题提取：根据训练好的模型，DeepSeek 从文本中提取出主要的主题分类，如角色发展、情节设计、科技设定等。

▶ 结果输出：将每段文本的主题分类作为结构化数据的一部分输出。

③ 提取具体意见建议。

▶ 关键词提取：DeepSeek 利用关键词提取算法（如 TF-IDF、TextRank 等）从文本中识别出重要的词汇或短语，这些词汇或短语往往代表了读者的具体意见和建议。

▶ 句子或段落筛选：对于包含重要关键词的句子或段落，DeepSeek 可能进行进一步的筛选和整理，以便更清晰地呈现读者的意见和建议。

▶ 结果输出：将提取出的具体意见建议作为结构化数据的一部分输出，可能包括关键词列表、相关句子或段落等。

通过以上步骤，DeepSeek 工具能够高效地对收集到的文本数据进行清洗和结构化处理，提取出情感倾向、主题分类和具体意见建议等关键信息，为后续的创作策略调整和优化提供有力支持。

**第 3 步** 情感分析与主题提取。

（1）情感分析引擎识别情感词汇和短语。

① 数据输入。将读者评论作为输入数据，通过上传文件、API 接口或直接粘贴等方式导入到 DeepSeek 系统中。

② 情感词汇与短语识别。

▶ DeepSeek 的情感分析引擎启动，自动扫描每条读者评论中的文本内容。

▶ 利用预训练的情感词典或机器学习模型，引擎识别出评论中的情感词汇和短语。这些词汇和短语可能包含正面（如"好""喜欢"）、负面（如"差""不喜欢"）或中性（如"一般"）的情感色彩。

③ 情感倾向计算。

▶ 根据识别出的情感词汇和短语，DeepSeek 计算每条评论的整体情感倾向。

▶ 通过统计正面、负面和中性情感词汇的数量或权重，引擎计算出整体情感倾向的比例。例如，可以计算出正面评论占比、负面评论占比和中性评论占比。

④ 结果输出。将计算出的整体情感倾向比例作为分析结果输出，可能以图表、报告或 API 响应的形式展示。

（2）主题提取功能归纳读者反馈。

① 数据预处理。在进行主题提取之前，可能需要对读者反馈进行预处理，包括去除无关词汇、标点符号和重复内容等，以确保提取的主题更加准确。

② 主题提取算法应用。

▶ DeepSeek 的主题提取功能启动，应用主题模型（如 LDA、BERT 等）对预处理后的读者反馈进行分析。

▶ 算法自动识别并归纳出反馈中的核心议题，这些议题通常代表了读者最关心或最频繁提及的问题。

③ 议题总结与命名。对于提取出的每个核心议题，DeepSeek 进行进一步的总结和命名，以便更容易理解和传达。例如，将一组关于外星文明描述的反馈总结为"希望增加外星文明描述"的议题。

④ 结果展示。将归纳出的核心议题以列表、图表或报告的形式展示，每个议题都附有相关的读者反馈示例或摘要。

**第④步** 读者画像构建。

▶ 基于上述分析数据,DeepSeek 运用机器学习算法构建读者画像,包括年龄分布、性别比例、地域特征、兴趣偏好等。

▶ 进一步分析读者对特定情节、角色的偏好,以及他们对作品语言和叙事节奏的评价。

**第⑤步** 创作策略调整与优化。

▶ 增加细节与深度:针对读者对某一外星文明的浓厚兴趣,创作团队决定在后续章节中增加该文明的详细背景和文化描述。

▶ 调整语言风格:根据读者反馈,调整部分章节的语言风格,使其更符合目标读者的阅读习惯和审美偏好。

▶ 优化情节与角色:根据情感分析和主题提取结果,调整故事情节的走向和角色间的互动,增加读者期待的内容。

**第⑥步** 调整与优化。

根据分析结果,对创作策略进行微调,快速响应读者反馈,确保作品始终符合读者需求和市场趋势。

**第⑦步** 注重个性化与差异化。

▶ 在调整创作策略时,创作团队坚持保持作品的独特性和原创性,避免过度迎合市场或读者喜好。

▶ 通过引入新的科幻元素和创意设定,保持作品的差异化竞争优势。

▶ 鼓励作者发挥个人风格,将个人创作理念与读者反馈相结合,创作出既受欢迎又具有个性的作品。

通过运用 DeepSeek 工具深入分析读者反馈,并据此调整和优化《星际迷航》系列小说的创作策略,创作团队成功提升了作品的质量和读者满意度。这一案例充分展示了 AI 技术在文学创作中的巨大潜力和应用价值。

## 项目小结

本项目致力于深度挖掘新媒体文学的独特魅力和创作原则,旨在通过系统学习新媒体文学的概念、特征及其多样化的类型,使创作者深入理解并掌握新媒体文学的创作原则与技巧,从而提升文学创作的实践能力。在深化传统文学创作方法的同时,本项目也紧跟科技潮流,前瞻性地引入了 AI 技术在文学创作中的应用实践。通过探索 AI 技术在提升创作效率与丰富作品内涵方面的潜力,项目不仅为新媒体文学创作提供了新的工具和方法,也对其成效与挑战进行了理性评估。这种科技与传统艺术的结合,既展现了新媒体文学创新的无限可能,也为创作者提供了全面的创作指南和 AI 融合的创新路径,开辟了文学创作的新领域。

## 课后作业

1. 请阐述新媒体文学相较于传统文学的主要特征有哪些。

2. 请讨论新媒体文学创作中应遵循的基本原则,并说明这些原则在创作实践中的重要性。

3. 请阐述新媒体文学中的"互动性"体现在哪些方面。如何有效利用互动性提升作品的影响力?

# 项目 8　新媒体平台文案写作

在当今数字化浪潮中,新媒体平台已成为品牌传播与用户互动的重要阵地。精准而富有创意的文案,如同数字海洋中的灯塔,吸引并引领着目标受众的注意力。本项目聚焦于新媒体平台文案的写作,旨在探索如何通过精练的语言、独特的视角与情感共鸣,打造引人入胜的内容,助力品牌在新媒体生态中脱颖而出,实现有效传播与深度连接。

在本项目中,将深入挖掘新媒体平台文案的写作技巧和策略。首先,读者会了解不同新媒体平台文案的类型与特点,并学习如何根据受众分析定制内容,以及新媒体平台文案的写作要点。并且,通过具体的案例学习,掌握主流新媒体平台文的写作策略。最后,将探索 AI 技术在新媒体平台文案创作中的应用,鼓励使用 AI 工具来提升文案的创意和效率。

## 任务 8.1　常见新媒体平台文案的类型与特点

### 任务描述

本任务探索常见新媒体平台文案的类型与特点,涵盖微博、微信、抖音及小红书等。文案需根据平台特性定制,如微博的简短精悍、微信的深度引导、抖音的创意短视频文案,以及小红书的种草与场景化描述。掌握各平台文案风格,有助于提升内容传播效果与用户互动,是新媒体营销的重要一环。

### 任务目标

▶ 熟悉新媒体平台文案的类型。
▶ 掌握新媒体平台文案的特点。

### 相关知识

#### 子任务 8.1.1　熟悉新媒体平台文案的类型

在新媒体环境下,不同平台因其独特的用户群体、使用场景和传播方式,催生了多种类型的文案。以下是基于不同新媒体平台特性和文案功能归纳出的几种常见的新媒体平台文案类型。

**1. 微博文案**

微博作为社交媒体的代表，其文案具有短小精悍、实时性强的特点。微博文案通常用于发布新闻快讯、热点话题讨论、产品推广或情感分享等。为了吸引用户关注和参与，微博文案往往追求新颖、有趣或引人深思的内容，同时结合话题标签、@ 提及功能、高清图片或短视频等多媒体元素，以增强传播效果。微博文案能够在极短的时间内构建出丰富的信息层次，引导用户参与讨论，形成病毒式传播效应。

例如，某品牌推广新款折叠手机时，通过微博发布推广文案，利用手机名称作为话题标签，并 @ 品牌代言人，同时辅以短视频进行产品展示，如图 8-1 所示。这条微博迅速激发了消费者的兴趣，促成了热烈讨论和广泛转发，展现了微博文案在品牌传播中的强大影响力。

图 8-1　微博文案示例

**2. 微信文案**

微信，作为私域流量的重要阵地，其文案风格更加侧重于内容的深度与价值。公众号文案，作为微信内容生态的核心，往往通过长文、图文混排、视频嵌入等多种形式，深入挖掘某一主题或领域，为用户提供有深度的专业知识、行业资讯、情感故事等。这些文案不仅满足了用户的阅读需求，更在潜移默化中提升了品牌形象，增强了用户黏性。而朋友圈文案，则更加贴近用户日常生活，通过轻松幽默、温馨感人的语言风格，展现了用户的个性风采，促进了朋友间的情感交流。

例如，一篇关于职场压力的公众号文章，文章内容结合真实案例与心理学分析，通过图文混排的形式，深入探讨了职场压力的成因与应对策略，如图 8-2 所示。微信文案的细腻与深度，让品牌在无形中拉近了与用户的距离。

**3. 直播文案**

直播，作为一种新兴的实时互动传播方式，其文案设计需要紧密围绕直播过程展开，贯穿于直播前、中、后三个阶段。

（1）直播前文案，作为预热环节，需通过引人入胜的预告、悬念设置等方式，激发用户的观看欲望。

（2）直播中文案，则需灵活应对现场情况，及时引导观众参与互动、购买商品或参与活动，保持直播的活跃度和观众的参与度。

（3）直播后文案，则是对整场直播的总结与回顾，通过感谢观众、分享精彩瞬间、预告下次直播内容等方式，进一步巩固与观众的情感连接。

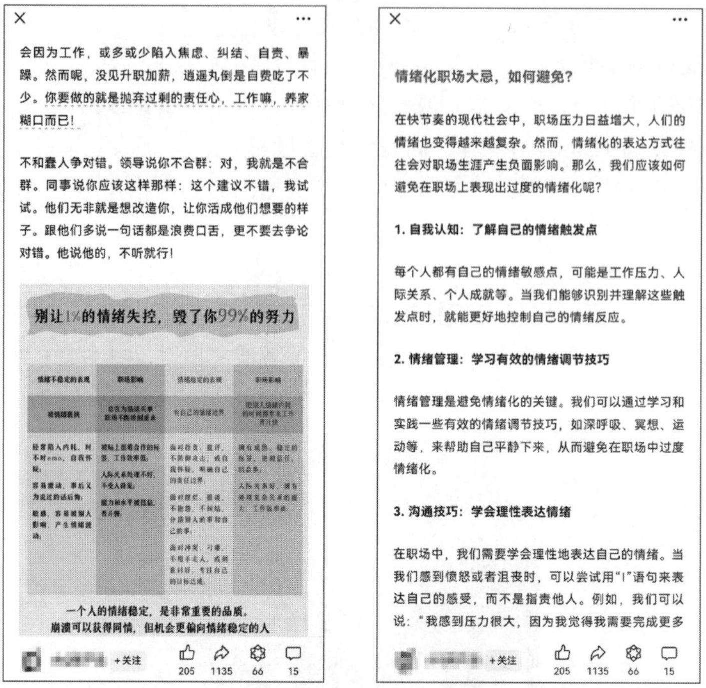

图 8-2　微信文案示例

另外，直播文案还需要注重时效性和互动性，以维持观众的持续关注和参与热情。

例如，某商品直播间，通过发布"直播间下单参与抽奖"的预告文案来吸引观众；直播期间，通过"欢迎来到 ×× 直播间，关注主播可享更多优惠福利"的文案提升互动性；直播结束后，使用"直播活动礼赠倒计时"等文案回顾活动亮点，有效提高了观众的参与度和忠诚度，如图 8-3 所示。

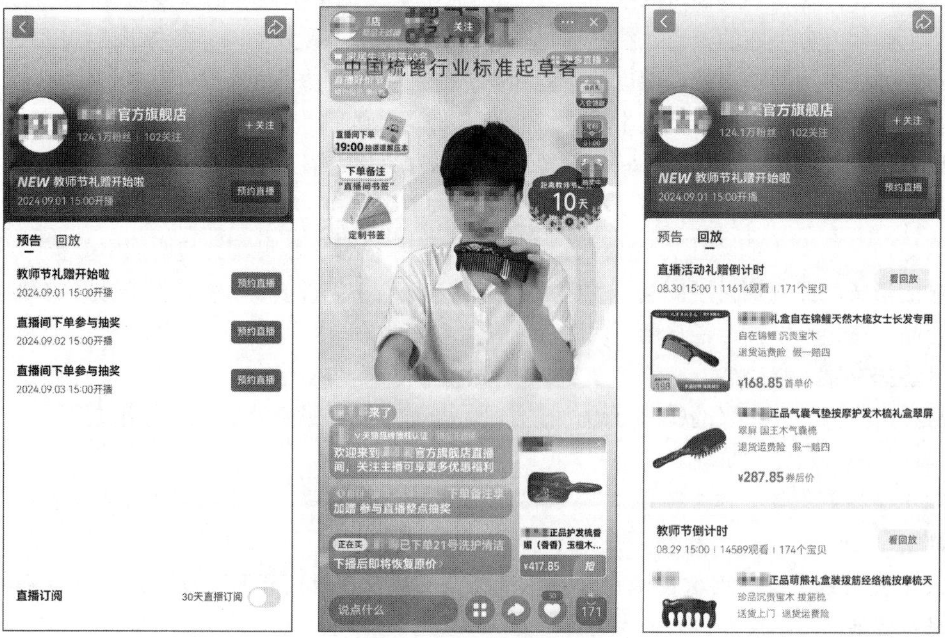

图 8-3　直播文案示例

#### 4. 短视频文案

短视频平台，如抖音、快手等，以其直观生动的视觉体验，迅速占据了用户的碎片时间。短视频文案，作为视频内容的补充与引导，应具备简洁有力、创意十足的特点。一个优秀的短视频文案，能够通过寥寥数语，精准概括视频内容，设置悬念或引发共鸣，引导用户点击观看。同时，结合热门话题、网络梗或情感共鸣点，短视频文案还能有效激发用户的点赞、评论和分享行为，推动视频在平台上的广泛传播。

例如，抖音平台上，某旅行博主跨界与某汽车品牌合作，拍摄一段汽车产品的推广短视频，其文案这样写道："今天的目的地，或许与以往不同。驾驶一辆懂你的车，与此刻共鸣"，通过博主亲身试驾展示驾驶乐趣和旅程体验，吸引用户点击观看，增强了视频的吸引力和传播效果，如图 8-4 所示。

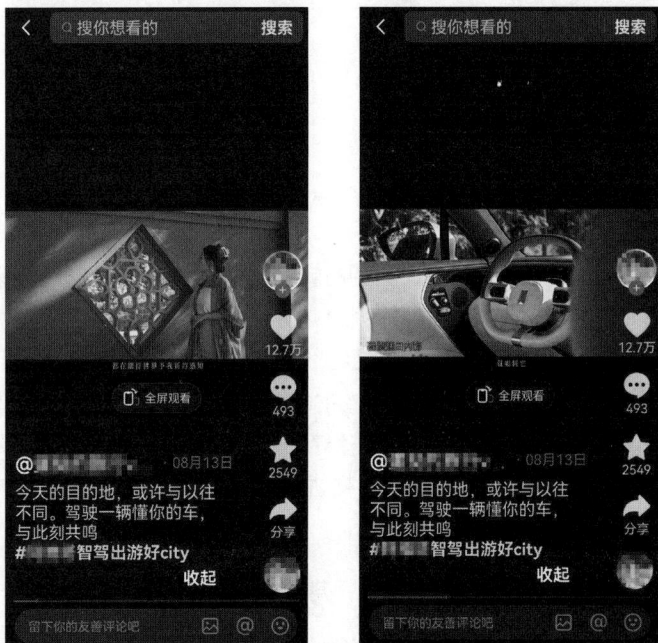

图 8-4　短视频文案示例

#### 5. 社群 / 社区文案

社群和社区平台，如小红书、知乎等，聚集了众多具有共同兴趣或需求的用户群体。社群文案，如小红书上的分享笔记，注重生活方式的展示与推荐，通过精美的图片、详细的描述和真实的体验分享，激发用户的购买欲望和生活灵感。而社区文案，如知乎上的问答与专栏文章，则更加注重专业性和深度思考，通过提供有价值的观点、分析或解决方案，满足用户对知识获取和自我提升的需求。这些文案不仅促进了社群内的积极互动与知识共享，也为品牌创造了良好的口碑效应。

例如，小红书上的一篇美食制作分享笔记，其文案标题为"我妈做了十几年的配方，巨巨巨好吃！！"，如图 8-5 所示。该笔记通过图文并茂的内容，不仅展示了制作过程的每一个细节，还激发了众多美食爱好者的兴趣与尝试欲望。

#### 6. 音频文案

音频平台，如喜马拉雅、蜻蜓 FM 等，以声音为媒介传递信息，为用户提供了独特的听觉享受。音频文案，通过主播的讲述、配乐的选择和节奏的把控，营造出特定的氛围和情境，让

图 8-5　社群 / 社区文案示例

用户仿佛置身于故事之中。音频文案注重声音的魅力和情感的传递，通过生动的讲述和引人入胜的故事情节，深深吸引着听众的注意力。无论是轻松幽默的脱口秀、深情款款的情感故事还是专业严谨的知识分享，音频文案都能以其独特的魅力触达听众的心灵深处。

例如，在喜马拉雅平台上的夜听频道中，主播温柔的声音缓缓流淌："什么是幸福？听到过这样一个回答，幸福不是金银成山，不是重拳在握，不是长生不老，幸福是由每一个微小的生活愿望组成的。"配合轻柔的背景音乐，主播讲述着一个个温馨感人的故事，让听众在忙碌的生活中找到一丝慰藉与温暖，如图 8-6 所示。

图 8-6　音频文案示例

### 子任务 8.1.2　掌握新媒体平台文案的特点

新媒体平台文案以其内容多元化、成本效益高、互动性强和市场化导向等特点，在品牌传播和市场营销中发挥着越来越重要的作用，如图 8-7 所示。

#### 1. 内容多元化，创意无限

新媒体平台文案打破了传统文案的单一形式，实现了内容表现形式的全面升级。它不再局限于文字和图片的简单组合，而是将视频、音频、H5 动画、超链接等多媒体元素巧妙融入，构建出多维度、立体化的内容生态。这种多元化的内容呈现方式，不仅丰富了文案的表达形式，更极大地提升了用户的阅读体验和沉浸感，使产品信息得以更直观、生动地展现，激发用户的购买欲望和分享行为。

#### 2. 成本效益高，精准触达

相较于传统广告高昂的制作与发布成本，新媒体平台文案以其低成本、高效率的优势脱颖而出。在新媒体时代，品牌无须再投入巨资于电视、报纸等传统媒体，而是可以通过社交媒体、短视频平台等渠道，以极低的成本实现信息的快速传播和精准触达。此外，新媒体平台拥有庞大的用户群体和详尽的数据分析能力，能够帮助品牌精准定位目标受众，实现广告效果的最大化。

### 3. 互动性强，促进参与

新媒体平台文案的互动性是其另一大显著特点。互联网作为新媒体文案的传播媒介，赋予了文案更强的交互性和即时性。文案创作者通过巧妙设置话题讨论、互动

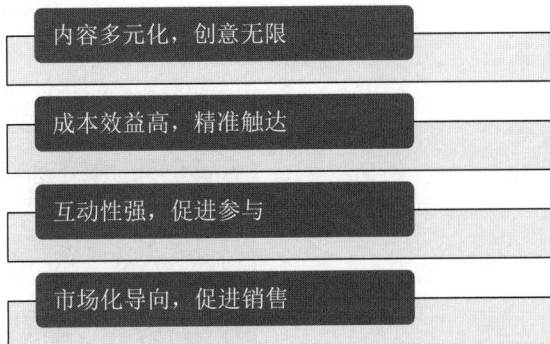

内容多元化，创意无限

成本效益高，精准触达

互动性强，促进参与

市场化导向，促进销售

图 8-7　新媒体平台文案的特点

问答、抽奖活动等环节，激发用户的参与热情，使文案成为用户与品牌之间沟通的桥梁。用户不仅可以阅读文案内容，还能通过点赞、评论、分享等方式表达自己的看法和感受，形成良好的口碑传播效应。这种高度的互动性不仅增强了用户对品牌的认知和好感度，也有效提升了文案的传播广度和深度。

### 4. 市场化导向，促进销售

新媒体平台文案的创作始终围绕着市场化的商业目标展开。它不仅要传递产品的基本信息和品牌价值，更要通过独特的创意和精准的定位，吸引目标受众的注意并激发其购买欲望。文案创作者需要深入了解市场需求和消费者心理，以用户为中心进行内容创作和营销策略的制定。通过这种方式，新媒体平台文案不仅能够提升品牌知名度和美誉度，还能有效促进产品的销售转化和市场份额的扩大。

## 任务 8.2　新媒体平台文案的受众分析与写作要点

### ─○ 任务描述 ○─

本任务将深入解析新媒体平台文案的受众特性与写作要点。针对不同受众群体，如年龄、兴趣、需求等，制定精准文案策略。文案需紧抓受众心理，采用引人入胜的标题、精炼有力的语言及符合平台规范的内容形式，确保信息有效传达并激发受众共鸣。同时，结合数据分析优化文案，提升用户参与度和转化率，是新媒体运营中的核心技能。

### ─○ 任务目标 ○─

▶ 学习新媒体平台文案的受众分析。
▶ 掌握新媒体平台文案的写作要点。

### ─○ 相关知识 ○─

### 子任务 8.2.1　学习新媒体平台文案的受众分析

在新媒体平台上，文案的受众分析是制定有效营销策略的关键步骤。这一过程涉及对目标受众的细致研究，以识别最合适的内容和传播方式。新媒体平台文案的受众分析步骤如图 8-8 所示。

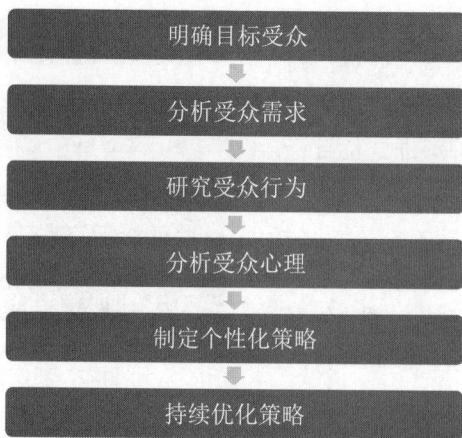

图 8-8 新媒体平台文案的受众分析步骤

### 1. 明确目标受众

在新媒体平台上，明确目标受众是第一步也是至关重要的一步。这不仅是简单的年龄、性别、职业划分，更是对受众群体生活状态、价值观念、消费习惯及心理特征的全面把握。我们需要通过市场调研、数据分析、社交媒体监听等多种手段，构建出详尽而精准的目标受众画像。这个画像应包含受众的日常生活场景、兴趣爱好、信息获取渠道、消费决策过程等多个维度，以便我们深入理解他们的需求和期望，为后续的内容创作与传播策略提供有力支撑。

### 2. 分析受众需求

了解受众需求是制定有效营销策略的核心。这要求我们不仅要关注受众当前的需求点，更要洞察其潜在需求与未来趋势。通过深入分析受众的社交媒体行为、搜索记录、购买历史等数据，可以发现他们关注的热点话题、偏好的内容类型以及未被满足的需求点。

例如，对于年轻人群体，不仅要关注时尚、科技、娱乐等热门领域，还要敏锐捕捉他们对于个性化、创新性的追求；而对于中年人群体，则需关注健康、教育、家庭等实用型内容，同时关注他们对于品质生活的向往。通过精准把握受众需求，能够创作出更加贴近受众心灵、引领潮流的内容。

### 3. 研究受众行为

受众的行为模式直接影响着内容的传播效果。我们需要深入研究受众的活跃时间、内容偏好、互动方式等关键行为特征。通过数据分析工具，可以发现受众在不同时间段的活跃度差异、对不同内容形式的接受程度以及他们在社交媒体上的互动习惯。这些信息将帮助我们确定最佳的发布时间和内容形式。

例如，如果受众在晚上更为活跃且偏好短视频内容，可以选择在此时段发布短视频以吸引更多关注；如果受众喜欢参与互动讨论，可以在内容中设置话题引导或问答环节以激发受众的参与热情。通过精准把握受众行为模式，能够实现内容的精准触达与高效传播。

### 4. 分析受众心理

受众的心理特征是影响其决策行为的重要因素。我们需要深入了解受众的性格特点、情感倾向及价值观等心理特征。这要求我们以同理心去感知受众的内心世界，理解他们的喜怒哀乐与情感需求。

例如，对于感性主导的受众群体，可以通过讲述感人至深的故事、展现温馨感人的画面来触动其内心；对于理性主导的受众群体，则更注重数据的呈现、逻辑的推理以及解决方案的实用性。通过洞悉受众心理特征并巧妙融入内容创作中，能够创作出更加具有吸引力与感染力的内容，从而与受众建立深厚的情感连接。

### 5. 制定个性化策略

基于以上分析，可以为不同受众群体量身定制个性化的营销策略。这包括内容主题的选定、创意元素的融入、传播渠道的选择以及互动环节的设计等多个方面。个性化策略的核心在于"一对一"的沟通感与定制化服务体验。

例如，对于喜欢冒险的年轻人群体，可以策划一系列挑战赛、探险活动等线上线下互动活动以激发其参与热情；对于追求稳定的中年人群体，则可以推出健康讲座、教育课程等实用型内容以满足其实际需求。通过制定个性化策略并精准实施，能够更好地满足受众需求并提升品牌形象与忠诚度。

### 6. 持续优化策略

营销策略的制定并非一劳永逸而是需要持续优化与迭代的过程。我们需要建立有效的反馈机制与数据分析体系以收集受众反馈并评估营销策略的效果与效益。通过对比分析不同策略的表现与差异，可以发现存在的问题与不足并据此进行调整与优化。

例如，如果发现某种内容形式或传播渠道效果不佳，可以尝试更换形式或渠道；如果受众对某一主题的内容表现出浓厚兴趣，可以加大该主题的投入与创作力度。通过持续优化策略并保持敏锐的市场洞察力，能够确保营销策略始终保持在最佳状态以更好地满足受众需求并推动品牌持续发展。

## 子任务 8.2.2　掌握新媒体平台文案的写作要点

新媒体平台文案的写作要点包括深入构建独特价值主张、运用引人入胜的标题、注重情感共鸣与故事化表达、保持简洁明了的语言风格以及结合多媒体元素提升表现力等。只有掌握了这些要点并灵活运用它们，才能在新媒体平台上创作出优秀的文案作品，为品牌赢得更多的关注和认可。

### 1. 深入构建独特价值主张

在海量信息中脱颖而出，关键在于构建清晰而独特的价值主张。文案需精准定位产品或服务的差异化优势，明确阐述其如何解决消费者的痛点问题，带来何种具体利益或生活改善。这种主张应简洁有力，直击人心，让受众在第一时间感受到品牌的独特魅力和价值所在。

例如，某燕窝品牌的文案"爱自己不需要什么理由，最近辛苦了，给生活一点花漾"，巧妙地将产品名称融入价值主张中，如图 8-9 所示。该文案不仅强调了自我关爱的重要性，而且突出了产品能够提升生活品质的特点。通过这种简洁有力的表达方式，文案成功地将品牌信息直接传递给消费者，同时解决了他们的需求。

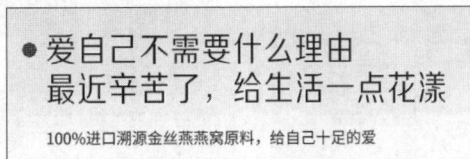

图 8-9　某燕窝品牌的文案

### 2. 运用引人入胜的标题

标题是文案的"门面"，是吸引受众点击阅读的第一要素。设计标题时，需兼顾准确性与吸引力，既要概括文案核心内容，又要激发受众的好奇心与阅读兴趣。巧妙运用数字、问句、热点话题等元素，可以有效提升标题的点击率。同时，注意避免夸大其词或误导性表述，确保标题的真实性与可信度。

例如，一篇关于秋季穿搭的文案，标题为"秋天穿什么服装才最时尚？准备好下面这四大单品，舒适百搭又经典"，如图 8-10 所示。该标题巧妙运用了问句（秋天穿什么服装才最时尚？）和数字（四大单品）的元素，既概括了文案的主要内容，又激发了受众的阅读兴趣。

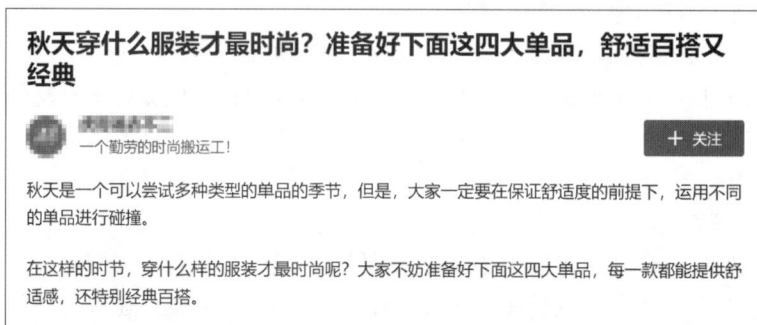

图 8-10　一篇关于秋季穿搭的文案标题

### 3. 注重情感共鸣与故事化表达

情感是连接品牌与受众的桥梁。在文案中融入情感元素，讲述真实、动人的故事，能够迅速拉近与受众的距离，激发其内心深处的共鸣。通过描绘生动的场景、刻画鲜明的人物形象、分享真实的生活经历，让受众在情感上与品牌建立深厚的联系。这种情感化的表达方式，往往比单纯的产品介绍更能打动人心。

例如，抖音平台上某账号发布的一条短视频作品，标题为"家，不是一个安静的地方，而是一个充满欢声笑语的地方"，如图 8-11 所示。该视频文案讲述的是一对夫妻由热恋时的无话不谈逐渐变成婚后的沉默寡言，家中氛围也变得越来越安静。通过丈夫偶然使用录音智能耳机听到妻子平日未被倾听的心声，他意识到双向沟通的重要性。这个故事不仅展示了产品功能，还唤起了观众对家庭沟通重要性的共鸣，增强了品牌形象。

图 8-11　注重情感共鸣与故事化表达的短视频文案

#### 4. 保持简洁明了的语言风格

新媒体平台上的受众注意力资源有限，因此文案语言需力求简洁明了，避免冗长复杂的表述方式。采用短句、段落分明、重点突出的语言风格，有助于受众快速捕捉文案的核心信息。同时，注重语言的准确性和规范性，避免错别字、语法错误等低级错误影响文案的专业形象。简洁明了的语言风格不仅提升了阅读体验，也增强了文案的传播效果。

例如，一家蛋糕品牌通过简短的微信朋友圈文案"花好月圆，日子更甜，金桂中秋奶油蛋糕，现已开放预订"迅速传达了中秋新品蛋糕上市的消息，如图 8-12 所示。这条文案使用短句和清晰的布局，突出产品特色和购买信息，有效提升了阅读体验和传播效率。

#### 5. 结合多媒体元素提升表现力

在新媒体平台上，文案往往与图片、视频、音频等多媒体元素紧密结合使用。这些多媒体元素能够丰富文案的表现形式，提升视觉效果和吸引力。因此，在撰写文案时，需充分考虑与设计师、摄影师等团队成员的协作配合，共同打造出具有视觉冲击力和感染力的多媒体内容。通过多媒体元素的巧妙结合，让文案更加生动有趣，增强受众的参与感和记忆点。

例如，某旅游类微信公众号上发布了一条关于秋日美景的文案。文案中不仅有优美的文字描述，还有多张高清的风景照片和一段短视频，如图 8-13 所示。这些多媒体元素共同构成了一幅生动的秋日画卷让受众仿佛置身于其中感受到了秋日的美好与宁静。

图 8-12　一家蛋糕品牌的微信朋友圈文案

图 8-13　某旅游类微信公众号上发布的关于秋日美景的文案

## 任务 8.3 主流新媒体平台文案策略

### —◦ 任务描述 ◦———

本任务将讲解主流新媒体平台的文案策略。针对微信公众号，文案需兼具深度与互动性，深化品牌形象；微博则追求短平快与话题制造，快速吸引关注；抖音/快手短视频文案强调视觉冲击与故事叙述，打造爆款内容；小红书种草文案则围绕精致生活与口碑传播，引导消费决策。掌握这些平台的文案精髓，能有效提升内容传播力与转化率。

### —◦ 任务目标 ◦———

▶ 微信公众号文案：深度与互动并存。

▶ 微博文案：短平快与话题制造。

▶ 抖音/快手短视频文案：视觉冲击与故事叙述。

▶ 小红书种草文案：精致生活与口碑传播。

▶ 跨平台文案创作与适配。

### —◦ 相关知识 ◦———

#### 子任务 8.3.1 微信公众号文案：深度与互动并存

在微信公众号这一日益成熟的平台上，文案不是文字的堆砌，而是连接品牌与用户的桥梁，是传递价值、激发共鸣、促进互动的重要工具。一篇优秀的微信公众号文案，应当做到深度与互动并存，既要有深度思考的内容吸引读者驻足，又要通过巧妙的互动设计让读者参与其中，形成良好的互动氛围。

一篇优秀的微信公众号文案，应当是深度与互动的完美结合。在内容方面，注重选题的独特性、见解的深刻性和故事的生动性；在互动方面，通过提问引导、互动活动和社群建设等方式，增强读者的参与感和归属感。只有这样，才能让文案真正成为连接品牌与用户的桥梁，实现品牌价值的最大化传播。

**1. 标题党与高质量内容的平衡**

在信息爆炸的时代，一个吸引人的标题往往是打开文章的第一步。然而，作为内容创作者，我们深知"标题党"虽能一时吸引眼球，却难以长久留住读者。因此，在微信公众号文案中，需要巧妙平衡"标题党"的吸引力与高质量内容的深度。

▶ 创意标题，激发好奇。设计标题时，可以融入创意元素，如巧妙运用比喻、反问或悬念，激发读者的好奇心，引导他们点击阅读。但切记，标题应与内容紧密相关，避免夸大其词或误导读者。

▶ 内容为王，深度解读：在吸引读者点击后，高质量的内容才是留住他们的关键。需要深入挖掘话题背后的故事、逻辑或数据，提供独特见解和深度分析，让读者在阅读过程中获得真正的价值。

▶ 反馈循环，持续优化：通过读者反馈和数据分析，了解哪些标题风格和内容类型更受欢迎，不断优化标题和内容的质量，实现"标题党"与高质量内容的最佳平衡。

【案例】

**微信公众号"知识星球"的"揭秘！从0到1，这家初创企业如何逆袭成为行业黑马？"**

**案例背景**

"知识星球"是一个专注于分享深度知识与行业洞察的微信公众号。为了向读者展示创业过程中的艰辛与智慧，同时吸引更多对创业感兴趣的读者，他们决定撰写一篇关于一家初创企业成功逆袭成为行业黑马的文章。

**标题设计**

文章标题"揭秘！从0到1，这家初创企业如何逆袭成为行业黑马？"巧妙地运用了"揭秘"这一词汇来激发读者的好奇心，同时"从0到1"和"逆袭成为行业黑马"的表述既具有冲击力，又准确概括了文章的核心内容。这样的标题既吸引眼球，又没有夸大其词或误导读者，成功实现了"标题党"与高质量内容的平衡。

**内容创作**

文章开篇简述了这家初创企业的背景和发展历程，随后深入剖析了其成功逆袭的关键因素。作者通过深入采访企业创始人、收集内部资料、分析市场趋势等方式，详细阐述了企业在产品创新、市场定位、团队建设、融资策略等方面的独到之处。同时，文章还提供了丰富的案例和数据支持，让读者能够直观感受到这家企业的成长轨迹和成功背后的努力。内容方面，作者不仅展现了企业的辉煌成就，还深入挖掘了背后的故事和逻辑，为读者提供了独特的见解和深度分析。

**反馈与优化**

文章发布后，迅速引起了读者的广泛关注和讨论。通过收集读者反馈和数据分析，"知识星球"微信公众号发现读者对于这类深入剖析创业过程的文章非常感兴趣，特别是对于初创企业在逆境中如何寻找突破口的经验分享给予了高度评价。基于这些反馈，他们进一步优化了后续文章的标题设计和内容创作策略，继续探索如何在吸引读者眼球的同时，提供高质量、有价值的深度内容。同时，他们也加强了与读者的互动，积极回应留言和提问，进一步提升了读者的参与感和满意度。

### 2. 图文排版与阅读体验优化

图文排版是影响微信公众号阅读体验的重要因素之一。一个美观、易读的排版不仅能够提升读者的阅读兴趣，还能有效传达信息，增强内容的感染力。

- ▶ 视觉统一，风格鲜明：保持公众号整体视觉风格的统一性和辨识度，让读者在众多公众号中一眼就能认出你。同时，根据文章内容和情感色彩选择合适的色彩搭配和字体风格，营造独特的阅读氛围。
- ▶ 层次分明，逻辑清晰：通过合理的段落划分、小标题设置和列表归纳等方式，使文章内容层次分明、逻辑清晰。这有助于读者快速抓住重点，理解文章的主要观点和结论。
- ▶ 图片辅助，增强理解：适当插入高质量的图片、图表或GIF等视觉元素，辅助文字表达，增强读者的理解和记忆。同时，注意图片与内容的关联性和版权问题，避免侵权纠纷。
- ▶ 互动元素，提升参与：在排版中融入互动元素，如设置投票、提问或留言区等，鼓励读者参与讨论和分享。这不仅能够提升读者的参与感和归属感，还能增加文章的曝光度和传播力。

【案例】　　　　　　　美食探索公众号"味蕾旅行家"的图文排版优化

**背景介绍**

"味蕾旅行家"是一个专注于分享全球美食文化的微信公众号，旨在带领读者通过文字和图片感受不同地域的风味与故事。然而，随着内容量的增加，原有的图文排版逐渐显得杂乱无章，影响了读者的阅读体验和内容的传播效果。

**优化策略**

视觉统一，风格鲜明。

确立以温暖的橙黄色为主色调，搭配木质纹理的背景图，营造出温馨、舒适的阅读环境，与美食主题相得益彰。

统一使用圆润的无衬线字体作为正文，标题则采用加粗、加大并带有轻微阴影效果的字体，确保在视觉上快速区分，同时保持整体风格的和谐统一。

层次分明，逻辑清晰。

每篇文章开头设置简洁明了的导语，概括文章大意，吸引读者兴趣。

采用三段式布局，每段围绕一个核心点展开，段与段之间用空白或分隔线明确区分。

设置小标题，如"食材介绍""制作步骤""美食故事"等，引导读者逐步深入阅读。

使用有序或无序列表总结关键信息或制作步骤，使内容更加条理清晰。

图片辅助，增强理解。

每篇文章至少插入 5 张高质量的美食图片，包括食材特写、成品展示、制作过程等，确保图片清晰、色彩诱人。

图表形式展示美食的营养成分或对比不同做法的优缺点，增强文章的专业性和实用性。

引入 GIF 动图展示烹饪过程中的某个精彩瞬间，增加趣味性和互动性。

互动元素，提升参与。

在文章末尾设置"美食问答"环节，提出与文章内容相关的问题，鼓励读者留言回答，并抽取幸运读者赠送美食相关礼品。

开设"读者投稿"栏目，邀请读者分享自己的美食故事或制作心得，增加内容的多样性和读者的参与感。

插入二维码链接至投票页面，让读者对下期内容主题进行投票，根据投票结果决定下一期的内容方向，增强读者的参与度和期待感。

**效果反馈**

经过上述优化措施，"味蕾旅行家"公众号的阅读体验显著提升，读者留言和互动量大幅增加。文章阅读量、转发率和点赞数均实现了稳步增长，有效扩大了公众号的影响力和用户黏性。同时，通过互动环节收集到的读者反馈也为后续内容的创作提供了宝贵的参考意见。

**【案例】　　　　　　腾讯公益"久久公益节"活动**

**案例背景**

腾讯公益在 2024 年迎来了"99 公益日"的十周年庆典，并将其正式升级为"久久公益节"，旨在通过延长活动周期、深化公益内涵、拓展参与方式等手段，进一步推动公益事业的可持续发展。此次活动不仅标志着腾讯公益在公益行业高质量发展阶段的新探索，也展示了其在数字公益领域的创新与努力。腾讯公益 2024 年"久久公益节"活动海报，如图 8-14 所示。

**案例分析**

（1）创意洞察。

腾讯公益敏锐地捕捉到了公益行业从短期关注向长期建设转变的趋势，以及公众对于更加透明、高效公益项目的期待。因此，通过"久久公益节"的升级，提出了"十年如一日久久

图 8-14　腾讯公益 2024 年 "久久公益节" 活动海报

做好事" 的主题，强调公益的长期性和持续性，这与当前社会对于公益价值理念的深刻理解相契合。

（2）文案策略。

▶ 情感共鸣：文案中多次提及 "长情" "长期" "长久" 等关键词，构建了一种深情厚谊的氛围，引发公众对于公益事业的情感共鸣。

▶ 数字化赋能：强调 "公益项目数字化执行工具" 等数字化手段在提升公益效率、增强透明度方面的作用，展现了腾讯公益在科技向善方面的决心与成果。

▶ 互动体验：通过 "我的公益之旅" 等互动活动，增加用户的参与感和归属感，使公益变得更加生动有趣。

（3）传播效果。

▶ 广泛覆盖：借助腾讯庞大的用户基础和多平台资源，"久久公益节" 在短时间内迅速吸引了大量公众的关注与参与，实现了公益信息的广泛传播。

▶ 深度参与：通过 "专属配捐" "分分赞" 等创新机制，激发了更多人的公益热情，促进了公益项目的深度参与和资金支持。

▶ 长效影响：活动不仅注重短期内的公益成果，更通过数字化工具和互动体验等手段，构建了更加长效、可持续的公益生态，为公益事业的未来发展奠定了坚实基础。

## 子任务 8.3.2　微博文案："短平快" 与话题制造

在这个快节奏的时代，微博成了人们分享生活、参与讨论的最佳舞台！"短平快" 不仅是信息传递的秘诀，更是抓住眼球的艺术。一句精炼的文案，直击心灵，让人秒懂你的态度与情绪。

学会制造话题，让每一条微博都成为社交圈的热议焦点！无论是犀利观点、趣味挑战，还是温暖人心的故事，都能激发无限可能。别忘了，一个好问题比答案更能引人深思，一个共鸣的话题能让距离不再遥远。

### 1. 热点追踪与话题创造

1）热点追踪

▶ 时效性：微博是一个信息传播速度极快的平台，及时追踪并围绕当前热点事件或话题进行创作，能够迅速吸引用户的注意力。例如，关注国内外重大新闻、热门影视作品、节日庆典、网络流行语等，快速生成相关内容。

▶ 角度新颖：在热点事件上寻找独特的切入点或解读方式，避免千篇一律的内容，让读者看到你的独特视角和价值观点。

▶ 关联性：将热点与品牌、产品或服务巧妙结合，以轻松幽默或深度解析的方式展现，增强品牌的曝光度和亲和力。

2）话题创造

▶ 自创话题：根据品牌特色、用户兴趣或社会趋势，主动创造具有讨论价值的话题。使用#话题标签#增加可见性和搜索便利性。

▶ 挑战赛/活动：发起有趣的挑战赛或互动活动，鼓励用户参与并生成UGC（用户生成内容），形成话题热度和社群效应。

▶ 预测与盘点：对未来趋势进行预测，或对过去一段时间内的热门事件进行盘点总结，引发用户的好奇心和讨论欲。

**【案例】        #夏日缤纷挑战赛#——打造夏日饮品新风尚**

（1）背景设定。

夏季来临，高温天气使得清凉饮品成为大众消费热点。某知名饮品品牌"清凉一夏"决定利用微博平台，结合热点追踪与话题创造策略，推出一次全民参与的#夏日缤纷挑战赛#，旨在提升品牌曝光度，促进产品销售，并加深用户与品牌之间的情感连接。

（2）热点追踪策略实施。

①时效性捕捉。

▶ 鉴于夏季高温是持续性热点，品牌团队紧密关注天气预报及社交媒体上的相关讨论，如"夏日解暑秘籍""高温预警下的生活小妙招"等热门话题，迅速反应，制订营销计划。

▶ 恰逢国际冰激凌日或世界饮料日等节日，提前策划专属活动，借助节日热度增加曝光。

②角度新颖。

▶ 不同于传统的饮品推广，品牌从"环保减塑"的角度切入，倡导使用可循环材料的饮品包装，同时结合"清凉一夏"特色饮品，推出"绿色夏日，清凉不浪费"的主题，吸引注重可持续发展的年轻消费者。

▶ 发布系列创意短视频，展示使用环保材料制作的特色饮品制作过程，结合趣味科学实验（如冰块的创意雕刻），展现饮品的美味与独特之处。

③关联性构建。

▶ 将品牌新品"果味冰爽系列"与夏日高温、户外郊游、家庭聚会等场景巧妙结合，通过微博故事、KOL合作等方式，展示饮品在这些场景下的应用场景，增强用户的代入感和购买欲望。

▶ 设计"清凉一夏夏日清凉地图"，标注出全国各大城市参与挑战赛的线下门店位置，用户到店打卡并分享至微博，即可享受专属优惠，增强品牌与用户的互动。

（3）话题创造策略实施。

①自创话题。

▶ 发起#夏日缤纷挑战赛#，鼓励用户发挥创意，用"清凉一夏"饮品作为原料，制作并分享自己的夏日特调饮品，同时要求使用品牌特定元素（如特定颜色的吸管、特定形状冰块）作为参与标志。

▶ 设立#清凉一夏创意工坊#子话题，邀请知名美食博主、设计师等分享创意饮品制作教程，增强话题的专业性和吸引力。

②挑战赛/活动。

▶ 设置挑战赛奖项，包括最佳创意奖、最高人气奖等，获奖者可获得品牌全年饮品免费券、定制版饮品杯等丰厚奖品，激发用户参与热情。

▶ 利用微博直播功能，举办"清凉一夏夏日直播夜"，邀请明星、网红现场制作并品尝特调饮品，与用户实时互动，提升活动热度。

③预测与盘点。

▶ 在活动前，发布一篇"今夏饮品流行趋势预测"博文，结合大数据分析，预测哪些口味、元素将成为夏日饮品的新宠，为后续挑战赛设定方向。

▶ 活动结束后，发布"#夏日缤纷挑战赛#精彩回顾"视频，盘点活动期间的创意饮品、用户故事及幕后花絮，使品牌留下深刻记忆点，同时为下一次活动预热。

▶ 通过这一系列热点追踪与话题创造策略的实施，"清凉一夏"品牌不仅成功吸引了大量用户的关注与参与，还显著提升了品牌的市场影响力和产品销量，实现了品牌与用户的双赢。

## 2. 互动性与情感共鸣

在撰写微博文案时，"短平快"与"话题制造"是两大核心策略，它们能够有效提升内容的吸引力、传播力和用户参与度。下面将结合"热点追踪与话题创造"以及"互动性与情感共鸣"两个方面进行详细阐述。

1）互动性

▶ 提问引导：在文案中设置开放式问题，邀请用户留言回答，增加评论区的互动率。

▶ 投票调研：通过投票或调研形式了解用户意见，不仅增强了互动，还能收集市场反馈。

▶ 转发抽奖：设置转发抽奖活动，激励用户转发扩散，快速扩大内容的传播范围。

▶ 实时回复：对于用户的评论和反馈，尽量做到及时回复，展现品牌的温度和人文关怀。

2）情感共鸣

▶ 故事化表达：通过讲述真实或虚构的故事，触动用户内心的柔软处，建立情感连接。

▶ 共鸣点挖掘：深入挖掘目标受众的共同点、痛点或梦想，用文案触达这些敏感点，引发共鸣。

▶ 价值观传递：传递积极向上、正能量的价值观，与用户形成共鸣，提升品牌形象。

▶ 情感共鸣点设计：在文案中巧妙融入幽默、温情、励志等元素，根据品牌调性选择合适的情感方向，让用户产生强烈的情感共鸣。

【案例】　　　　　　#家的味道#——寻找记忆中的温馨瞬间

（1）背景设定。

随着快节奏生活的普及，人们越来越怀念那些简单而温馨的家庭时光。某知名食品品牌"味之源"决定在微博上发起一场名为"#家的味道#"的情感营销活动，旨在通过互动与情感共鸣，唤起用户对于家的美好记忆，同时推广品牌旗下的传统手工食品系列。

（2）互动性策略实施。

①提问引导。

发布微博："你记忆中最深刻的一道家常菜是什么？它背后有哪些故事？＃家的味道＃留言分享，让我们一起回味那些温馨瞬间吧！"通过开放式问题，引导用户留言分享自己的故事，增加互动率。

②投票调研。

设计一份关于"你心中最能代表家的味道的食物"的投票，列出几款具有代表性的传统菜品，如红烧肉、饺子、糖醋排骨等，让用户投票选择。同时，收集投票结果，了解用户偏好，为后续产品开发提供参考。

③转发抽奖。

发起"转发赢好礼"活动，用户只需转发微博并＠三位好友，即可参与抽奖，奖品为品牌手工食品大礼包。活动期间，设置多个抽奖节点，保持话题热度，激励用户转发扩散。

④实时回复。

组建专门的客服团队，负责监控微博评论区，对用户的留言和反馈进行及时回复。对于感人至深的故事或有趣的评论，给予特别关注和点赞，展现品牌的温度和人文关怀。

（3）情感共鸣策略实施。

①故事化表达。

制作一系列微电影或短视频，讲述不同家庭关于"家的味道"的感人故事。每个故事都以一道传统手工食品为核心，展现家庭成员之间的爱与关怀。通过微博平台发布，并鼓励用户分享自己的故事视频或图文。

②共鸣点挖掘。

深入挖掘现代人对于家的渴望、对于传统美食的怀念等共同点，用文案触达这些敏感点。例如，"在忙碌的都市生活中，是否也曾怀念起妈妈亲手做的那碗面？＃家的味道＃，不仅仅是一道菜，更是一份温暖的记忆。"

③价值观传递。

传递"回归本真，珍惜亲情"的价值观，强调在快节奏的生活中，不应忘记家的温暖和亲情的重要性。通过微博文案和营销活动，倡导用户回归家庭，享受与家人共度的美好时光。

④情感共鸣点设计。

在文案中巧妙融入幽默、温情、励志等元素。例如，发布一条幽默风格的微博："小时候觉得妈妈做的菜是天下第一美味，长大后才发现，那是因为里面加了满满的爱！＃家的味道＃，你感受到了吗？"同时，也发布一些温情励志的文案，如"家的味道，是无论走多远都能找到的港湾。让我们一起努力，为家人创造更多温馨的瞬间吧！"通过这些文案，与用户形成强烈的情感共鸣。

### 子任务 8.3.3　抖音 / 快手短视频文案：视觉冲击与故事叙述

在抖音 / 快手这样的短视频平台上，作为新媒体创作者，文案的撰写不仅是文字的艺术，更是视觉与情感的双重引导。视觉冲击与故事叙述是吸引并留住观众注意力的两大关键要素，它们相辅相成，共同构建出引人入胜的内容体验。

将视觉冲击与故事叙述巧妙融合，可以创造出既养眼又动心的短视频内容。例如，在讲述一段励志故事时，通过快速剪辑的运动场景和汗水滴落的特写来展现主角的努力与坚持；在分享一道美食制作过程时，用鲜艳的色彩和诱人的香气作为视觉引导，同时穿插制作过程中的小插曲和心得分享作为故事线索。这样的内容既满足了观众的视觉享受，又让他们的心灵得到了滋养。

## 1. 视频文案的精炼与创意

在抖音 / 快手等短视频平台上，视频文案的精炼与创意是吸引用户点击、观看并分享的关键因素。以下是一些关于如何撰写精炼且具有创意的视频文案的建议。

1）精炼性

▶ 直击要点：在有限的字数内，确保文案能够直接传达视频的核心信息或亮点。避免冗长和无关紧要的描述，让每一句话都有存在的价值。

▶ 简短有力：利用短语、关键词或精炼的句子来概括视频内容。例如，"一秒穿越，古风之美"或"挑战不可能，看我如何逆袭"。这样的文案既简洁又易于记忆。

▶ 利用数字：数字往往能迅速吸引注意力并传达关键信息。例如，"5 步教你学会 ×××"或"10 秒带你领略 ×××"。

2）创意性

▶ 独特视角：从不同寻常的角度或观点出发，为观众带来新鲜感。例如，用幽默的方式解读严肃话题，或用科幻元素包装日常生活场景。

▶ 巧妙比喻：运用生动形象的比喻来描绘视频内容，使文案更加有趣且易于理解。例如，"美食界的魔术师，让你的味蕾跳舞"。

▶ 互动元素：在文案中加入互动元素，如提问、挑战或邀请观众参与。这不仅能增加视频的互动性，还能激发观众的参与热情。例如，"你能猜到结局吗？留言告诉我你的答案！"。

▶ 情感共鸣：触动人心的情感共鸣是创意文案的重要组成部分。通过讲述真实故事、分享感人瞬间或表达深刻感悟，让观众在情感上产生共鸣。

▶ 结合热点：关注时事热点和流行趋势，将视频内容与当前热门话题相结合，创作出具有时效性和话题性的文案。这有助于提升视频的曝光度和关注度。

▶ 创新格式：尝试不同的文案格式和排版方式，如使用 emoji、特殊符号或分段排版，使文案在视觉上更加吸引人。同时，也可以尝试将文案与视频画面相结合，创造出独特的视觉效果。

综上所述，精炼与创意是撰写优秀视频文案的两大核心要素。通过精炼的文案传达核心信息，同时融入创意元素吸引观众注意，可以大大提升视频的吸引力和传播效果。

## 2. 挑战赛与话题标签的运用

在抖音 / 快手等短视频平台上，挑战赛与话题标签的运用是提升视频曝光度、增强用户互动性和构建内容生态的有效手段。以下是关于挑战赛与话题标签运用的详细阐述。

1）挑战赛的运用

（1）了解挑战赛类型。

▶ 超级挑战赛：配置资源最全面，支持多种创新玩法（如红包大战、超级对战）及互动技术（如 AI 彩妆、AR 幻动）。适合大型品牌或重要营销节点。

▶ 品牌挑战赛：品牌主尝鲜挑战赛形式的入门之选，通过挑战赛话题融合贴纸特效、BGM、合拍等抖音特色玩法，吸引观众参与。

▶ 区域挑战赛：支持视频中带 POI（定位），精准汇聚指定地区流量，适合品牌开展区域化、本地化营销。

（2）设计挑战赛策略。

▶ 明确目标：根据营销需求和宣发节点，设定挑战赛的具体目标（如品牌曝光、用户参与、产品销售等）。

▶ 创意话题：设计能够引起传播的话题，如网络流行语、谐音梗、节日节点、热点事件或明星/IP结合等，以增强话题的吸引力和传播力。

▶ 设置奖励：通过流量奖励、瓜分现金等形式，鼓励用户参与挑战赛话题的创作与传播。

（3）执行与监测。

▶ 发布挑战赛：在抖音/快手平台发布挑战赛话题，并联动明星达人、大V播主拍摄传播案例，清晰呈现品牌想要通过话题输出的情感表达与价值观。

▶ 监测效果：利用抖音/快手平台提供的数据分析工具，监测挑战赛的参与人数、视频播放量、互动数据等关键指标，评估挑战赛的效果。

2）话题标签的运用

（1）选择合适的话题标签。

▶ 领域话题：根据视频内容，将视频归类到一个大的领域里（如颜值类、宠物类、科普类等），并添加相应的领域话题标签。

▶ 内容话题：在领域话题的基础上，进一步细分出视频的具体内容话题（如"女骑士""计算机测评"等），以提高话题的针对性和精准度。

▶ 热点话题：关注抖音/快手的实时热点排行榜，选择与自己视频内容相关且呈上升趋势的热点话题进行添加，以蹭取流量。

（2）话题标签的添加技巧。

▶ 数量适宜：一般来说，视频应至少添加三个话题标签，以确保内容能够被目标观众发现。但也要注意不要过多添加无关话题，以免影响用户体验和系统推荐。

▶ 顺序合理：将最重要或最相关的话题标签放在前面，以便用户快速识别和点击。

（3）话题标签的维护与优化。

▶ 定期更新：随着平台热点和用户兴趣的变化，定期更新话题标签库，确保话题标签的时效性和吸引力。

▶ 数据分析：通过数据分析工具监测不同话题标签的表现情况，了解哪些话题标签能够带来更高的曝光量和互动率，以便在后续视频中进行优化和调整。

综上所述，挑战赛与话题标签的运用是抖音/快手短视频营销中不可或缺的一环。通过精心设计和执行挑战赛策略以及合理选择和优化话题标签，可以有效提升视频的曝光度和用户互动性，为品牌带来更大的商业价值。

## 子任务 8.3.4　小红书种草文案：精致生活与口碑传播

在小红书，每一篇种草文案都是精致生活的精致宣言。我们用心编织文字，将那些提升生活品质的好物、独特体验细腻呈现，不仅分享着生活的美学与智慧，更在无形中构建起口碑的桥梁。从美妆秘籍到家居好物，从旅行攻略到美食探店，每一次推荐都源自真实体验，让口碑如春风般自然传播，引领着万千用户共同探索并拥抱更加精致、有态度的生活方式。

### 1. 精准定位与场景化描述

在小红书这片充满创意与灵感的平台上，精准定位与场景化描述是打造爆款种草文案的关键。首先，精准定位意味着需要明确目标受众是谁，他们的兴趣爱好、消费习惯以及生活态度是怎样的。基于这些深入了解，我们能够量身定制文案内容，确保信息准确无误地传达给最需要的人群。

场景化描述则是将产品巧妙地融入用户的生活场景中，通过生动具体的语言描绘出一幅幅令人向往的生活画卷。例如，对于一款高端护肤品，可以描述它在夜晚护肤仪式中的角色，如"当夜色温柔降临，一抹精华液轻触肌肤，仿佛为肌肤披上了一层星辰，第二天醒来，肌肤焕发自然光泽，让你自信迎接每一个清晨。"这样的描述不仅展现了产品的功效，更激发了用户对美好生活的向往和追求。

通过精准定位与场景化描述的结合，小红书的种草文案能够更加精准地触达用户内心，引发共鸣，促进口碑传播，最终实现产品的热销。

**2. KOL 合作与社群营销**

为了加速口碑传播，积极与小红书上的意见领袖（KOL）合作，他们拥有庞大的粉丝基础和强大的影响力。通过 KOL 的真实试用与分享，产品优势得以直观展现，信任度与说服力倍增。同时，注重社群营销的力量，鼓励用户生成内容（UGC），在评论区、笔记下方分享自己的使用体验，形成正向的口碑循环。社群内的互动与讨论，不仅加深了用户对产品的了解与认同，还促进了更多潜在用户的加入，共同构建一个关于精致生活的美好社群。

1）KOL 合作

在小红书平台上，KOL（关键意见领袖）合作已成为品牌推广的重要策略之一。KOL 作为社交媒体上的意见领袖，拥有大量的粉丝基础和高度的影响力，他们的推荐和分享能够迅速吸引目标受众的注意，并有效提升品牌的知名度和信任度。

（1）选择合适的 KOL：品牌需要根据自身的定位和目标受众的特点，精心挑选与品牌调性相符的 KOL 进行合作。这些 KOL 不仅需要在相关领域内具有专业性和权威性，还需要与品牌的价值观相契合，以确保合作内容的真实性和可信度。

（2）内容共创：品牌与 KOL 之间的合作不仅是简单的广告投放，更多的是内容共创。双方可以共同策划和制作高质量的内容，如美妆教程、产品试用、生活分享等，通过 KOL 的真实体验和生动描述，将产品的特点和优势展现得淋漓尽致。

（3）互动与转化：KOL 合作不仅能够提升品牌的曝光度，还能够促进用户与品牌之间的互动。KOL 可以在内容中设置互动环节，如提问、投票、抽奖等，激发用户的参与热情，并通过链接或优惠券等方式引导用户进行购买转化。

2）社群营销

小红书作为一个以 UGC（用户生成内容）为主的社交平台，拥有庞大的用户群体和活跃的社群氛围。品牌可以通过社群营销的方式，与用户建立更紧密的联系，提升用户的忠诚度和复购率。

（1）建立品牌社群：品牌可以在小红书上建立自己的官方账号和社群，通过发布有价值的内容、组织线上活动、回答用户问题等方式，吸引和留住目标受众。同时，品牌还可以邀请 KOL 或忠实用户作为社群管理员，共同维护社群的秩序和氛围。

（2）精准推送与互动：品牌可以利用小红书的数据分析工具，对用户的兴趣和行为进行深度分析，实现精准推送和个性化营销。同时，品牌还可以通过社群内的互动环节，如问答、讨论、分享等，与用户建立更深入的联系，了解用户的需求和反馈，不断优化产品和服务。

（3）社群活动与激励：品牌可以定期在社群内举办各种线上活动，如新品试用、限时优惠、话题挑战等，激发用户的参与热情，并通过设置奖励机制（如积分、优惠券、礼品等）来激励用户积极参与和分享。这些活动不仅能够提升用户的活跃度和黏性，还能够促进品牌的口碑传播和销售转化。

综上所述，KOL 合作与社群营销是小红书平台上品牌推广的重要策略之一。通过选择合适的 KOL 进行合作、内容共创、互动与转化以及建立品牌社群、精准推送与互动、社群活动与激励等方式，品牌可以在小红书上实现更高效的品牌推广和销售转化。

## 子任务 8.3.5　跨平台文案创作与适配

跨平台文案创作与适配是现代营销中不可或缺的一环。它要求创作者在构思文案时，充分考虑不同平台（如社交媒体、博客、App 推送等）的特性与用户习惯，确保文案既能精准传达品牌信息，又能贴合各平台的风格与调性。通过灵活调整文案的语言风格、长度、格式乃至视觉元素，实现文案的广泛传播与高效转化。此外，跨平台文案还需注重适配性，确保在不同屏幕尺寸、操作系统及阅读环境下，都能保持良好的可读性和吸引力，从而提升用户体验，增强品牌记忆点，实现营销目标的最大化。

### 1. 平台差异分析：定位与风格调整

（1）明确目标平台与受众。

①首先，要明确文案将要在哪些平台上发布，包括社交媒体（如微信、微博、抖音、小红书等）、电商平台（如淘宝、京东）、新闻网站等。

②了解每个平台的用户特性和内容偏好，以便在创作时保持针对性和一致性。

（2）统一内容风格与调性。

尽管不同平台可能有各自的风格要求，但保持文案内容的核心风格和调性统一至关重要。这有助于塑造品牌形象，并让粉丝在不同平台上都能认出品牌的声音。

（3）灵活调整内容格式。

根据平台的特点，灵活调整文案的格式。例如，短视频平台可能更适合简洁明了、带有视觉冲击力的内容，而长文平台则更适合深入剖析的文章。

### 2. 内容复用与定制化策略

内容复用与定制化策略是现代营销和内容管理中不可或缺的两个重要方面。它们各自具有独特的优势，并在不同场景下发挥着关键作用。

（1）内容复用策略。

内容复用，也被称为单一内容源头技术，是指将同一内容以不同的形式或在不同的平台上重复使用，以提高内容的使用效率和传播效果。这种策略的核心在于内容的可重复性和灵活性。

①内容复用的优势。

▶ 节省时间和资源：通过复用已有的内容，可以避免重复创作相同或相似的内容，从而节省大量的时间和资源。

▶ 保持一致性：复用内容有助于保持品牌形象和信息传递的一致性，增强受众对品牌的认知和记忆。

▶ 扩大传播范围：将同一内容以不同的形式或在不同的平台上发布，可以覆盖更广泛的受众群体，提高内容的曝光度和传播力。

②内容复用的实践方法。

▶ 创建内容库：建立一个统一的内容库，将所有可复用的内容进行分类管理和存储，以便随时查找和使用。

▶ 多形式转换：将同一内容转换为图文、视频、音频等多种形式，以适应不同平台和受众的需求。

- ▶ 跨平台分发：将复用内容分发到多个平台和渠道，如社交媒体、博客、网站等，以扩大传播范围。

（2）定制化策略。

定制化策略是指根据消费者的需求或特定场景，定制个性化的内容或产品，以满足消费者的特定需求。这种策略强调内容的针对性和差异性。

① 定制化策略的优势。

- ▶ 提高用户满意度：通过提供符合用户个性化需求的内容或产品，可以显著提高用户的满意度和忠诚度。
- ▶ 增强市场竞争力：在产品或服务同质化严重的市场中，定制化策略有助于企业形成差异化的竞争优势。
- ▶ 促进销售增长：定制化内容或产品往往能够激发消费者的购买欲望，从而促进销售增长。

② 定制化策略的实践方法。

- ▶ 数据分析：通过收集和分析用户数据，了解用户的兴趣、偏好和需求，为定制化策略提供数据支持。
- ▶ 内容定制：根据用户数据，为不同用户群体或个体定制个性化的内容，如推荐文章、产品信息等。
- ▶ 互动反馈：与用户保持互动，及时收集用户的反馈和建议，不断优化定制化策略和内容。

（3）内容复用与定制化策略的结合。

在实际应用中，内容复用和定制化策略并不是孤立的，而是相互结合、相互促进的。例如，企业可以先通过内容复用策略提高内容的使用效率和传播效果，然后根据用户反馈和数据分析结果，对复用内容进行定制化调整和优化，以满足用户的个性化需求。这样既能保持内容的一致性和品牌形象的稳定性，又能提高用户的满意度和忠诚度。

综上所述，内容复用与定制化策略是现代营销和内容管理中不可或缺的两个重要方面。它们各自具有独特的优势和实践方法，并在不同场景下发挥着关键作用。通过合理结合这两种策略，企业可以更有效地利用内容资源，提高用户满意度和市场竞争力。

### 3. 跨平台协同：多渠道传播与整合营销

跨平台协同是指企业在不同平台（如社交媒体、官方网站、App、电商平台等）上实现资源的共享、信息的互通和策略的协同，以构建一致且连贯的品牌形象，提升用户体验和品牌影响力。

（1）多渠道传播的策略。

- ▶ 了解平台特性：不同平台拥有独特的用户群体、内容生态及传播机制。企业需深入了解各平台的特点，根据品牌调性、产品特性及目标用户画像，选择合适的平台组合。
- ▶ 内容定制化：根据不同平台的用户习惯和偏好，调整内容形式与风格，同时保持品牌调性的统一性和连贯性。通过多样化的内容展现，让品牌信息在不同平台上都能得到有效传达。
- ▶ 互动与参与：积极回应用户评论、参与话题讨论、组织线上线下活动，营造积极的用户参与氛围。通过构建品牌社群，增强用户归属感，促进口碑传播。

（2）整合营销的实施。

- ▶ 一致性原则：整合营销的核心在于一致性。企业需要确保在不同的营销渠道中传递一致的品牌信息和形象，避免信息混乱，增强品牌的辨识度和记忆度。

▶ 多渠道协同作战：现代消费者接触信息的渠道多种多样，单一的营销渠道难以覆盖所有潜在客户。企业应通过整合线上线下的多种渠道，形成全方位的营销网络。例如，线上可以通过社交媒体、电子邮件营销、搜索引擎优化（SEO）等方式吸引流量，线下则可以通过活动营销、户外广告、店内促销等方式增强互动和体验。

▶ 数据驱动：通过数据分析，企业可以深入了解消费者的行为习惯和偏好，从而制定更加精准的营销策略。利用大数据技术收集和分析来自不同渠道的数据，评估各个营销渠道的效果，优化资源配置，提高投资回报率。

▶ 内容营销：优质的内容是吸引消费者的关键。企业可以通过创作有价值的内容，如博客文章、视频、白皮书等，向消费者传递品牌价值和专业知识。内容营销应与其他营销渠道相结合，以更有效地传递品牌信息，提升品牌形象。

▶ 持续优化与调整：市场环境和消费者需求不断变化，企业需要根据实际情况不断优化和调整营销策略。通过持续的监测和评估，企业可以发现问题和改进机会，及时调整营销方案，保持竞争优势。

综上所述，跨平台协同、多渠道传播与整合营销是现代企业提升品牌影响力和实现营销目标的重要策略。通过深入了解平台特性、定制化内容、强化互动与参与、确保一致性、协同多渠道作战、数据驱动决策以及持续优化与调整等措施的实施，企业可以在激烈的市场竞争中脱颖而出，实现品牌价值的最大化。

## 任务 8.4　AI 技术在新媒体平台文案创作中的应用实践

### ─○ 任务描述 ○─

本任务旨在深入探索 AI 如何高效辅助新媒体文案创作过程。通过实践，我们将评估 AI 在提升文案质量与效率方面的实际效果，并借助 AI 强大的数据分析能力，精准剖析目标平台用户行为模式，以此为依据优化文案写作策略。同时，利用 AI 技术实现文案的个性化定制，旨在增强用户互动体验，提升用户黏性及购买意愿，为新媒体营销注入新活力。

### ─○ 任务目标 ○─

▶ 探索 AI 辅助新媒体平台文案创作的方法。
▶ 评估 AI 辅助新媒体平台文案的效果。
▶ 利用 AI 分析目标新媒体平台用户行为，以优化文案写作策略。
▶ 利用 AI 技术个性化定制文案，以增强用户黏性和购买意愿。

### ─○ 相关知识 ○─

### 子任务 8.4.1　探索 AI 辅助新媒体平台文案创作的方法

观看视频

AI 技术的飞速发展，为新媒体平台文案创作带来了革命性的变革。AI 辅助新媒体平台文案创作，不仅极大地提升了创作效率，还能够在内容个性化、情感共鸣、趋势预测等方面发挥独特优势。以下将详细探讨几种 AI 辅助新媒体平台文案创作的方法。

### 1. 自然语言处理（NLP）技术驱动内容生成

自然语言处理（NLP）是 AI 在文案创作中最基础也是最核心的技术之一。其应用范围已远远超出了简单的文本生成。现代 NLP 系统通过深度学习算法，能够深入分析海量文本数据，捕捉语言的微妙差异与风格特征。在新媒体平台文案创作中，这意味着 AI 不仅能根据品牌调性快速生成文案初稿，还能根据目标受众的偏好进行精细化调整。例如，针对年轻受众群体，AI 可以学习并模拟流行的网络用语、表情包及梗文化，使文案更加贴近年轻人的交流习惯，增强互动性和传播力。

### 2. 情感分析与个性化推荐

情感分析技术的进化使得 AI 能够更细腻地理解并表达情感。在新媒体平台文案中，情感共鸣是吸引用户关注、建立品牌连接的关键。AI 通过分析用户的历史互动数据、社交媒体行为及情感倾向，可以预测用户对不同类型文案的反应，并据此定制个性化内容。这种定制不仅限于文案的用词和语气，还包括整体的情感氛围和故事脉络，确保每一条文案都能精准触达用户的心灵深处，提升品牌忠诚度和用户黏性。

### 3. 趋势预测与热点追踪

新媒体平台上的内容传播往往具有时效性，紧跟热点话题和流行趋势是文案创作的重要策略。AI 技术能够实时监测网络热点、分析用户兴趣变化，并预测未来可能的流行趋势。基于这些数据，AI 可以为文案创作者提供创作灵感和方向，帮助创作出更具话题性和传播力的文案。例如，在特定节日或社会事件发生时，AI 可以快速生成与之相关的文案内容，吸引用户关注。

**【案例】**           **使用文心一言快速生成春节祝福文案**

随着春节的临近，各大品牌和企业纷纷通过社交媒体、官方网站等渠道发布新年祝福，以拉近与消费者的距离，增强品牌亲和力。然而，如何创作出既符合节日氛围又能吸引用户眼球的文案成为一项挑战。此时，利用文心一言（一种基于人工智能技术的自然语言处理工具）快速生成个性化、创意十足的春节祝福文案，便成为一个高效且富有创意的解决方案。

使用文心一言生成文案的步骤。

（1）明确需求与主题。

①首先，确定文案的目标受众（如全体员工、客户、合作伙伴等）。

②设定文案的主题为"春节祝福"，并明确希望传达的情感（如温馨、喜庆、感恩、展望等）。

③列出几个关键词或短语，如"新春快乐""阖家幸福""万事如意""牛转乾坤"（假设当年为牛年）等，作为生成文案的灵感来源。

（2）构建输入提示。

在文心一言的输入框中，构建一段详细的提示语，引导文心一言生成符合要求的文案。这里输入：请为我生成一段春节祝福文案，目标受众为全体员工及客户，要求融合温馨、喜庆的氛围，同时体现对公司过去一年成就的自豪和对未来一年的美好祝愿。请包含"新春快乐""阖家幸福""感恩同行""共创辉煌"等关键词，并巧妙融入牛年元素。

（3）生成初步文案。

文心一言生成初步文案内容如下。

> 当然，以下是一段为您定制的春节祝福文案：
>
> 在这辞旧迎新的美好时刻，我们满怀喜悦与感激，向辛勤耕耘的全体员工及一直以来给予我们支持与信任的广大客户致以最诚挚的新春祝福！新春佳节，金牛献瑞，愿这充满希望的牛年为您带来无尽的喜悦与祥和。
>
> 回首过去一年，是公司发展历程中不平凡的一章。我们携手并肩，克服了一个又一个挑战，共同书写了属于我们的辉煌篇章。每一项成就的取得，都离不开每一位员工的辛勤付出与每一位客户的鼎力支持。在此，我们衷心地说一声：感恩同行，因为有你，更加精彩！
>
> 展望新的一年，我们满怀信心与期待。愿金牛的坚韧与力量，激励我们不断前行，在各自的领域里再创佳绩。让我们继续携手，以更加饱满的热情和坚定的步伐，共创辉煌的未来。相信在大家的共同努力下，公司的明天一定会更加灿烂辉煌！
>
> 最后，衷心祝愿大家新春快乐，阖家幸福，身体健康，万事如意！愿这温馨的节日氛围，带给您和家人无尽的喜悦与幸福。再次感谢大家的支持与陪伴，让我们在牛年里继续携手前行，共创更加美好的明天！
>
> 希望这段文案能够传达出您的心意，为您的员工和客户带去温馨的祝福和美好的祝愿。

（4）调整参数与风格。

根据需要，可以在文心一言的界面中调整生成文案的风格（如正式、幽默、诗意等），虽然直接调整风格的选项可能因平台而异，但可以通过微调提示语来引导生成特定风格的文案。

还可以设置生成文案的长度范围，确保文案既不过于冗长也不过于简短。

向文心一言输入：对上面生成的春节祝福文案进行优化，让生成的春节祝福文案更加具有诗意，要求文案总字数控制在 450 字内。

文心一言生成文案如下。

> 瑞雪纷飞辞旧岁，金牛昂首踏春来。值此新春佳节之际，我们向辛勤耕耘的全体员工及携手并进的广大客户，致以最深的敬意与最暖的祝福。
>
> 往昔岁月，我们共绘斑斓，每一笔都凝聚着汗水与智慧，每一线都闪耀着团结与梦想。感恩同行，是你们的支持与信任，铸就了今日的辉煌。让我们在心间种下感激的种子，待春风化雨，绽放更加灿烂的花朵。
>
> 展望未来，金牛奋蹄，我们满怀憧憬与希望。愿这新的一年，如诗如画，既有"春风得意马蹄疾"的畅快，也有"山重水复疑无路，柳暗花明又一村"的惊喜。让我们携手并进，在时间的画卷上，继续添上浓墨重彩的一笔。
>
> 在此，衷心祝愿全体员工及客户：新春快乐，阖家幸福，身体健康，笑口常开。愿春风化雨润心田，金牛献瑞福满门。让我们在诗意的春天里，共同书写更加辉煌的篇章，共创更加美好的未来！

（5）优化与定稿。

①对选定的文案进行微调，确保语法正确、表达流畅，并符合品牌调性。

②如有需要，可以进一步融入品牌元素或特定信息，使文案更加个性化。

③最终定稿后，即可在合适的渠道发布，吸引用户关注并传递节日的温暖与祝福。

通过上述步骤，利用文心一言快速生成了既符合春节氛围又充满创意的祝福文案，有效吸引了用户的关注，增强了品牌与消费者之间的情感联系。

### 4. 创意生成与优化

虽然 AI 在文案创作上展现出了强大的能力，但创意仍然是文案的灵魂所在。为了弥补 AI 在创意方面的不足，一些先进的 AI 系统开始尝试通过深度学习、强化学习等算法来激发创意。这些系统可以学习并模仿人类创作者的思维过程，生成具有新颖性和独特性的文案内容。同时，AI 还能对已有文案进行优化调整，提升文案的吸引力和表达效果。例如，通过调整文案的用词、句式结构或修辞手法等方式，使文案更加生动有趣。

**【案例】**           **使用文心一言创意生成与优化文案**

假设一家咖啡馆想要推出一款新品——"晨光拿铁"，并希望通过社交媒体发布一条吸引人的文案来吸引顾客注意。他们希望文案能够既传达产品的特色，又能激发读者的情感共鸣，让人感觉早晨的第一杯咖啡不仅仅是饮品，而是一种生活的仪式感。

使用文心一言生成文案的步骤如下。

（1）明确文案目标。

首先，确定文案的主要目标：宣传"晨光拿铁"新品，强调其早晨唤醒、愉悦心情的特性，吸引顾客尝试。

（2）输入初始描述。

在文心一言的输入框中，输入以下初始描述作为引导。

请为"晨光拿铁"新品撰写一条富有诗意且能激发早晨美好情绪的文案。文案中需包含产品特色（如温暖、提神、唤醒感官），并引导读者想象在晨光中享受这杯咖啡的场景。

（3）等待生成并筛选。

文心一言会根据输入的指令，结合其强大的语言模型，生成多条可能的文案。此时，需要从中筛选出最符合目标要求的文案。例如，它可能生成了以下几条。

候选文案 1："当第一缕阳光穿透云层，让'晨光拿铁'成为你唤醒感官的序曲。温暖而细腻，如同晨曦轻抚脸庞，每一口都是对生活的热爱。"

候选文案 2："晨光微露，一杯'晨光拿铁'在手，不仅是味蕾的盛宴，更是心灵的唤醒。浓郁咖啡香，搭配丝滑牛奶，开启元气满满的一天。"

候选文案 3："在晨光中遇见'晨光拿铁'，如同与老友重逢。每一滴都藏着故事，每一口都唤醒沉睡的梦想。让这杯咖啡，成为你每日的小确幸。"

（4）调整与优化。

虽然文心一言已经提供了高质量的文案，但根据具体需求和品牌调性，可能还需要进行微调。例如，如果品牌更偏向于温馨治愈的风格，可以选择候选文案 1 并稍作调整。

调整为："当晨光温柔地唤醒沉睡的世界，'晨光拿铁'轻轻滑过舌尖，如同晨曦中第一缕温暖的阳光，细腻地唤醒你的感官。每一口，都是对生活最真挚的拥抱，让这一天的开始，就充满爱与期待。"

（5）发布与评估。

将调整后的文案发布到社交媒体平台，并观察用户的反馈和互动情况。根据反馈，可以进一步评估文案的效果，并在未来文案创作中进行优化。

通过上述步骤，文心一言不仅帮助快速生成了高质量的文案初稿，还通过调整与优化，使其更加符合品牌调性和宣传目标，有效提升了文案的吸引力和传播效果。

**5. 跨平台适配与多渠道分发**

新媒体平台的多元化要求文案必须具备高度的适应性和灵活性。AI 技术通过智能分析不同平台的规则、受众特点及内容偏好，能够自动调整文案的格式、风格、长度等要素，确保文案在不同平台上都能呈现出最佳效果。此外，AI 还能协助进行多渠道分发管理，利用大数据分析预测用户活跃时段和兴趣点，精准推送文案至目标受众群体。这种智能化的分发策略不仅提高了文案的曝光率和传播效率，还实现了精准营销和高效转化。

## 子任务 8.4.2　评估 AI 辅助新媒体平台文案的效果

在探索了 AI 辅助新媒体平台文案创作的方法之后，对其效果的全面评估显得尤为重要。这不仅有助于验证 AI 技术的实际应用价值，还能为进一步优化和推广提供数据支持。以下将从几个关键维度出发，对 AI 辅助新媒体平台文案的效果进行评估。

**1. 创作效率与成本效益**

**评估指标：**文案创作时间、人力成本节约、错误率降低。

**评估方法：**首先，通过精确的时间记录，对比 AI 辅助前后文案创作的平均耗时，量化展示 AI 在提升创作速度方面的优势。其次，分析人力资源的分配情况，计算 AI 引入后所需人力成本的减少量，评估其对成本效益的改善。同时，利用自动化工具检查文案中的错误率，并与人工创作进行对比，验证 AI 在减少错误方面的有效性。此外，通过问卷调查或访谈，收集创作者对 AI 辅助工具的满意度和接受度，了解其对工作效率提升的主观感受，为评估提供多维度视角。

**2. 内容质量与个性化程度**

**评估指标：**内容创新性、情感共鸣度、用户反馈（点赞、评论、分享量）。

**评估方法：**采用内容分析法，对 AI 辅助生成的文案进行深入剖析，评估其在内容创新性、与品牌调性的契合度以及情感表达方面的表现。通过对比传统文案与 AI 生成文案的差异，识别出 AI 在创意激发和个性化定制方面的独特优势。同时，利用大数据分析技术，监测文案在新媒体平台上的用户反馈数据，如点赞数、评论数和分享数等，评估其受欢迎程度和传播效果。此外，邀请专业评审团或目标受众进行主观评价，收集他们对文案内容质量的直接感受，为评估提供更加丰富和全面的信息。

**3. 趋势预测与热点捕捉能力**

**评估指标：**热点文案生成速度、话题相关性、传播力。

**评估方法：**在特定社会事件或热点话题发生时，迅速启动 AI 辅助工具进行文案创作，并观察其生成速度。通过对比 AI 生成文案与人工创作文案在话题相关性和传播力方面的表现，评估 AI 在趋势预测与热点捕捉方面的能力。利用社交媒体监测工具，跟踪文案的传播路径和覆盖范围，分析用户参与度和互动情况，以量化方式评估 AI 文案的传播效果。此外，还可以结合市场研究数据，分析 AI 文案在引导舆论、塑造品牌形象等方面的潜在价值。

**4. 跨平台适配与分发效果**

**评估指标：**平台适应性、分发精准度、转化率。

**评估方法：**分析 AI 辅助生成的文案在不同新媒体平台上的表现情况，评估其是否能够有效适应各平台的规则和用户习惯。通过监测文案的分发渠道和受众群体分布情况，评估 AI 在分发精准度方面的表现。同时，利用数据分析工具跟踪文案的转化率数据，对比 AI 辅助分发与人工分发在转化率方面的差异。为了更准确地评估效果，可以采用 A/B 测试等方法进行对照实验，以消除其他潜在变量的影响。

### 5. 整体业务影响

**评估指标**：品牌知名度提升、用户黏性增强、销售业绩增长。

**评估方法**：在较长时间段内持续观察 AI 辅助文案创作对品牌整体业务的影响。通过对比实施 AI 辅助文案创作前后的品牌知名度、用户黏性（如用户留存率、活跃用户数等）以及销售业绩等关键指标的变化情况，评估 AI 在提升品牌影响力和促进业务发展方面的作用。利用市场调研和数据分析技术收集相关数据并进行统计分析，以量化方式展示 AI 辅助文案创作的实际效果。同时，结合品牌战略规划和市场趋势分析，评估 AI 辅助文案创作在未来业务发展中的潜力和价值。

## 子任务 8.4.3 利用 AI 分析目标新媒体平台用户行为，以优化文案写作策略

利用 AI 工具分析目标新媒体平台用户行为，以优化文案写作策略，可以遵循以下几个步骤。

### 1. 数据收集

利用 AI 爬虫技术或 API，从目标新媒体平台（如微博、微信公众号、抖音等）收集用户行为数据。这些数据包括但不限于用户的浏览记录、停留时间、点赞、评论、分享、关注 / 取消关注等行为。

### 2. 用户画像构建

应用 AI 的数据挖掘和机器学习算法，对用户行为数据进行深度分析，构建详细的用户画像。这包括用户的年龄、性别、地域、职业、兴趣偏好、消费能力等基本信息，以及他们在平台上的活跃时间、内容偏好等高级特征。

### 3. 行为模式识别

AI 能够识别用户在平台上的行为模式，如哪些类型的内容更容易引发用户的互动（点赞、评论、分享），用户在哪些时间段最活跃，以及哪些话题或标签能够吸引特定用户群体的关注。

### 4. 内容偏好分析

分析用户对不同类型内容（如视频、图文、直播等）的偏好程度，以及他们喜欢的内容风格（如幽默、严肃、励志等）。AI 可以通过自然语言处理（NLP）技术，分析用户评论和互动内容中的关键词和情感倾向，进一步了解用户的真实需求和反馈。

### 5. 优化文案写作策略

（1）根据 AI 分析得出的用户画像和行为模式，制定针对性的文案写作策略。例如，针对年轻用户群体，可以采用更加时尚、活泼的语言风格；针对高消费能力用户，可以强调产品的品质和独特价值。

（2）利用 AI 生成热门话题和关键词，并融入文案创作中，提高内容的吸引力和曝光度。

（3）根据用户的活跃时间段，调整文案发布时间，确保在用户最活跃的时候触达他们。

### 6. 持续监测与调整

利用 AI 工具持续监测文案发布后的用户反馈和互动数据，评估文案写作策略的有效性。根据监测结果，及时调整文案内容和发布策略，不断优化用户体验和提升转化率。

### 7. 利用 A/B 测试

在条件允许的情况下，可以利用 AI 进行 A/B 测试，同时发布不同版本的文案，观察哪种版本更能吸引用户并引发互动。通过 A/B 测试，可以更加科学地评估文案写作策略的效果，并据此进行优化。

综上所述，利用 AI 工具分析目标新媒体平台用户行为，可以为文案写作提供有力的数据支持和策略指导，帮助创作者更好地了解用户需求、优化内容质量并提升传播效果。

## 子任务 8.4.4　利用 AI 技术个性化定制文案，以增强用户黏性和购买意愿

在新媒体平台进行产品推广时，运用 AI 技术个性化定制文案是一种高效且精准的策略，能够显著增强用户黏性和购买意愿。以下是一些关键步骤和技巧。

### 1. 用户画像构建

首先，利用 AI 技术收集并分析用户数据，构建详细的用户画像。这包括用户的基本信息（如年龄、性别、地域）、行为数据（如浏览记录、购买历史、互动行为）以及心理特征（如兴趣偏好、消费观念）。这些数据将作为个性化定制文案的基础。

### 2. 内容匹配与推荐

基于用户画像，AI 可以智能匹配并推荐与用户兴趣和需求高度相关的产品内容。在文案中，可以突出产品的独特卖点，结合用户的个性化需求进行阐述，使文案更加贴近用户的心理预期。

### 3. 情感化表达

AI 技术可以分析用户的情感倾向，并在文案中融入相应的情感元素。例如，对于喜欢幽默风格的用户，可以在文案中加入轻松的笑话或段子；对于注重品质的用户，则强调产品的工艺和材质。情感化表达能够增强文案的感染力，提高用户的阅读兴趣和购买意愿。

### 4. 定制化语言风格

根据用户的语言习惯和偏好，AI 可以调整文案的语言风格。例如，对于年轻用户群体，可以采用更加时尚、潮流的词汇和表达方式；对于中老年用户，则更注重语言的简洁明了和亲和力。定制化语言风格能够提升用户的阅读体验，增强文案的亲和力。

### 5. 个性化推荐与提醒

利用 AI 算法，可以根据用户的购买历史和浏览行为，预测其潜在的购买需求，并在合适的时机推送个性化的产品推荐和购买提醒。这些推荐和提醒可以融入文案中，以更加自然的方式引导用户进行购买决策。

### 6. 实时反馈与优化

AI 技术能够实时收集并分析用户对文案的反馈数据，如点击率、转化率、评论内容等。基于这些数据，可以不断优化文案的个性化定制策略，提高文案的针对性和有效性。同时，也可以根据用户的实时反馈，动态调整文案的内容和呈现方式，以适应用户的变化需求。

### 7. 遵守法律法规与道德规范

在运用 AI 技术进行个性化定制文案时，需要严格遵守相关的法律法规和道德规范。例如，需要确保用户数据的合法收集和使用，避免侵犯用户的隐私权益；同时，也需要避免使用虚假或误导性的文案内容，维护公平竞争的市场环境。

综上所述，运用 AI 技术个性化定制文案是一种高效且精准的产品推广策略。通过构建用户画像、匹配内容推荐、情感化表达、定制化语言风格以及实时反馈与优化等步骤，可以显著

提升用户的黏性和购买意愿，为企业带来更好的市场效果。

# 项目小结

　　本项目全面解析了新媒体平台文案的类型、特点、受众分析及写作要点，通过实战案例深入学习了当今主流新媒体平台文案写作策略，显著提升了文案创作的针对性和有效性。同时，项目创新性地探索了 AI 技术在新媒体平台文案创作中的应用与实践，展示了其在提升创作效率、个性化定制方面的巨大潜力，并客观评估了其应用成效与挑战。此项目为新媒体平台文案写作者提供了宝贵的实操经验和 AI 融合的新思路。

# 课后作业

　　1. 请分析新媒体平台文案中如何运用简短有力的语言吸引用户注意。
　　2. 请举例说明如何在文案中有效运用网络热词或流行语，以增强吸引力。
　　3. 请阐述"故事化"在新媒体平台文案中的应用及优势。